# CONVERGÊNCIA ESTRATÉGICA

G721c  Govindarajan, Vijay.
   Convergência estratégica : a fusão de dados e inteligência artificial no futuro da indústria / Vijay Govindarajan, Venkat Venkatraman, tradução: Eveline Machado ; revisão técnica: Gustavo Severo de Borba. – Porto Alegre : Bookman, 2024.
   xiv, 207 p. il. ; 25 cm.

   ISBN 978-85-8260-654-4

   1. Inovação. 2. Inteligência artificial. 3. Indústrias. I. Venkatraman, Venkat. II. Título.

   CDU 005.591.6

Catalogação na publicação: Karin Lorien Menoncin – CRB 10/2147

VIJAY GOVINDARAJAN
VENKAT VENKATRAMAN

# CONVERGÊNCIA ESTRATÉGICA

## A FUSÃO DE DADOS E INTELIGÊNCIA ARTIFICIAL NO FUTURO DA INDÚSTRIA

**Tradução**
Eveline Machado

**Revisão técnica**
Gustavo Severo de Borba
Professor e escritor
Mestre e Doutor em Engenharia de Produtos pela
Universidade Federal do Rio Grande do Sul (UFRGS)
Especialista em Design Estratégico pela
Universidade do Vale do Rio dos Sinos (Unisinos)

bookman

Porto Alegre
2024

Obra originalmente publicada sob o título *Fusion Strategy: How Real-Time Data and AI Will Power the Industrial Future,* 1st Edition

ISBN 9781647826253

Original work copyright © 2024 Vijay Govindarajan and Venkat Venkatraman
Published by arrangement with Harvard Business Review Press.
Unauthorized duplication or distribution of this work constitutes copyright infringement.

Coordenador editorial: *Alberto Schwanke*

Editora: *Simone de Fraga*

Preparação de originais: *Mirela Favaretto*

Leitura final: *Mariana Belloli Cunha*

Arte sobre capa original: *Márcio Monticelli*

Editoração: *Clic Editoração Eletrônica Ltda.*

Reservados todos os direitos de publicação, em língua portuguesa, ao
GA EDUCAÇÃO LTDA.
(Bookman é um selo editorial do GA EDUCAÇÃO LTDA.)
Rua Ernesto Alves, 150 – Bairro Floresta
90220-190 – Porto Alegre, RS
Fone: (51) 3027-7000

SAC 0800 703 3444 – www.grupoa.com.br

É proibida a duplicação ou reprodução deste volume, no todo ou em parte, sob quaisquer formas ou por quaisquer meios (eletrônico, mecânico, gravação, fotocópia, distribuição na Web e outros), sem permissão expressa da Editora.

IMPRESSO NO BRASIL
*PRINTED IN BRAZIL*

# SOBRE OS AUTORES

**VIJAY GOVINDARAJAN (VG)** é considerado um dos principais especialistas em estratégia e inovação no mundo. É Coxe Distinguished Professor (uma cátedra da Dartmouth) na Tuck School of Business da Dartmouth College; docente parceiro na Mach49, uma incubadora do Vale do Silício; ex- -Marvin Bower Fellow na Harvard Business School; e ex-membro do corpo docente da INSEAD (Fontainebleau) e do Indian Institute of Management (Ahmedabad).

VG foi apontado um dos principais pensadores da administração por influentes publicações, sendo reconhecido como Outstanding Faculty pela *BusinessWeek* em seu Guide to Best B-Schools; Top Ten Business School Professor in Corporate Executive Education pela *BusinessWeek*; Top Five Most Respected Executive Coach on Strategy pela *Forbes*; Estrela em Ascensão pelo *Economist*; e Professor do Ano, votado por alunos de MBA. Em 2011, foi nomeado pela Thinkers50 como o terceiro maior pensador da administração no mundo e recebeu o prêmio Breakthrough Idea. Em 2019, foi levado ao Thinkers50 Hall of Fame e recebeu o prêmio Innovation Award por suas contribuições para a compreensão da inovação. VG é um dos poucos que receberam o prêmio Thinkers50 Distinguished Achievement em duas categorias.

Acadêmico extraordinário, publicou mais de 25 artigos nos principais periódicos acadêmicos do ramo (*Academy of Management Journal, Academy of Management Review, Strategic Management Journal*) e mais de 25 artigos em periódicos profissionais de prestígio. Ao atuar como o primeiro professor residente e consultor-chefe de inovação na GE, trabalhou com o então CEO, Jeff Immelt, para escrever "How GE Is Disrupting Itself", um artigo publicado na *Harvard Business Review* (HBR) que introduziu o conceito de inovação reversa. Na edição de novembro de 2012, a HBR escolheu a inovação reversa como um dos grandes momentos da administração no século passado. Os artigos "Engineering Reverse Innovations" e "Stop the Innovation Wars", de VG, ganharam o prêmio McKinsey de melhor artigo publicado na HBR em seus respectivos anos, e os artigos "How GE Is Disrupting Itself" e "The CEO's Role in Business Model Reinvention" estão entre os 50 mais vendidos de todos os tempos pela revista. Ele também é coautor do *best-seller* do *New York Times* e do *Wall Street Journal, Reverse Innovation*.

Vencedor de inúmeros prêmios de excelência em pesquisa, VG entrou para o *hall* da fama do *Academy of Management Journal* e foi considerado pela *Management International Review* como uma das 20 maiores estrelas norte-americanas em pesquisa sobre estratégia. Um de seus trabalhos foi reconhecido como um dos 10 artigos mais citados na história de 50 anos do *Academy of Management Journal*.

Ele trabalhou com CEOs e com as principais equipes de gestão em mais de 40% das empresas que figuram na *Fortune 500* para discutir, desafiar e escalar o pensamento deles sobre estratégia. Seus clientes incluem Boeing, Coca-Cola, Colgate, John Deere, FedEx, GE, HP, IBM, JPMorgan Chase, Johnson & Johnson, *New York Times*, Procter & Gamble, Sony e Walmart. Ele foi um *key note speaker* em eventos como o fórum Bloomberg CEO, o fórum World Business, o TED e a reunião anual do Fórum Econômico Mundial em Davos.

VG fez seu doutorado na Harvard Business School e recebeu o prêmio Robert Bowne de melhor proposta de tese. Concluiu o MBA com distinção na Harvard Business School e se graduou em contabilidade na Índia, onde foi premiado com a Medalha de Ouro do Presidente pelo primeiro lugar no país.

Você pode seguir VG no LinkedIn e no X/Twitter em @vgovindarajan.

**VENKAT VENKATRAMAN** é considerado uma das principais autoridades globais em estratégia digital. Professor de administração, ocupa a cátedra David J. McGrath Jr. na Questrom School of Business da Boston University, atuando no Departamento de Sistemas de Informação e no Departamento de Estratégia e Inovação.

Já foi professor de estratégia na MIT Sloan School of Management e na London Business School. Venkat tem graduação em engenharia mecânica pelo Indian Institute of Technology Kharagpur; MBA pelo Indian Institute of Management, em Calcutá, onde é um ex-aluno ilustre; e doutorado pela University of Pittsburgh.

Sua tese de doutorado recebeu o prêmio A. T. Kearney da Academy of Management, e o artigo da tese publicado na *Management Science* é um dos artigos sobre estratégia mais citados na história da revista. É um dos pesquisadores mais mencionados em estratégia digital e de gestão, de acordo com o Google Acadêmico, com mais de 50 mil citações. A Stanford University recentemente o colocou entre os 2% melhores cientistas com base em seu registro de citações. Seu trabalho sobre alinhamento de negócios e TI publicado na *IBM Systems Journal* foi considerado um marco no entendimento da IBM da estratégia de TI, e seu artigo de 1986 na *Management Science* é um dos 50 melhores na história da revista. Em 2023, ele recebeu o prêmio INFORMS Information Systems Society Distinguished Fellow para "indivíduos que fizeram excelentes contribuições intelectuais para a disciplina de sistemas de informação".

Venkat escreve artigos tanto para publicações acadêmicas quanto para o público profissional. Sua pesquisa acadêmica foi publicada em *Management Science, Strategic Management Journal, Information Systems Research, Academy of Management Journal, Academy of Management Review* e outras. Seus artigos para profissionais da administração foram publicados em *Harvard Business Review, MIT Sloan Management Review, California Management Review, Business Strategy Review* e *Financial Times*.

Nas últimas três décadas, a pesquisa e o ensino de Venkat focaram em como as empresas vencem na era digital, na qual produtos, processos e serviços são moldados e apoiados por tecnologias digitais. Seu livro de 2017,

*The Digital Matrix: New Rules for Business Transformation through Technology*, foi endossado pelos CEOs da IBM, da Verizon e da WPP, bem como por vários CIOs e CDOs.

Venkat deu consultoria e fez apresentações e *workshops* globalmente para empresas como IBM, Ericsson, GE, BP, Merck, GM, Amazon Web Services, FedEx, Microsoft, McKinsey & Company, WPP, Sony, Tesco e outras. Atuou como membro do Digital Technology Advisory Group no Canal+, em Paris, por seis anos.

Você pode seguir Venkat no LinkedIn e no X/Twitter em @NVenkatraman.

*Às minhas netas – Meera Govinda Stepinski (4 anos),
Leila Raja Mirandi (9 meses) e Anya Govinda Stepinski
(6 meses) – nativas digitais, que muito apreciariam
este livro (se pudessem lê-lo!).*

*— VG*


*Às mulheres da minha vida – minha mãe; minha esposa,
Meera; e minhas filhas, Tara e Uma –, que colocarão o
digital em suas vidas de forma única.*

*— Venkat*

# AGRADECIMENTOS

Ambos somos estrategistas de negócios com *expertise* complementar em inovação e transformação, e seguimos as carreiras profissionais um do outro desde meados dos anos 1980. Nos reunimos para colaborar no projeto deste livro cinco anos atrás. VG publicou o livro *The Three Box Solution* e se convenceu de que a terceira caixa era digital. Venkat, que havia pesquisado e ensinado na interseção da estratégia e do digital (desde o final da década de 1980, quando era chamado de TI), havia publicado *The Digital Matrix* com a convicção de que toda empresa, cedo ou tarde, se tornaria digital e competiria com as nascidas digitais.

Quando nos juntamos, rapidamente concordamos que ainda existe muita apreensão sobre o papel do digital nas indústrias. Pensamos que, embora muitos livros tenham sido escritos sobre o digital, e a transformação digital seja um termo muito usado, ainda havia a necessidade urgente de um livro focado nas empresas industriais. Para Venkat, com formação em engenharia mecânica, isso parecia lógico; ele não precisava ser convencido.

Nossa colaboração foi reforçada por várias crenças e valores compartilhados. Acreditamos que a melhor pesquisa no campo da administração deve ter rigor e relevância. Somos inspirados por ideias, mas buscamos ideias com impacto. Queremos avançar na teoria e nas soluções para os problemas que os gestores reais enfrentam nas empresas reais. Por fim, somos apaixonados pela questão central da pesquisa abordada neste livro: como as indústrias com muitos ativos físicos utilizam os dados em tempo real e a IA para criarem novos nichos de valor?

Não teríamos conseguido concluir este livro sem as inúmeras contribuições de muitas pessoas.

Dezenas de CEOs, COOs, CDOs e CIOs das seguintes empresas compartilharam seus pensamentos e observações conosco: Ford, Dover, Danaher, Mercedes-Benz, John Deere, DJI, GE, GM, Honeywell, Mahindra & Mahindra, Rolls-Royce, Samsung, Siemens, LIXIL, TVS Motor e Whirlpool.

Um projeto com esta escala e escopo demanda recursos. VG gostaria de agradecer a Matt Slaughter, diretor da Tuck School of Business, por seu generoso apoio financeiro. Venkat gostaria de agradecer a Susan Fournier, diretora da Questrom School of Business, e ao apoio financeiro recebido da cátedra David J. McGrath Jr. para finalizar o livro.

Tivemos a sorte de ter uma excelente equipe editorial nos acompanhando. Anand Raman ajudou a reformular nossa pesquisa em um estilo envolvente e foi fundamental para focarmos nas questões-chave durante as entrevistas com executivos e na estruturação dos argumentos. E na HBR Press, tivemos a sorte de trabalhar com Kevin Evers, que aprimorou nossos argumentos e tornou ótimo um livro que era bom.

**De VG**: gostaria de agradecer à minha família. Kirthi, minha esposa e melhor amiga, foi minha crítica mais perspicaz e maior defensora. Minhas filhas, Tarunya e Pasy, e meus genros, Adam Stepinski e Michael Mirandi, são digitalmente experientes, e as conversas com eles moldaram meu pensamento sobre as estratégias da fusão. Agradeço com sinceridade por sua bondade, compaixão e amor. Sem o seu incentivo e apoio infalíveis, as inúmeras horas investidas neste esforço não teriam dado frutos.

**De Venkat**: o projeto de um livro tem seu preço na vida familiar. Meus agradecimentos sinceros e amorosos à minha esposa, Meera, por seu firme encorajamento para a conclusão deste livro, pois ela sabia o quanto esse tema significava para mim como um engenheiro que acabou se transformando em um acadêmico de estratégia digital.

Por fim, gostaríamos de agradecê-lo por ler nosso livro. Esperamos que você possa usar os *insights* que apresentamos aqui como estímulo para acelerar a jornada de sua empresa rumo ao futuro da fusão.

# SUMÁRIO

## PARTE I
## QUANDO O AÇO ENCONTRA O SILÍCIO

**CAPÍTULO 1**
O passado industrial foi prólogo......................... 3

**CAPÍTULO 2**
As novatas digitais venceram as gigantes varejistas........21

**CAPÍTULO 3**
As gigantes da indústria estão reagindo................ 39

**CAPÍTULO 4**
Quatro campos de batalha........................ .57

## PARTE II
## VETORES DE VALOR

**CAPÍTULO 5**
A batalha por máquinas brilhantes.................... 75

**CAPÍTULO 6**
A corrida por resultados incríveis..................... 95

**CAPÍTULO 7**
O duelo dos sistemas inteligentes . . . . . . . . . . . . . . . . . . . 117

**CAPÍTULO 8**
O choque das soluções personalizadas . . . . . . . . . . . . . . 137

# PARTE III
# A CONQUISTA DA FRONTEIRA DA FUSÃO

**CAPÍTULO 9**
Princípios e práticas da fusão . . . . . . . . . . . . . . . . . . . . . . .159

**APÊNDICE**
Uma nota sobre as bases
acadêmicas e um chamado à ação . . . . . . . . . . . . . . . . . .179

**NOTAS** . . . . . . . . . . . . . . . . . . . . . . . . . . . . . . . . . . . . . . . . . 187

**ÍNDICE** . . . . . . . . . . . . . . . . . . . . . . . . . . . . . . . . . . . . . . . . .197

PARTE I

# QUANDO O AÇO ENCONTRA O SILÍCIO

CAPÍTULO 1

# O passado industrial foi prólogo

**C**EM TRILHÕES. COM T. ESSE É O PIB DO MUNDO. QUASE 75% VÊM DA produção tradicional, da mineração, do transporte, da logística, da construção e do setor de saúde. Esses setores ainda não mudaram muito com as tecnologias digitais. Mas serão afetados. Em breve.

Pergunte aos líderes de mercado em setores com poucos ativos físicos, como publicidade, fotografia, música, mídia e entretenimento, sobre o impacto das tecnologias digitais, e a resposta será que os alicerces de seus setores têm sido transformados. Ao mesmo tempo, os líderes de mercado que interpretaram mal os sinais da importância das tecnologias digitais em suas estratégias de negócio acabaram perdendo suas posições para as nativas digitais. Empresas relativamente novas, como Netflix e Spotify, passaram a ditar as regras, aproveitando o poder dos dados do usuário e da IA para desenvolverem novas fontes de vantagem competitiva.

Por um tempo, houve um sentimento de que o impacto das tecnologias digitais seria limitado a setores com grande volume de informação e poucos ativos físicos. Os ciclos de inovação, disrupção e transformação nas duas últimas décadas aconteceram nos setores *business to consumer* (B2C, empresa para consumidor final), graças, principalmente, às tecnologias de dispositivos móveis.

Agora o negócio está no próximo ponto de inflexão, com avanços em *hardware*, *software*, aplicativos, nuvem, dados, algoritmos, inteligência artificial generativa (GenAI), realidade mista e outras tecnologias no horizonte. Essas tecnologias, individualmente e combinadas, estão prontas para remodelarem a economia global. E, embora de fato representem uma ameaça ao lucro, elas também serão o maior estímulo para a evolução da criação e da captura de valor em todos os setores, no mundo inteiro. É por isso que US$ 75 trilhões, 75% do PIB mundial e o potencial de digitalização do mundo industrial têm importância.

Talvez a história lembre-se do nosso momento presente como o ponto em que a digitalização do mundo industrial começou de fato, após vários falsos inícios. Parafraseando Shakespeare, esse ponto crucial mostrará que o passado é prólogo e o futuro se revela rapidamente.

O mundo codificou, ou digitalizou, apenas uma fração de seus dados e conteúdo até agora (ver Figura 1.1). A fronteira da fusão é um estado futuro em que os produtos industriais recebem sensores, *software* e funcionalidades telemáticas em tempo real por meio da convergência perfeita dos domínios físico e digital. Isso permite melhorar a produtividade dos ativos industriais e proporcionar abordagens personalizadas para resolver problemas de negócios com algoritmos que usam os dados observados em diferentes cenários. Nessa fronteira, as indústrias se destacam não por simplesmente projetarem e entregarem máquinas fantásticas, mas por assegurarem que suas máquinas atendam às necessidades específicas de clientes individuais. Nessa fronteira da fusão, muito mais poderia ser codificado no futuro, como registros de saúde e bem-estar, dados sobre as operações das redes de energia, mapas de transporte nas cidades, registros de uso dos espaços físicos de edifícios comerciais e residenciais, painéis de controle sobre pecuária e agricultura, distribuição de alimentos e suprimentos etc.

Tudo isso será possível com capacidade computacional na forma de computação quântica, dispositivos mais avançados e sistemas nas indústrias conectados à nuvem. A pergunta é, como a indústria captura esse novo valor?

Nos últimos quatro anos, estudamos as gigantes digitais, as *startups* e os fabricantes em setores com poucos e com muitos ativos físicos. Fizemos extensas entrevistas com inúmeros diretores-executivos

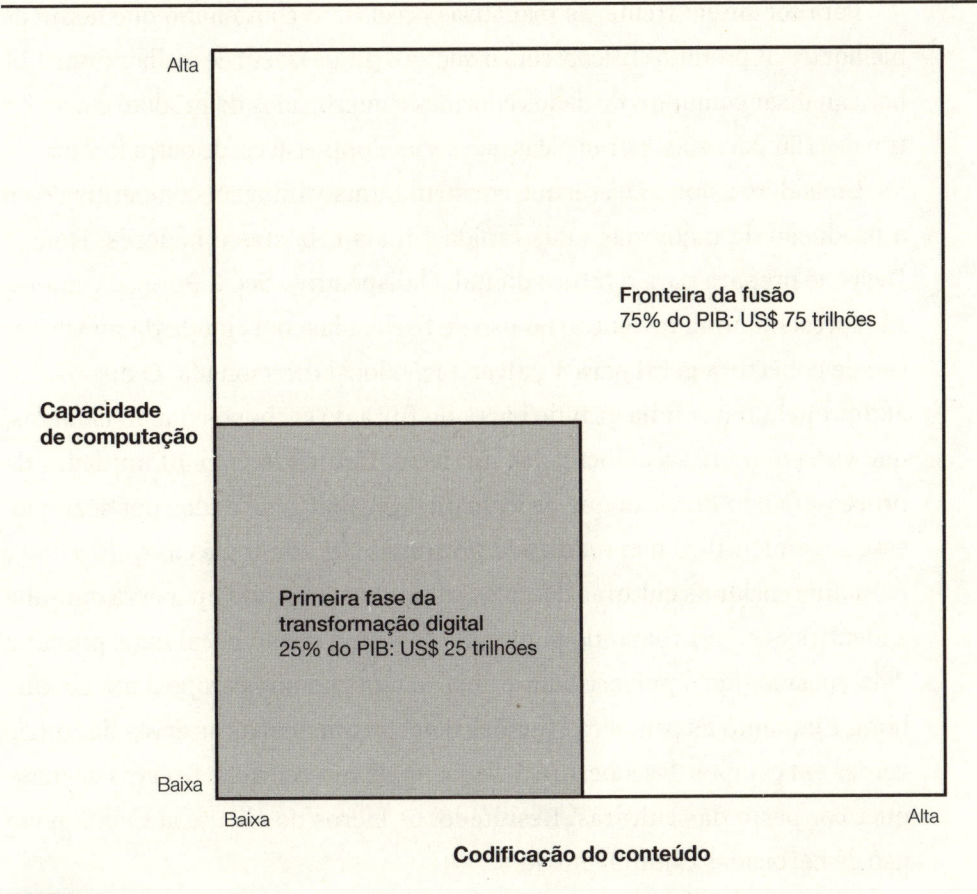

```
                Alta
                 │
                 │
                 │                    ┌─────────────────────┐
                 │                    │ Fronteira da fusão  │
                 │                    │ 75% do PIB: US$ 75 trilhões
Capacidade       │        ┌───────────┤
de computação    │        │           │
                 │        │ Primeira fase da
                 │        │ transformação digital
                 │        │ 25% do PIB: US$ 25 trilhões
                 │        │           │
                Baixa     └───────────┘
                          Baixa                         Alta
                              Codificação do conteúdo
```

**FIGURA 1.1**

**A fronteira da fusão impulsionada pelo aumento da capacidade de computação e pela oportunidade de codificar o conteúdo**

em várias empresas, como Ford, Dover, Danaher, Mercedes-Benz, John Deere, DJI, GE, GM, Honeywell, Mahindra & Mahindra, Rolls-Royce, Samsung, Siemens, LIXIL, TVS Motor e Whirlpool – e trabalhamos com alguns deles. Com base em nossa pesquisa de caso e na análise longitudinal de como as tecnologias digitais evoluem nos negócios, desenvolvemos uma forma de pensar sobre elas que ajudará as empresas do setor a competirem e vencerem no futuro.

Chamamos isso de *fusão*.

Para seguir em frente, as indústrias precisarão combinar o que fazem de melhor (criar produtos físicos) com o que as digitais fazem de melhor (usar a IA para analisar conjuntos de dados enormes e interligados do produto em uso) a fim de criar conexões estratégicas que seriam impossíveis de outra forma.

Considere a John Deere, que construiu uma vantagem competitiva com a produção de máquinas mais rápidas, mais robustas e maiores. Hoje, a Deere se prepara para o futuro digital. O dispositivo See & Spray da empresa representa uma revolução no uso de herbicidas, pois muda da pulverização de cobertura geral para a pulverização local direcionada. O dispositivo autopropelido usa uma grande barra de fibra de carbono com 36 câmeras, que varrem a área a velocidades incríveis. Equipado com 10 unidades de processamento de visão que processam 4 gigabytes de dados por segundo, esse sistema utiliza o aprendizado profundo (DL, do inglês *deep learning*) para diferenciar as culturas das ervas daninhas. Quando uma erva daninha é identificada, um comando para matá-la é enviado ao bocal mais próximo dela, mesmo que o pulverizador esteja se movendo no campo a até 25 km/hora. Enquanto as primeiras versões detectavam apenas as ervas daninhas verdes em campos descobertos, a versão mais recente detecta ervas de qualquer cor perto das culturas. Resultado: os lucros do cliente aumentam e o uso de herbicidas diminui em 60%.

A inovação aqui não está no maquinário. Está na fusão dos domínios digital e industrial com dados e IA – uma mudança significativa para uma empresa como a Deere, que projetava apenas grandes máquinas industriais no passado.

Esse é só o começo. As leis da vantagem competitiva estão mudando, recompensando não aqueles cujos ativos físicos são mais valiosos, mas os que têm *insights* mais robustos e em tempo real. Ao adotarem uma abordagem de fusão, as empresas podem melhorar o valor de suas ofertas para os clientes e desenvolver produtos inovadores, novos serviços e formas totalmente diferentes de resolver os problemas.

Por fim, a combinação da IA e dos dados em tempo real levará a uma nova geração de modelos de negócios, que devem turbinar produtos, estratégias e o relacionamento com clientes. Se as empresas adotarem estratégias da fusão, elas conseguirão capturar um novo valor sem precedentes. Do contrário, ficarão para trás.

## Os grafos de dados fundamentam a fusão

O objetivo deste livro é explicar como os negócios estão mudando rapidamente e, mais importante, mostrar como você pode usar os dados em tempo real e a IA para criar suas próprias estratégias da fusão. Mas como?

Tudo começa com os dados, o ponto crucial da fusão. Não apenas quaisquer dados, mas aqueles em tempo real relacionados aos produtos em uso. Acumulando sistematicamente tais dados, as empresas podem desenvolver *grafos de dados*, que capturam relacionamentos, conexões e inter-relações entre uma empresa e seus clientes a partir dos dados do produto em uso e são os blocos de construção fundamentais das estratégias da fusão que exploramos neste livro. Detalharemos isso nos próximos dois capítulos, mas compartilhamos aqui uma prévia. O conceito do grafo de dados é inspirado pelas redes sociais e pela teoria dos grafos e alimentado pela IA e pelo aprendizado de máquina (ML, do inglês *machine learning*). Os grafos de dados derivam dos *efeitos da rede de dados*, acionados quando o produto de uma empresa fica mais inteligente, pois reúne mais dados dos usuários do produto.

Por exemplo, o mecanismo de pesquisa do Google fica mais inteligente à medida que mais pessoas consultam com diferentes termos de pesquisa. A capacidade do Facebook de fornecer conteúdo e anúncios segmentados é impulsionada pelos efeitos da rede de dados fornecidos por quase três bilhões de indivíduos.

Um ciclo virtuoso entra em ação. Se os consumidores acham essas melhorias relevantes e valiosas, eles são mais propensos a continuarem usando o produto e, fazendo isso, perpetuam o ciclo. Isso cria um vínculo de dados entre produtos e clientes que se aprofunda com o tempo. As interconexões ocorrem no ponto de uso; as recomendações são personalizadas para o contexto dessas interações; e o valor é criado quando as recomendações otimizam os resultados do consumidor.

Os grafos de dados não são esquemas estáticos, mas representações dinâmicas cujos fundamentos algorítmicos ajudam a absorver mais dados, analisar mais tipos de dados e aconselhar sobre ações específicas. Quanto antes uma empresa começa a reunir dados do produto em uso para alimentar os algoritmos do negócio, mais cedo seus sistemas vão gerar decisões baseadas em dados, mais rápido ela poderá agir com eles e maior será a probabilidade de ela ficar à frente dos concorrentes.

A vantagem baseada em grafo de dados redefine a escala e o escopo – dois conceitos principais na estratégia.[1] Na era industrial, as empresas expandiram sua escala de operações aumentando as vendas, o que resultou em maiores participações de mercado. O processo foi linear e gradual, com base na capacidade da empresa de acessar capitais físico, humano e financeiro. Por outro lado, a escala orientada a grafo de dados decorre da orquestração de um ecossistema cujos membros têm papéis complementares. Por exemplo, a escala da GM é o número de automóveis que ela pode fabricar; já a escala da Uber é o número de corridas que ela consegue organizar dentro de seu ecossistema em rápida evolução.

Todos nós já vimos cartazes que diziam: "Mais de $x$ bilhões servidos" na frente de cada loja do McDonald's. Contudo, rastrear o número de hambúrgueres vendidos por dia, mês ou ano é uma relíquia do passado. Os líderes do grafo de dados não estão preocupados apenas com números absolutos; eles querem detalhes. Eles perguntam sobre quem come os hambúrgueres: temos dados sobre onde cada consumidor compra um hambúrguer? A que horas? O que faz antes ou depois? O que bebe junto? O que sabemos sobre sua idade, sexo, renda, localização, preferências e estilos de vida, para que possamos atender melhor às suas necessidades? Como podemos fazê-lo gastar mais em nossa plataforma e ficar satisfeito por receber valor, além de garantir que volte?

Acima de tudo, há uma diferença entre digital e industrial em relação aos dados estudados.[2] A Uber analisa os dados sobre mais de 25 bilhões de corridas, que as empresas de táxi não analisam. A Netflix rastreia as preferências de exibição das pessoas por segundo; as empresas a cabo e de televisão, não. E a Airbnb rastreia onde, quando e por quanto tempo os viajantes ficam, o que eles fazem e preferem, de quais redes hoteleiras não gostam.

O escopo não é mais sobre adjacências. Um setor expande sua gama de atividades aproveitando suas capacidades para entrar em áreas adjacentes; constrói uma infraestrutura física, adquire talentos e consegue capital extra. No entanto, a Apple, a Amazon e o Google coletam, organizam e analisam os dados para expandir o escopo de seus negócios em muitos setores não relacionados. Os grafos de dados colocam as capacidades de solução de problemas orientada por IA ao alcance de praticamente qualquer mercado. As empresas digitais demonstraram essa capacidade em cenários com poucos ativos físicos e conseguiram influenciar os cenários com muitos ativos físicos.

É um sinal de alerta para a indústria. Os *insights* orientados a grafos de dados permitem que as digitais expandam e cresçam; portanto, é hora de a indústria começar a pensar em aumentar exponencialmente a escala e o escopo de suas operações.

## Os algoritmos promovem a fusão

Os grafos de dados são só uma parte da história. Para que tenham valor, os algoritmos devem analisá-los a fim de desenvolverem recomendações úteis.

Para começar, pode-se fazer análises descritivas para entender *o que* aconteceu com um produto ou um serviço. Então, pode-se realizar análises de diagnóstico e detalhar a causa-raiz dos resultados, essencialmente identificando o *porquê* por trás do *o quê*. São análises históricas semelhantes a olhar pelo retrovisor.

Em seguida vêm as análises preditivas, baseadas em grafos de dados, que pode-se realizar para prever eventos futuros com diferentes níveis de probabilidade, fundamentados por dados de toda a base de clientes. E, por fim, as análises prescritivas oferecem ações recomendadas. Quando essas quatro análises (descritiva, de diagnóstico, preditiva e prescritiva) são realizadas nos grafos de dados que se baseiam nos efeitos da rede de dados, elas fornecem *insights* profundos e poderosos.

Os dados em tempo real que alimentam os grafos de dados e os algoritmos ajudarão as indústrias a vencerem no futuro da fusão. Não há nenhuma estratégia da fusão sem grafos de dados; não há nenhum valor comercial nos grafos de dados sem algoritmos confiáveis. A estratégia da fusão se baseia em ambos: grafos de dados *e* IA.

## A fusão é o futuro

Sim, fusão significa usar grafos de dados, IA e algoritmos. Mas também significa muito mais.

Em um sentido geral, fusão* é o processo ou o resultado da junção de duas ou mais coisas para formar uma entidade única. Leitores com inclinações científicas podem definir fusão como fazer um material ou um objeto derreter sob calor intenso para se juntar a outro. Músicos usam a palavra para descrever uma combinação de estilos, como *jazz* e *rock*, ou um clássico do Ocidente e da Índia. *Chefs* usam o termo para descrever o ato de cozinhar que incorpora elementos de diferentes cozinhas, como francesa e japonesa, italiana e indiana.

No contexto da digitalização dos setores industriais, a fusão está alicerçada em cinco forças.

1. *Interligação dos domínios físico e digital do negócio, misturando com perfeição funções historicamente separadas.* O automóvel moderno é um computador sobre rodas conectado à nuvem. Os tratores estão se tornando máquinas industriais acionadas por agrônomos inteligentes. Os edifícios mais modernos são maravilhas arquitetônicas com sistemas de controle autônomos.

2. *Entrelaçamento de seres humanos e máquinas trabalhando juntos na criação da próxima fronteira do conhecimento e em* insights. Empresas que utilizam a inteligência coletiva de seres humanos inteligentes e máquinas poderosas vencerão aquelas que não aproveitam a colaboração.

3. *Inserção do pensamento digital nas disciplinas analógicas das ciências, das artes e da engenharia.* Até recentemente, a computação e os algoritmos eram considerados distintos da medicina, do direito, da psicologia, da economia e das finanças. Hoje, todas as disciplinas estão sendo embasadas e impactadas pelo digital. O futuro da agricultura é a produção

---

*N. de R. T. Em inglês, *fusion*. Não confundir com o termo "*merger*", também traduzido por "fusão" no contexto dos negócios (como, p. ex., na expressão "fusões e aquisições", tradução de "*mergers and acquisitions*"), apesar de essa tradução ser tecnicamente incorreta.

sustentável habilitada por sensores e *software*. A fronteira da medicina é a saúde customizada com biomarcadores e curas personalizadas. A educação está sendo transformada com tutoria personalizada apoiada pela IA.

4. *Interligação dos mundos físico e virtual por meio da nuvem, gerando insights em tempo real com gêmeos digitais, realidade mista e metaversos.* Combinar mundos físicos e digitais adicionará 1% ou mais anualmente ao PIB global na próxima década.[3] Além dos ganhos em eficiência e oportunidade, esse avanço também contribui para um planeta mais saudável, sobretudo ao reduzir o desperdício de recursos escassos.

5. *Conexões entre empresas, com uma corporação se tornando um portfólio de recursos em ecossistemas de vários setores.* Toda empresa já conta com uma rede de parceiros para ter sucesso. Tecnologias digitais, especialmente as interconexões de dados, melhorarão o desempenho dos produtos, simplificarão os processos de negócios e ajudarão a oferecer um serviço superior ao cliente.

Essas *forças de fusão*, como as chamamos, vão moldar e remodelar o futuro da indústria. Antes elas não estavam disponíveis a preços acessíveis e desempenho aceitável, mas, com o surgimento de sensores poderosos, a maior capacidade de computação e a inteligência artificial, as coisas estão mudando rápido.

Basta olhar a indústria automobilística.

## Os automóveis servem de inspiração

Como disse o autor William Gibson, "O futuro já chegou, ele só não é igualmente distribuído."

Na indústria automobilística, o produto analógico ficou progressivamente digital; a mobilidade como serviço se torna economicamente viável com os efeitos da rede de dados, não com a propriedade de ativos. Por exemplo, sem dados em tempo real sobre localização e disponibilidade de diferentes opções de transporte, não teríamos criado sistemas de caronas compartilhadas a preços acessíveis. Utilizamos esse setor como exemplo no livro porque faz mais sentido para a maioria dos leitores e oferece lições e implicações significativas para outros setores da indústria.

Em janeiro de 2024, era comum ver carros autônomos circulando por São Francisco, Califórnia – alguns com motoristas de teste ao volante e outros sem – pegando passageiros e levando-os aos seus destinos. Quem fabricou aqueles carros? Você poderia arriscar e dizer Tesla – e teria errado. Os automóveis pertenciam à Cruise (empresa de carros autônomos de propriedade da GM com parceiros, incluindo Honda, Microsoft e Walmart) e à Waymo (empresa de carros autônomos de propriedade da Alphabet, a *holding* do Google).

Não eram apenas um ou dois protótipos de carros; a Cruise tinha 100 carros autônomos nas ruas. Eles não estavam em pistas de teste isoladas sob condições ideais; estavam nas movimentadas ruas de São Francisco. E não eram protótipos futuristas, mas carros adaptados com tecnologias para entender como a situação seria. A GM testava com coragem a Cruise para se tornar uma empresa de fusão, ciente de que seus concorrentes não eram apenas fabricantes de automóveis, mas também empresas digitais, como Google (Waymo), Tesla, BYD, Geely, Rivian, Nio e outras *startups* desenvolvendo novas formas de entregar valor no transporte e na mobilidade.

Ao mesmo tempo, a Tesla lançou a versão beta do seu *Full Self-Driving* em novembro de 2022. Enquanto as montadoras tradicionais estavam ocupadas anunciando seus objetivos de serem totalmente elétricas ou neutras em carbono, com a expectativa de vendas de veículos elétricos (VE) na casa das dezenas de milhares, a Tesla estava pronta para entregar dois milhões de carros elétricos em 2023.

O número de carros produzidos, o indicador tradicional de dominância no setor, ainda define como o setor automobilístico opera. As indústrias devem se afastar das métricas de liderança do passado e adotar métricas que reflete uma compreensão profunda de como seus produtos resolvem os problemas do cliente.

Os executivos da Tesla perceberam a importância do número de carros produzidos para Wall Street, mas suas operações internas são voltadas para observar os carros conforme eles são conduzidos. Com várias câmeras nos automóveis, os engenheiros da Tesla observam cada quilômetro que seus veículos percorrem, ajustando *hardware* e *software*. Enquanto a Cruise coleta dados usando 100 veículos e a Waymo usando 1.000, a Tesla faz isso em mais de 2 milhões de carros. Cada Tesla é projetado para interconectar os domínios físico e digital, com capacidade para coletar dados em movimento (força de fusão 1).

A empresa se diferencia porque, desde 2016, todos os Tesla têm instalado um "modo sombra", que simula o processo de dirigir em paralelo com o motorista humano, mesmo se o sistema Autopilot do carro não for usado.[4] Quando as previsões do algoritmo não correspondem ao comportamento do condutor, capturas de tela das câmeras do carro, velocidade, aceleração e outros parâmetros são registrados e enviados para a Tesla. Sua equipe de IA revisa e analisa os dados a fim de identificar as ações humanas que o sistema deveria imitar e usar como dados de treinamento para suas redes neurais. Por exemplo, a equipe pode notar que o sistema não consegue identificar sinais de trânsito cobertos por árvores e, então, descobrir formas de obter dados de melhor qualidade.

Seres humanos inteligentes e máquinas poderosas aprendem juntos (força de fusão 2). A rede neural da Tesla vem melhorando com os dados coletados em quilômetros e quilômetros rodados com carros circulando em todo o mundo. Em abril de 2019, o CEO da empresa, Elon Musk, resumiu isso no Tesla AI Day: "Basicamente, todo (motorista) está treinando a rede (neural) o tempo todo... com o sistema Autopilot ligado ou desligado, a rede está sendo treinada." A Tesla construiu um supercomputador do zero para o aprendizado de máquina, chamado Dojo, e está desenvolvendo capacidades de supercomputação para inúmeras tarefas: treinar redes neurais com dados de sua frota de veículos, autorrotular vídeos de treinamento de sua frota e instruir suas redes neurais para construir um sistema de direção autônoma. Usar dados multimídia em tempo real dessa forma está além das capacidades da maioria das montadoras tradicionais.

O que empolga os estrategistas é o poder da GenAI para transformar as empresas industriais cujas aplicações estão presas em arquiteturas pré-históricas. Seu impacto mais significativo será em como as aplicações industriais usam vários tipos de dados para obter *insights* mais profundos. O que pode ter sido perdido na cacofonia em torno da IA é que as redes neurais transformadoras que processam os dados sequenciais de forma eficiente e eficaz podem ser usadas para construir modelos de linguagem de grande porte, como o GPT-4. Além das aplicações para consumo geral, como gerar texto, imagens, sons, códigos de computador e vídeos, elas podem ser usadas em aplicações industriais, como ajudar os veículos a compreenderem cruzamentos complicados e rotas ou ensinar os robôs industriais a realizarem diferentes tarefas.

Conforme a GenAI ajuda os seres humanos a ficarem mais produtivos e criativos, os modelos de IA da Tesla aumentarão a eficácia e a segurança da direção autônoma. O domínio dos modelos de linguagem específicos da indústria vai diferenciar cada vez mais os vencedores dos perdedores.

As montadoras tradicionais, que há pouco tempo zombavam dos VEs chamando-os de carrinhos de golfe superestimados, apostaram tudo neles em 2023. A mudança global do motor de combustão industrial para veículos de bateria elétrica parece irreversível. Vencer no futuro requer integrar competências tradicionais de projeto e fabricação de automóveis com disciplinas digitais emergentes, como *hardware*, *software*, aplicativos, conectividade, telemática e análise.

Há um maior reconhecimento entre as empresas estabelecidas de que os automóveis devem ser repensados e reformulados como computadores sobre rodas conectados à nuvem. Então, as montadoras devem se tornar empresas de engenharia digital com competências que se encontram na interseção de disciplinas tradicionais e tecnologias digitais (força de fusão 3). A Mercedes-Benz e a Volkswagen estão empenhadas em desenvolver seus sistemas operacionais e dominar as competências de *software*. A Cruise fez o protótipo Origin, um VE com emissão zero projetado para operar sem motorista humano; é uma reformulação do automóvel sem funcionalidades centradas no ser humano, como um volante ou um para-sol. A Waymo, em colaboração com a Zeekr, da Geely, fez o protótipo de sua visão de veículos sem volantes, aceleradores ou freios.

O setor automotivo também mostra o papel emergente do metaverso. Por exemplo, a BMW está usando a plataforma Omniverse, da Nvidia, para construir uma fábrica onde pessoas e robôs trabalham lado a lado, e engenheiros colaboram em espaços virtuais. Com as informações das ferramentas de projeto e planejamento gerando imagens realistas da fábrica planejada, a BMW pode avaliar os *trade-offs* críticos que devem ser feitos nos sistemas de produção. Além do projeto da fábrica, a plataforma da Nvidia permite que as montadoras avaliem o desempenho dos veículos autônomos nas ruas, fazendo simulações de rodovias ou ruas urbanas para testar os sistemas de percepção do veículo, as capacidades de tomada de decisão e a lógica de controle (força de fusão 4).

Mesmo assim, o setor se encontra em uma encruzilhada. O produto principal dos automóveis está se tornando rapidamente um produto industrial digital, com sistemas em *chip* (SoCs, do inglês *systems-on-chip*) avançados, impulsionados por milhões de linhas de código de *software*. Os processos de negócios envolvidos no projeto, na produção, na montagem e na entrega do veículo são cada vez mais apoiados por gêmeos digitais e ambientes digitais orientados por metaversos. A entrega de serviço, progressivamente personalizada, é suportada pela telemática, pela conectividade em nuvem, por atualizações de *software* automáticas e por recomendações oportunas.

É importante ressaltar que as montadoras estão envolvidas em ecossistemas sobrepostos com empresas tradicionais e digitais para terem capacidades complementares e interoperabilidade. A GM está ampliando a Cruise em parceria com a Honda, a Microsoft e o Walmart. A GM, que desenvolveu sua bateria e motor Ultium com a LG Chem, pode convidar outras montadoras para fazerem parcerias assim que atingir a produção para a implantação em escala. A Motional, a *joint venture* entre a Hyundai e a Aptiv, fez parceria com a Uber para viagens autônomas e entrega. A Tesla, que abriu o código de suas patentes, poderia convidar outras montadoras para usarem o Dojo, melhorando a confiabilidade e a segurança dos sistemas de direção autônoma.

Muitas outras alianças estão sendo feitas conforme as empresas tentam reduzir o risco de perdas de seus portfólios por meio de parcerias. Os ecossistemas automotivos envolvem relações competitivas e cooperativas. Muitas montadoras descartaram as práticas legadas desnecessárias e se incorporaram a redes emergentes, com muitas anunciando sua intenção de fazer parte da rede de carregamento elétrico da Tesla nos Estados Unidos. A Uber é um exemplo de empresa de fusão que coloca os ecossistemas na frente e no centro. Sua capacidade de coordenar e combinar passageiros e motoristas em milhares de cidades se baseia na montagem de um ecossistema de parceiros relevantes e na garantia de que eles tenham dados em tempo real para prestar os serviços (força de fusão 5).

As cinco forças de fusão não se aplicam apenas ao setor de automóveis, que acreditamos ser o melhor exemplo hoje. As forças também operam na pecuária, na agricultura, na mineração, na construção, em imóveis, na saúde, no transporte, na logística e em outros setores com muitos ativos físicos. Todo produto industrial se tornará digital. Toda empresa industrial se tornará digital e competirá com os nativos digitais. Portanto, toda empresa industrial deve reformular sua estratégia e suas operações, combinando seres humanos e máquinas. Toda empresa industrial deve desenvolver uma estratégia da fusão.

Avanços impressionantes devem ocorrer à medida que as disciplinas tradicionais de engenharia (mecânica, química, civil, aeroespacial, agrícola e metalúrgica) se cruzam com a tecnologia digital. Pergunte aos executivos do agronegócio e você ouvirá sobre agricultura de precisão e de decisão, com tratores autônomos operando remotamente por meio da nuvem, e sobre ecossistemas que envolvem atores tradicionais (sementes, fertilizantes e fabricantes de equipamentos) e digitais (provedores de satélite, operadores de nuvem, modeladores de dados e especialistas em IA). Sonde os executivos da construção civil sobre o futuro do projeto de edificações e eles falarão a respeito de materiais de autorreparo, edifícios inteligentes e janelas conectadas que otimizam o conforto e a sustentabilidade. Converse com os executivos do setor de aviação e eles descreverão dados e *analytics* como os propulsores de voos sustentáveis, eficientes e seguros.

Escolha o setor que quiser e, se pedir aos executivos para darem suas visões sobre as mudanças na próxima década, descobrirá que elas abrangem as cinco forças de fusão.

## Da estratégia *atual* para a estratégia do *futuro*

Em última análise, o objetivo final aqui é usar *insights* ricos em dados para criar produtos, experiências do cliente e serviços. Mas cabe aqui uma observação importante: a estratégia da fusão não é simplesmente pressionar para usar mais tecnologia. Não estamos sugerindo que você desenvolva uma estratégia digital ABCD, em que A significa IA (*AI* em inglês), B *blockchain*, C nuvem (*cloud* em inglês) e D dados. Não estamos dizendo para você sobrepor a tecnologia em sua antiga lógica de negócios, nem para utilizar seletivamente alguma tecnologia para objetivos específicos dentro de funções estritamente definidas.

Pelo contrário, a estratégia da fusão baseia-se nas lições aprendidas nos setores com poucos ativos e as adapta às necessidades dos setores com muitos ativos físicos. Ela mostra as trajetórias de crescimento exponencial que antes eram impossíveis sem dados e IA e descreve como as tecnologias digitais mudam o cenário competitivo, com novas empresas e competências desbloqueando um novo valor.

A dinâmica da estratégia da fusão é diferente. No passado, as indústrias expandiam ou se diversificavam com a aquisição de empresas que fabricavam produtos e componentes similares ou relacionados. A estratégia da fusão sugere uma alternativa: definir uma arquitetura de *software*, interligar-se com outras empresas e gerar *insights* orientados a dados que aumentarão a produtividade do cliente, permitindo que as indústrias capturem parte do valor que elas desbloquearam. Como a aquisição e a integração de ativos físicos costumam ser complexas e ineficientes, seria melhor que as indústrias se interconectassem por meio de alianças e parcerias baseadas em dados. Desse modo, também serão mais eficientes, pois o escopo do sistema mudará com o tempo à medida que novas máquinas são adicionadas e os antigos sistemas são removidos.

Muitas vezes, a estratégia focava no que uma empresa podia fazer com seus recursos e capacidades existentes. As indústrias buscavam extensões e diversificação no mercado de produtos com a aquisição de recursos físicos – fábricas, fabricantes de componentes, armazéns de distribuição, empresas de logística etc. –, os quais ainda são relevantes, mas hoje são condições básicas.

Na próxima década, a diferenciação pode vir de incorporações e aquisições que criam fusão entre o físico e o digital. Não se trata de digitalizar produtos analógicos com sensores e *software*, mas de adotar as tecnologias necessárias para desenvolver a próxima geração de produtos e sistemas industriais e expandir o escopo dos grafos de dados e a proficiência em IA.

Há tempos o pensamento estratégico é centrado na empresa. Mas a estratégia da fusão busca equilibrar a posse de ativos físicos e o desenvolvimento de relacionamentos para acessar outros ativos ricos em dados. Os CEOs inteligentes reconhecerão que as estratégias da fusão são centradas na rede. As empresas industriais devem se inserir nos ecossistemas que cruzam as fronteiras do setor, com os dados fluindo continuamente por diferentes máquinas. Aqueles que enxergarem seus papéis nos ecossistemas digitais recém-formados vencerão.

## Nosso convite

Este livro abrange as melhores práticas de hoje em um cenário onde empresas estabelecidas e empresas digitais competem com diversos níveis de confiança nas tecnologias digitais. Não mostramos as melhores empresas e dizemos para imitá-las; ao contrário, tiramos lições das empresas nativas digitais que competem com grafos de dados e algoritmos em cenários com poucos ativos físicos a fim de extrair princípios de estratégia para os cenários com muitos ativos físicos.[5] O caminho para o futuro da fusão está à frente, e a escala, o escopo e a velocidade da transformação serão desafiadores até para os líderes do setor.

A fusão não acontecerá apenas nos Estados Unidos, onde a primeira onda de digitalização começou antes de se tornar global. A próxima onda será grande, conforme mundos industriais adotam a próxima geração de tecnologias, como a internet das coisas (IoT, do inglês *Internet of Things*), a robótica, a nuvem, a IA e, sobretudo, a GenAI, a computação visual (*vision computing*) e outros. A indústria 4.0, já em evidência na Coreia do Sul e na Alemanha, será tão global quanto a gestão da qualidade total no final do século XX. Com seu esforço de digitalização ao longo de uma década, a Índia pode estar a ponto de evoluir da retaguarda do mundo para uma potência de fabricação avançada, tendo o digital como catalisador.

Talvez você trabalhe em uma empresa que fabrica instrumentos médicos para laboratórios, dispositivos inteligentes para a casa ou acessórios pessoais inteligentes que permitem monitorar a saúde. Os alto-falantes de ontem reproduziam sons com alta fidelidade; os de hoje são interfaces de conversação para o processamento de voz; os de amanhã farão parte da computação espacial. Hoje, as cozinhas estão equipadas com eletrodomésticos padrão, mas amanhã terão sensores, e o *software* comunicará seus usos, necessidades e condições. Este livro vai ajudá-lo a ir além da mera adição de recursos digitais para ter diferenciação e a vê-los como formas de observar seus produtos em uso. O monitoramento remoto dos eletrodomésticos é o começo; garantir que eles sejam consertados antes de quebrarem é o futuro.

Ou talvez você trabalhe em uma empresa com muitos ativos físicos nos setores automotivo, agrícola, de pecuária, de mineração, transporte, logística ou construção. Automação e autonomia requerem dados do produto em uso. As fazendas e as minas são mais facilmente instrumentadas com telemetria do que as estradas, oferecendo oportunidades para as empresas de equipamentos pesados entenderem como os grafos de dados e os efeitos da rede de dados operam. O desenvolvimento de um plano de 10 anos para caminhões, tratores e *traileres* deve ser guiado com a fusão em mente. As estratégias descritas neste livro ajudarão a encontrar novas formas de desbloquear o valor e desenvolver novas fontes de vantagem competitiva.

Talvez ainda você seja um engenheiro altamente qualificado, mas se sente incapaz de convencer a alta direção a investir na digitalização dos produtos industriais. Este livro vai ajudá-lo a desenvolver uma tese de investimento baseada em seus gêmeos digitais, que utilizam dados para tornar seus produtos sempre atualizáveis. Você aprenderá o vocabulário que conecta a engenharia digital e o desempenho dos negócios.

Talvez você tenha se formado em administração e domina os princípios centrados no cliente, mas está frustrado com a antiga abordagem da sua empresa em relação a dados, com sistemas em silos e definições descoordenadas. Este livro vai ajudá-lo a articular a necessidade de investir em estruturas de dados de grafos para alcançar a próxima geração de centralidade nos clientes.

Ou talvez você trabalhe no RH e seja encarregado de informar os funcionários sobre o futuro. Este livro vai ajudá-lo a entender como os grafos de dados e a IA orientam as decisões na empresa. Você verá que as estratégias da fusão descritas permitirão identificar os atributos dos líderes que vencem em um mundo de fusão.

Ou, ainda, você talvez seja um cientista de dados, bem versado nos modelos mais recentes e nos algoritmos, mas está em uma empresa que não entendeu bem as implicações dos dados e da IA na remodelagem da concorrência. Você pode se reunir com seus colegas de trabalho, mapear a posição da empresa em relação aos concorrentes e desenvolver formas de obter dados mais avançados para amplicar os limites da competição. Você descobrirá uma estrutura que conecta as arquiteturas de dados e o *design* de negócios (*business design*) em um contexto competitivo que redistribui valor.

Não importa sua formação, nem seu cargo. A única coisa importante é que você é apaixonado pelo poder das tecnologias digitais como um estímulo estratégico e acredita que as empresas industriais podem vencer. Você discorda dos especialistas que dizem que as empresas industriais estão condenadas ao fracasso e apenas as empresas nativas digitais aproveitarão o futuro.

Estamos com você. Estamos convencidos de que os líderes de hoje podem vencer se reconhecerem e responderem à digitalização do setor industrial. Mas você não pode se dar ao luxo de esperar: como Jeff Bezos, da Amazon, disse, "A maioria das decisões provavelmente deveria ser tomada com algo em torno de 70% da informação que você gostaria de ter. Se você esperar por 90%, na maioria dos casos, provavelmente estará demorando demais."[6]

Convidamos você a iniciar este livro hoje, porque o tempo para ler, refletir e responder estrategicamente é *agora*. Como Mahatma Gandhi disse: "O futuro depende do que você faz hoje." Amanhã, receamos, pode ser tarde demais.

CAPÍTULO 2

# As novatas digitais venceram as gigantes varejistas

**D**OS MAIS DE 10 MIL PRODUTOS QUE A AMAZON VENDE POR minuto, aproximadamente metade das vendas se baseia em recomendações personalizadas. Os algoritmos organizam os produtos que você vê quando visita o *site*, a partir de uma base de 353 milhões de itens, afunilando-os por meio da capacidade de prever o que você pode querer naquele momento exato. É como se você entrasse em uma loja do Beco Diagonal com Harry Potter e as prateleiras começassem a se organizar por mágica para que os produtos que você estivesse mais propenso a comprar ficassem mais próximos e o restante fosse para o fundo. Seria impossível fazer isso em uma loja física.

Nas últimas duas décadas, a Amazon conectou os históricos de compras das pessoas com os dados de navegação delas, os dados de visualização no Prime Video, os dados de preferências musicais na Amazon Music etc. para criar um grafo de compras. Sua capacidade de entender os clientes estende-se à computação por voz (Alexa), a lojas farmacêuticas *on-line* (PillPack), a lojas físicas (Whole Foods, Amazon Go) e a plataformas de pagamento (Amazon

Pay). Seus algoritmos mapeiam as interconexões entre os produtos e usam a filtragem colaborativa, incorporando fatores como diversidade (o quão diferentes são os itens), serendipidade (o quão surpreendentes são os itens recomendados) e novidade (o quão novos são os itens recomendados). Como resultado de seus dados robustos e da personalização elaborada, a participação da Amazon no *e-commerce* dos EUA é maior que 40%, com seu concorrente mais próximo, o Walmart, representando apenas 7%.

Em maio de 2021, o Google anunciou seu Shopping Graph, que a empresa descreveu como "um modelo dinâmico e aprimorado por IA que entende um conjunto em constante mudança de produtos, vendedores, marcas, comentários e, o mais importante, as informações do produto e os dados de estoque que recebemos diretamente das marcas e dos varejistas, além de como esses atributos se relacionam entre si."[1] Ele se baseia nos algoritmos de aprendizado de máquina (ML) do Google, com dados em tempo real sobre disponibilidade, comentários, cores e tamanhos. Com mais de um bilhão de pessoas pesquisando produtos no Google diariamente, o Shopping Graph da empresa conecta os usuários a mais de 35 bilhões de anúncios de milhões de lojistas.

O incomparável Grafo de Conhecimento do Google interconecta informações inter-relacionadas para revelar *insights* completos, que vão além de apenas recuperar dados que correspondem melhor às consultas de pesquisa do usuário, bem como ajuda os usuários a não apenas encontrarem respostas, mas também explorarem e compreenderem conceitos afins. Combinado com o Android, a pesquisa de voz e imagem, as extensões de navegador do Chrome, o Google Assistente, o Gmail, o Google Fotos, o Google Maps, o Google Cloud, o Google Pay, o YouTube e outros serviços, o Grafo de Conhecimento ajuda a posicionar a empresa para enfrentar o desafio da Amazon. Algo que o Google precisa adicionar é um mecanismo de atendimento (*fulfillment engine*) como o da Amazon, criado para entregar produtos. No entanto, em vez de construir o seu próprio, o Google aprofundou sua parceria com a Shopify, uma novata canadense. Ele permite que os 4,5 milhões de lojistas da Shopify façam anúncios no Google, fornece os algoritmos que conectam compradores e consumidores e deixa que os lojistas da Shopify lidem com a logística.

A guerra das compras agora é travada com uma nova arma: dados. Não qualquer coisa que esteja sob o guarda-chuva do *big data*, mas dados inteligentes, que permitem aos líderes criarem grafos de dados distintos, que formam a base da estratégia e de como eles competem.[2]

## Utilizando grafos de dados como estratégia

Em abril de 2020, a China reconheceu oficialmente os dados como um novo fator de produção, o que reflete o modo como a informação está mudando os modelos de negócios, os limites do setor e as estruturas de mercado em todo o mundo.[3] Contudo, nos negócios, os dados muitas vezes têm sua importância subestimada, sendo, usados para finalidades comuns e mal conectados com a estratégia. Empresas que acumulam dados em repositórios não os consideram essenciais; outros parâmetros têm prioridade. Nem todos os executivos recorrem ao valor estratégico dos dados. Eles sentem que é uma fonte de valor, mas ao mesmo tempo acham que é uma fonte de risco, uma restrição regulatória e que há uma certa sensibilidade na forma como eles podem ser usados. Alguns se orgulham de suas capacidades de tomada de decisão intuitivas, vendo pouca necessidade de *insights* orientados a dados; já muitas pessoas não confiam nos dados ao tomarem decisões difíceis.

O recente desenvolvimento de ferramentas digitais facilita o armazenamento de grandes quantidades de dados na nuvem, bem como seu estudo. Tradicionalmente, as empresas contam com *sistemas de registro*, coletando dados sobre quem comprou o que, quanto, quando e a que preço. Elas usam esses registros para fins comuns, como manutenção ou garantias de serviço. Os dados costumam ser armazenados em bancos de dados e mantidos separadamente por funções de produção, *marketing*, vendas e contabilidade.

No início dos anos 2000, com o crescimento da Internet, e mais tarde nos anos 2010, com a explosão dos *smartphones*, as empresas começaram a usar *sistemas de engajamento* para se conectarem periodicamente com os clientes por *e-mail*, *sites*, aplicativos móveis e redes sociais, como páginas do Facebook, *feeds* do X/Twitter, vídeos do TikTok e postagens do Instagram. Isso permitiu que elas desenvolvessem relacionamentos com os clientes, mesmo que apenas alguns compradores estivessem interessados em se comunicar ou interagir com os vendedores. Os sistemas de engajamento marcaram uma melhoria em relação aos sistemas de registro, então as empresas presumiram que estavam fazendo tudo o que podiam com os dados.

Na última década, algumas empresas começaram a coletar dados em tempo real de tudo que vendiam, incorporando sensores, dispositivos de conectividade e *software*. Essas tecnologias permitem rastrear os produtos à medida que os consumidores os utilizam. As empresas podem reunir dados de uso sobre cada unidade do produto, agregá-los para todos os produtos e compradores e analisar os dados, que podem estar em formas estruturadas ou não, como texto, imagens, vídeos e sons. Rastreando sistematicamente os dados em tempo real, empresas como Amazon e Google os utilizam para vencer, desenvolvendo grafos de dados.

Os grafos de dados, uma construção que desenvolvemos há alguns anos e usamos em nosso trabalho de ensino e consultoria, capturam os relacionamentos, os *links* e as inter-relações entre uma empresa e seus clientes por meio dos dados do produto em uso. O conceito é inspirado nas redes sociais e na teoria dos grafos, em que um *grafo social* é definido como uma representação das interconexões entre os indivíduos, que são representados como nós, e as relações entre eles (amigos, colegas, supervisores etc.) são representadas como *links*.[4] A palavra *grafo* refere-se à natureza dos vínculos, que identificam as características críticas na rede, como *hubs*, conectores e influenciadores.

O conceito pode ser atribuído ao trabalho do psicólogo social Stanley Milgram sobre "pequenos mundos" e a teoria de que cada um de nós fica, em média, a uma distância de seis ou menos conexões sociais um do outro (a ideia foi popularizada como "seis graus de separação", um termo que Milgram não usou). A teoria das redes sociais postula que as relações e os laços entre os atores em uma rede (i.e., nós) importam muito. Essa perspectiva provou ser uma lente valiosa para analisar as estruturas e a dinâmica de organizações, indústrias, mercados e sociedades.

Da mesma forma, os laços que os grafos de dados de uma empresa exibem são mais críticos do que seus dados sobre clientes individuais, produtos, recursos e seus usos. Essa afirmação resiste ao teste da lógica: quando diferentes partes de dados podem ser conectadas, sobretudo em tempo real, elas podem ser entendidas em um nível mais profundo do que estando isoladas. O uso de dados estáticos inevitavelmente termina com o desenvolvimento de sistemas de registro ou sistemas de engajamento das empresas, que podem fornecer, na melhor das hipóteses, uma heurística padrão. Ao rastrearem os dados do produto em tempo real, as empresas podem criar grafos de dados de uso que irão ajudá-las a fazerem prescrições personalizadas, que vão além das respostas-padrão, que os clientes costumam considerar insatisfatórias.

Ao contrário dos dados em repouso (dados estáticos como idade, sexo ou geografia), os grafos de dados são representações dinâmicas. Eles mudam constantemente, porque são baseados em informações em tempo real e refletem o que os cientistas de dados chamam de dados em movimento, referindo-se ao fluxo de dados em movimento em qualquer rede.

Todo grafo de dados tem três características: *escala*, *escopo* e *velocidade*. A escala é representada pelo número de nós ou pontos de dados que uma empresa rastreia. O escopo é uma função de quantos atributos ela monitora em cada nó. A velocidade mostra a rapidez e a frequência da coleta de dados da organização.

Um grafo de dados fica mais valioso à medida que sua escala sobe, seu escopo se expande e a velocidade de sua coleta de dados aumenta. Quanto mais robusto um grafo de dados, melhores as oportunidades para impactar os momentos que importam para os clientes e mais abrangentes as escolhas de estratégia de uma empresa. As empresas podem desenvolver novos grafos de dados com base em novas ofertas ou enriquecer os grafos existentes fazendo alianças e parcerias, como a que o Google fez para aprofundar seu vínculo com a Shopify.[5]

As empresas também podem expandir a escala, o escopo e a velocidade de seus grafos de dados com aquisições. Desde que a Microsoft assumiu, em 2015, o LinkedIn – cujo grafo de profissionais captura o modo como cerca de 800 milhões de profissionais trabalham em mais de 50 milhões de empresas –, ele cresceu em estatura. Imagine as possibilidades. Veja como o CEO da Microsoft, Satya Nadella, descreveu a oportunidade:

A maneira como as pessoas encontram empregos, desenvolvem habilidades, vendem, comercializam, fazem o trabalho e, finalmente, atingem o sucesso requer um mundo profissional conectado. Requer uma rede vibrante que combina as informações de um profissional na rede pública do LinkedIn e as informações no Office 365 e no Dynamics. Essa combinação possibilitará novas experiências, como um *feed* de notícias do LinkedIn que fornece artigos baseados no projeto no qual você está trabalhando e o Office sugerindo um especialista para se conectar via LinkedIn e ajudar em uma tarefa que você está tentando concluir...[6]

O grafo de profissionais é mais robusto e abrangente do que as empresas de RH poderiam, sozinhas, montar e colocar em uso. Com a GenAI estando bem estabelecida, o LinkedIn, o Microsoft 365 e o Microsoft Teams estão se tornando, coletivamente, um tesouro de dados, arquitetado com o Microsoft Graph como base.[7]

Várias empresas digitais usaram grafos de dados (embora nem todas usem nosso termo; algumas usam um termo mais geral, *grafo de conhecimento*, que deve ser diferenciado do Knowledge Graph [Grafo de Conhecimento], com letras maiúsculas, do Google) para se tornarem líderes nos mercados de consumo. Os grafos de dados mais bem-sucedidos – como o de compras da Amazon, o de pesquisa do Google, o das redes sociais do Facebook, o de filmes da Netflix, o de músicas do Spotify, o de viagens da Airbnb, o de mobilidade da Uber e o de profissionais do LinkedIn – foram desenvolvidos por empresas digitais cujos produtos e serviços os consumidores usam todo dia. Esses líderes usam grafos de dados e algoritmos patenteados de IA e de negócios a fim de obterem *insights* em tempo real para superarem os concorrentes em várias frentes, desde recomendações personalizadas para o cliente, criação de produtos e entrega de serviços até *marketing*, publicidade e vendas.

## O poder dos efeitos da rede de dados

A prática de construir bons grafos de dados começa com a captura, o processamento e a análise dos dados do produto em uso, um trabalho auxiliado pelos efeitos da rede de dados. Esses efeitos são gerados quando os usuários fornecem dados de forma ativa (usando um produto ou um serviço) ou passiva (dando *feedback*), que tornam um produto ou um serviço mais valioso para outros usuários. Por exemplo, cada uma das 1,2 trilhão de buscas que as pessoas fazem no Google anualmente ajuda a empresa a enriquecer seu Grafo de Conhecimento, refinar seu mecanismo de busca, aumentar a qualidade das pesquisas para outros usuários e melhorar o Bard, a versão do Google de um assistente baseado em GenAI.[8]

A mesma lógica se aplica ao Spotify, à Netflix e ao Airbnb: toda interação do consumidor com uma música, um filme ou um destino, respectivamente, fornece dados valiosos, que ajudam as gigantes digitais a entregarem experiências melhores para outros consumidores. Quando um negócio agrega e analisa dados usando algoritmos de ML, ele consegue aprender a personalizar o valor para todos na rede com base em informações coletivas. Quanto mais interações as empresas promovem, maiores os efeitos da rede de dados.

Os efeitos da rede de dados são bem diferentes dos efeitos diretos da rede, que se acumulam para uma empresa quando a adição de um novo usuário aumenta o valor da oferta para todos os outros usuários. Esse fenômeno ficou popular no início da era da Internet, com as primeiras empresas digitais usando esses efeitos para promoverem negócios como redes sociais, *e-mail* e trocas de mensagens. As empresas também podem se beneficiar dos efeitos indiretos da rede, disparados quando uma maior base de usuários catalisa o desenvolvimento de um número significativo de produtos e serviços complementares. Por exemplo, um aumento na venda de dispositivos Android incentiva os desenvolvedores de *software* a escreverem mais aplicativos para o Google Play, a loja de aplicativos do Google, o que torna o sistema operacional mais atraente para possíveis compradores e desenvolvedores.

Ao contrário dos efeitos diretos e indiretos da rede, os efeitos da rede de dados não requerem que as empresas adicionem mais usuários para melhorar o valor de suas redes. Mesmo que nenhum usuário novo chegue e que nenhum saia, o valor dos efeitos da rede de dados aumenta em razão do engajamento contínuo dos usuários e de sua contribuição para os dados do produto em uso (ver Figura 2.1).

A ciência por trás de um grafo de dados antecede a digitalização. Em vez de usar linhas para conectar pontos e traçar um grafo, os grafos de dados

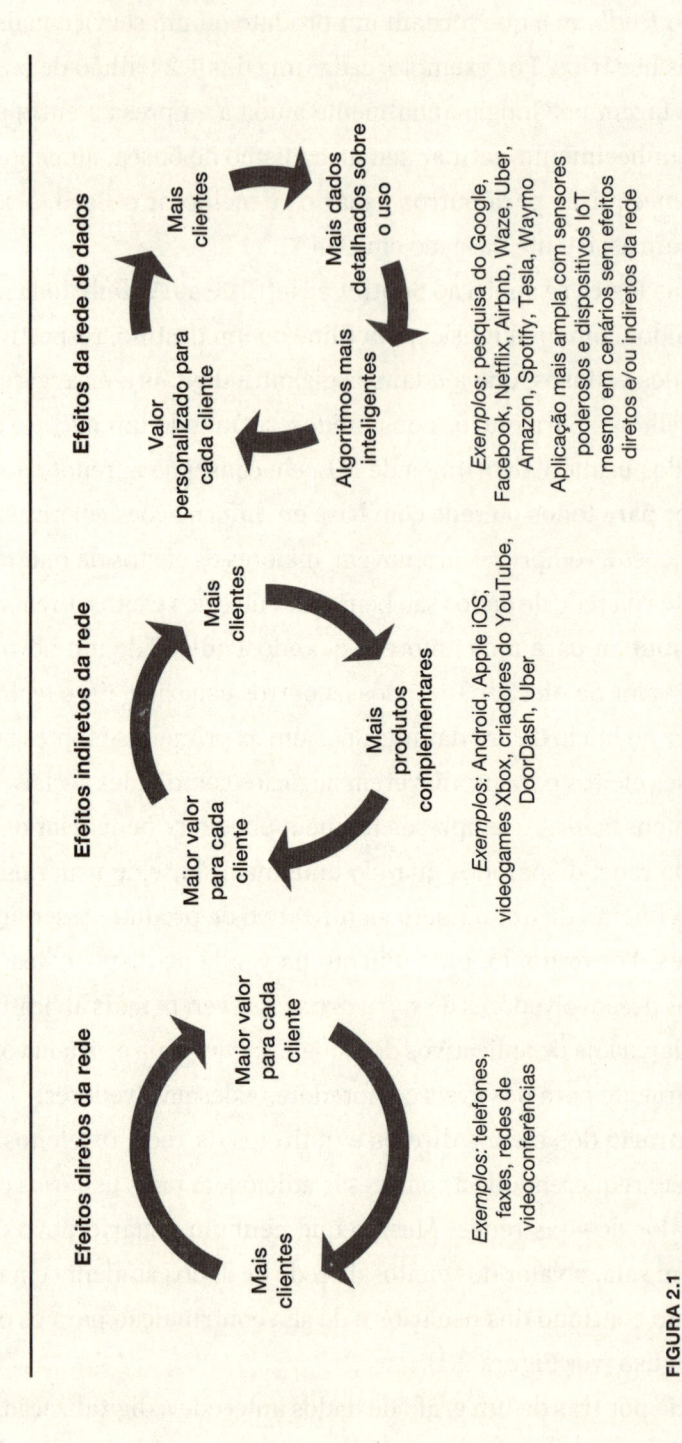

**FIGURA 2.1**
**Diferenciando os efeitos da rede de dados dos efeitos diretos e indiretos da rede**

**Efeitos diretos da rede**

Mais clientes → Maior valor para cada cliente → Mais clientes

*Exemplos:* telefones, faxes, redes de videoconferências

**Efeitos indiretos da rede**

Mais clientes → Mais produtos complementares → Maior valor para cada cliente → Mais clientes

*Exemplos:* Android, Apple iOS, videogames Xbox, criadores do YouTube, DoorDash, Uber

**Efeitos da rede de dados**

Mais clientes → Mais dados detalhados sobre o uso → Algoritmos mais inteligentes → Valor personalizado para cada cliente → Mais clientes

*Exemplos:* pesquisa do Google, Facebook, Netflix, Airbnb, Waze, Uber, Amazon, Spotify, Tesla, Waymo

Aplicação mais ampla com sensores poderosos e dispositivos IoT mesmo em cenários sem efeitos diretos e/ou indiretos da rede conectam entidades a outras entidades através de dados estruturados e não estruturados, um esquema de marcação ou um código transmitindo seu significado. Não é possível desenhar um esquema de um grafo de dados manualmente; são necessárias tecnologias digitais para reunir os dados em tempo real sobre milhões de unidades de cada produto de uma empresa que consumidores do mundo inteiro estão usando em determinado ponto no tempo e desenhar, interpretar e analisar os grafos de dados resultantes com algoritmos poderosos. As empresas precisam de capacidade computacional, IA e ML para criar grafos de dados, estudá-los e gerar *insights* úteis, razão pela qual o uso de grafos de dados para desenvolver estratégias foi possível somente nos últimos cinco anos.

## Como os líderes dos grafos de dados vencem

Os pioneiros dos grafos de dados coletam e analisam os dados do produto em uso e incorporam rapidamente os aprendizados para melhorar suas ofertas. Eles aprimoram constantemente a classificação e o rótulo dos dados, pesquisando relações entre as categorias para que sua IA possa fazer recomendações personalizadas. Além disso, continuamente refinam seus algoritmos de forma que as recomendações se baseiem nos dados mais atuais e relevantes, o que ajuda a melhorar o engajamento do cliente, suas satisfação e fidelidade. As digitais saem na frente e ficam assim porque usam grafos de dados para disparar três forças que reforçam continuamente sua capacidade de criar e capturar valor, como mostra a Tabela 2.1.

### Aprendem com escala e velocidade

Os grafos de dados capturam como os indivíduos vivem, trabalham, jogam, aprendem, ouvem, socializam, assistem, fazem transações, viajam, gastam e realizam qualquer outra atividade associada a um negócio. A digitalização tornou essas ações observáveis e codificáveis em escala em tempo real. Por exemplo, o portfólio de grafos de dados da Meta é baseado em dados de mais de três bilhões de usuários em sete plataformas (Facebook, Messenger, WhatsApp, Instagram, Oculus, o metaverso da empresa e Threads).

**TABELA 2.1**

**Como as digitais utilizam os efeitos da rede para os mercados diretos ao consumidor**

| Líder do grafo de dados | Efeitos diretos da rede | Efeitos indiretos da rede | Efeitos da rede de dados | Descrição do grafos de dados |
|---|---|---|---|---|
| Airbnb | Não | Sim | Sim | Grafo de viagens |
| Amazon | Não | Sim | Sim | Grafo de compras |
| American Express | Não | Sim | Sim | Grafo de gastos |
| Coursera | Não | Sim | Sim | Grafo de habilidades |
| Facebook | Sim | Sim | Sim | Grafo de redes sociais |
| Google | Não | Sim | Sim | Grafo de buscas |
| LinkedIn | Sim | Sim | Sim | Grafo de profissionais |
| Netflix | Não | Sim | Sim | Grafo de filmes |
| Stitch Fix | Não | Sim | Sim | Grafo de estilos |
| Spotify | Não | Sim | Sim | Grafo de músicas |
| Twitter | Sim | Sim | Sim | Grafo de influência |

Nota: Criamos as descrições dos grafos de dados para destacar a área de domínio que as diferentes empresas representam; eles não são necessariamente usados nessas empresas.

    A Meta rastreia o que cada usuário está fazendo; com quem faz amizade, desfaz amizade ou para quem envia mensagens; para onde viaja; sobre quais marcas fala; quais filmes assiste; e qual música ouve. Ela dominou a ciência de coleta de dados do usuário em tempo real a partir de bilhões de interações entre seus membros e *logins*, taxa de cliques, duração das visitas, visualizações de página e pesquisas.

    Isso permite que a gigante digital faça estudos, experimentos e testes A/B, garantindo que seus membros dediquem tempo para suas ofertas. Por exemplo, antes que o Facebook mostre a alguém um *post* ou um anúncio, ele classifica um grande inventário e restringe a escolha a um conjunto de cerca de 500 opções com as quais o usuário provavelmente vai interagir, com base em padrões anteriores. Então, sua rede neural as classifica antes de mostrá-las ao usuário em várias mídias, como suas plataformas de texto, áudio e vídeo. Isso permite que o Facebook tenha certeza de que os usuários interagirão com esse conteúdo virtualmente e, quando o fazem, isso aumenta rapidamente a escala do grafo de redes sociais da empresa.

## Expandem o escopo e melhoram dinamicamente suas ofertas

A maioria dos líderes do grafo de dados organiza os dados coletados em forma de um grafo legível por máquina. Por exemplo, o grafo de viagens do Airbnb é baseado em seu inventário de cerca de 7 milhões de residências, marcados por entidades (cidades, pontos turísticos, eventos etc.) e seus relacionamentos (melhor época para visitar, igrejas famosas, melhores *shows* etc.). Conforme os consumidores usam a curadoria do Airbnb e marcam os locais nas redes sociais, a empresa digital rastreia o espaço que cada indivíduo alugou, os locais de interesse que visitou, onde jantou, os *shows* a que assistiu e outros.

Esse rastreamento permite que o Airbnb conecte todas as ofertas que cada indivíduo consome, agregue os dados entre os clientes, agrupe-os com base na semelhança dos produtos e forneça aos futuros visitantes recomendações personalizadas não apenas sobre o tipo de casa para alugar, mas também sobre os melhores lugares para jantar ou os melhores horários para visitar as atrações. A capacidade da empresa de expandir o escopo de suas ofertas lhe permite atender melhor os clientes do que um hotel tradicional, em que os dados dos hóspedes podem ser encontrados em cada silo de departamento (p. ex., as reservas terão dados sobre reservas, os serviços de *concierge* terão dados sobre passeios e restaurantes, e o *spa* terá dados sobre os serviços usados).

A maioria das empresas digitais se inspira no Grafo de Conhecimento do Google. Todos nós fizemos pesquisas em bibliotecas físicas, nas quais as informações são armazenadas em silos de dados. No entanto, o Google não é uma biblioteca virtual; ele criou um sistema mais interligado nos últimos 20 anos, organizando todos os fatos reunidos em elementos distintos e independentes. Cada um oferece diferentes tipos de informação, mas conecta muitos outros fatores. Quando o Google introduziu seu grafo de dados, ele tinha indexado mais de 500 milhões de entidades, mais de 3,5 bilhões de fatos sobre elas e inúmeras inter-relações. Desde então, a escala e o escopo do Grafo de Conhecimento do Google – e o banco de dados subjacente – só cresceram.

A vantagem do Google está nos conjuntos de dados que ele criou, que capturam todas as relações entre as entidades de formas que ajudam seus algoritmos a entenderem o contexto de cada pesquisa. Por exemplo, quando um usuário digita a palavra "jaguar" na barra de pesquisa do Google, ele busca o animal sul-americano, o automóvel britânico ou o time de futebol americano? No início, os algoritmos do Google não conseguiam diferenciar uma coisa da outra. Com base nos padrões anteriores e no comportamento do usuário, a empresa desenvolveu regras baseadas em condições para prever um significado, e não outro. Por exemplo, se um usuário pesquisou animais recentemente, maiores são as chances de que ele esteja querendo saber mais sobre o animal do que sobre o automóvel ou o time de futebol.

Para chegar a essa conclusão, o Google organizou e vinculou todas as suas bases de dados em uma arquitetura de grafos. A estrutura baseada em grafo ajuda a responder às consultas expressas oralmente, como "Ok, Google, reserve dois ingressos para o Fórum Romano e o Coliseu na próxima quarta-feira e cobre pelo Google Pay". Uma vez que o conhecimento subjacente é representado como um grafo, o algoritmo entende o que o usuário está perguntando; ele sabe que "Fórum Romano" e "Coliseu" são atrações em Roma, a próxima quarta-feira é 19 de abril, "reservar" significa comprar ingressos e "cobrar" significa usar um cartão de crédito salvo, e não outros significados dessas palavras.

À medida que os consumidores interagem e os significados mudam, o Grafo de Conhecimento é refinado e atualizado para representar as relações. Considere uma pesquisa feita por um alpinista que escalou o Monte Adams e gostaria de escalar o Monte Fuji. Ele pode perguntar: "O que devo fazer de diferente para me preparar para o Monte Fuji?" O usuário precisará realizar diversas buscas para ter uma resposta para essa pergunta. Em 2023, as respostas do Google foram mais pertinentes por causa das interligações entre os diferentes bancos de dados e a tradução perfeita entre os idiomas. Apenas uma amostra dessa funcionalidade pode ser vista com o Bard. Ainda assim, a GenAI está pronta para enriquecer as ofertas das empresas digitais à medida que elas criarem interfaces de conversação que permitam aos clientes interagirem usando palavras, imagens, números e voz.

As empresas analógicas têm apenas registros de produtos individuais comprados por diferentes proprietários e em formatos de dados variados. É difícil para elas determinarem como os consumidores compram selecionando categorias de produtos ou negócios. Esse ponto fraco criou oportunidades para as digitais esculpirem nichos ao desenvolverem um sistema que conecta logicamente o significado em diferentes entidades, permitindo-lhes ver padrões de preferência entre os produtos; usá-los para entrar nos mercados encontrando brechas; e, com o tempo, ampliar esses nichos para dominar o mercado.

Como essa estratégia depende da escala e do escopo dos grafos de dados, seria bom que as empresas estabelecidas seguissem o truísmo da segurança cibernética: os defensores pensam em listas; os atacantes pensam em grafos. Os últimos sempre vencem porque, enquanto os defensores desenvolvem uma defesa para um ataque isolado, os atacantes, sabendo que os sistemas digitais estão interligados, identificam os nós mais vulneráveis para entrarem, tomarem o controle e acessarem toda a rede. Da mesma forma, os grafos de dados são redes dinâmicas de interconexões na forma de grafo que revelam mais e melhores oportunidades.

## Desenvolvem algoritmos de negócios diferenciados para vencer

Os grafos de dados podem ser convertidos em valor usando algoritmos de negócios, que são regras para criar e capturar valor. A diferença dos líderes decorre dos grafos de dados que eles criam e dos algoritmos de negócio que desenvolvem para gerar resultados. Os algoritmos de negócios ajudam a desenvolver quatro tipos de análises – descritiva ("O que aconteceu?"), diagnóstica ("Por que aconteceu?"), preditiva ("O que poderia acontecer?") e prescritiva ("O que deveria acontecer?") – e as vinculam de formas poderosas para gerarem uma vantagem competitiva.

Considere, por exemplo, a Netflix, cujos assinantes, ao contrário dos usuários do Facebook e do LinkedIn, não estão conectados entre si. Mesmo assim, o serviço de *streaming* infere as preferências do consumidor rastreando tudo que um espectador assiste em sua plataforma em tempo real para construir um grafo de filmes para esse indivíduo. Os dados do cliente não são vendidos, mas a Netflix obtém mais valor com os dados do produto em uso do que qualquer um dos seus concorrentes na indústria do entretenimento.

A empresa tem dados detalhados sobre todo filme ou programa que cada espectador assiste: dia, hora e código postal onde está sendo assistido; em qual tipo de tela (celular, *tablet*, computador ou TV); quando o espectador pausa, avança ou volta; e quando o consumidor começa e para de assistir. Além disso, ela coleta dados granulares sobre o que levou alguém a assistir determinado filme ou programa em primeiro lugar, na forma de registros detalhados de como a pessoa navegou pelos *menus* e no que ela clicou.

Com base em todos esses dados, a Netflix customiza algoritmicamente sua tela inicial e a atualiza continuamente para cada assinante, recomendando o que um consumidor quer assistir em certo momento. Em 2001, apenas 2% das recomendações da Netflix eram escolhidas por seus 456 mil usuários. Em 2020, quase 80% dos espectadores escolhiam uma de suas recomendações em suas telas iniciais, em vez de pesquisar o conteúdo, e a Netflix tinha mais de 200 milhões de assinantes.

Além dos dados do produto em uso, a Netflix sinalizou todo o seu conteúdo por gênero, idioma, ator, diretor e outros atributos. As classificações dos usuários, que são simples "curtidas" ou não, e as preferências reveladas servem como entradas para os algoritmos da Netflix, criando o conjunto de observações sobre cada espectador. Por exemplo, se um assinante assistiu a um seriado de TV ontem, isso deve pesar duas ou dez vezes mais em relação a algo que ele assistiu há um mês? Como o algoritmo deve considerar se o espectador parou de assistir a alguns programas depois de 10 minutos, maratonou outros no fim de semana e correu para ver algumas séries imediatamente após seu lançamento? Esses atributos importam para todos os usuários, mas de forma diferente para cada um.

A vantagem da Netflix está em usar seus grafos de dados para treinar a IA a fim de que ela crie milhares de comunidades de preferências virtuais ou de pessoas que assistem as mesmas coisas que você. Essas comunidades são fundamentais para a curadoria e a personalização das recomendações de cada assinante. Elas ajudam a Netflix em sua busca para ganhar o que ela chama de *momento de verdade*, ou seja, uma janela de dois minutos em que um espectador decide se assiste algo na Netflix. Se o espectador não seguiu uma de suas recomendações, a empresa perdeu a batalha para um dos outros serviços, como Apple TV, Max, Hulu, Disney+, Peacock, TV a cabo sob demanda ou a antiga TV normal. Em 2015, a Netflix estimou que tinha economizado mais de US$ 1 bilhão porque seu mecanismo de recomendação personalizado impediu que as pessoas cancelassem suas assinaturas.

O grafo de dados da empresa até orienta sua estratégia de desenvolvimento de conteúdo. Como a Netflix pode prever o que seus espectadores assistirão, ela usa esses *insights* para produzir filmes e seriados que muito provavelmente terão sucesso. Os estúdios de Hollywood criam filmes principalmente por instinto e baseados nos resultados de bilheteria anteriores, e as redes de TV baseiam suas taxas de programação e publicidade nas medições de audiência feitas por institutos como Nielsen e Ibope. Esses ponteiros pré-digitais são primitivos e pouco adequados para a personalização. O grafo de dados da Netflix permitiu que a empresa mudasse as regras, desde eliminar episódios-piloto (a Netflix superou a HBO nos direitos de produzir *House of Cards* e adquiriu os direitos para criar *The Crown* com base em dados e algoritmos) até incentivar a maratona de séries disponibilizando todos os episódios de uma temporada ao mesmo tempo.

Conforme a Netflix desenvolve suas opções de assinatura com o apoio de anúncios, ela deve expandir a escala, o escopo e a velocidade de seus grafos de dados para focar em tipos específicos de anúncios, que oferecem valor aos anunciantes e minimizam as irritações e as frustrações do cliente. Sua decisão de trabalhar com a Microsoft, uma líder em grafos de dados mesmo antes de sua recente investida em IA, conseguiu introduzir uma nova potência de publicidade, que competirá com o Google e a Meta.

Os estrategistas devem lembrar que o poder dos algoritmos de negócios diferencia vencedores de perdedores no mundo digital: diferencia o Facebook do Myspace, o Google do Altavista, o Spotify do Pandora e a Amazon dos outros varejistas. Um algoritmo de negócios é um mecanismo de raciocínio e inferência patenteado que interliga as análises descritiva, de diagnóstico, preditiva e prescritiva. Essas análises não deveriam ser feitas de forma independente; os líderes usam os algoritmos de negócios para aplicar as quatro simultaneamente em uma estrutura abrangente, com base em um grafo de dados robusto de inter-relações e dependências.

## Grafos de dados alimentados pela IA generativa

A GenAI, o próximo ponto de inflexão na evolução da IA, pode gerar novos conteúdos de formas não estruturadas a partir de modelos básicos, como GPT-4, PaLM, Stable Diffusion e DALL-E 2. Esses modelos capturaram a imaginação das pessoas e dos profissionais porque podem ser usados para criar texto, áudio, imagens, animações e filmes sem muita programação.

Os *chatbots* da GenAI utilizam modelos básicos e redes neurais extensas treinadas com o uso de conjuntos de dados grandes, diversos, quantitativos, qualitativos e não estruturados, o que permite a realização de várias tarefas. Ao contrário da IA tradicional, que realiza tarefas únicas, como prever a rotatividade de clientes ou otimizar os ciclos de produção, os modelos de GenAI são versáteis e capazes de realizar tarefas como, por exemplo, resumir relatórios técnicos, desenvolver novas ideias de produtos, fornecer receitas variadas e fazer uma programação complexa.

As ideias centrais são capturadas pelas três letras de GPT: *generativa, pré-treinada* e *transformadora*. É transformadora porque é uma rede neural artificial treinada usando o aprendizado profundo (DL), uma alusão às muitas camadas em uma rede neural. Os modelos GPT exigem grandes investimentos no desenvolvimento, em razão dos recursos computacionais substanciais necessários para treiná-los e do esforço humano necessário para refiná-los. Como resultado, esses modelos foram projetados sobretudo por algumas gigantes da tecnologia, como Microsoft (com OpenAI), Google, Meta e Nvidia. Outras estão desenvolvendo aplicações sobre os modelos básicos para edição de textos, assistentes de escrita, *design* de produtos, mídia e publicidade, arte e geração de código de *software*.

Os modelos da GenAI geram grafos de dados turbinados para oferecer *insights* muito mais robustos. Sem nenhuma surpresa, os líderes dos grafos de dados correm para incorporar a tecnologia e tornar seus grafos mais poderosos. Por exemplo, o Google e a Microsoft travam uma nova guerra de pesquisa usando a GenAI. Com um investimento de capital multibilionário em OpenAI, a Microsoft está reorganizando seu mecanismo de busca Bing, a fim de desafiar a abordagem do Google para monetizar a pesquisa por meio da publicidade. Enquanto isso, o Google está superalimentando sua pesquisa com o Bard. Sem GenAI, uma consulta de pesquisa no Google – digamos, "O que é melhor para uma família com filhos com menos de 3 anos e um cão, Bryce Canyon ou Grand Canyon?" – resultaria em um conjunto de *links* que o usuário teria que examinar antes de tomar uma decisão. Com a GenAI, o resultado é uma resposta (embora com *links*) que pode ser consultada com ainda mais contexto, como aconteceria nas conversas do dia a dia. O próximo movimento do Google será utilizar o DeepMind, uma empresa de propriedade da Alphabet que criou o programa de IA e derrotou o campeão mundial Go, para prosseguir com seus investimentos de uma década em IA.

A guerra das compras também está sendo travada com a GenAI. O Google criou uma experiência de compras da GenAI usando seu Shopping Graph, com cerca de 1,8 bilhão de seus 35 bilhões de ofertas de produtos atualizadas por hora, com base em dados em tempo real sobre produtos, avaliações e níveis de estoque. A Amazon está usando a GenAI para resumir as avaliações dos clientes, assim os compradores não precisam ler todos os comentários para terem uma ideia dos *feedbacks* positivos e negativos.

A Meta, por sua vez, está criando ferramentas com GenAI para ajudar os anunciantes a criarem anúncios ajustados para atrair diferentes pessoas. Ao mesmo tempo, a empresa de publicidade WPP se ligou à Nvidia para romper as barreiras da publicidade personalizada.[9] O Google e a parceria Microsoft/Netflix também intensificarão a guerra da publicidade com a GenAI.

O Spotify estreou o DJ, um *disc jockey* baseado em IA, que combina seu domínio sobre o grafo de músicas e a GenAI em um guia personalizado, que conhece o gosto musical de um indivíduo e atualiza sua programação de músicas de acordo com isso. E a Airbnb está integrando o ChatGPT em sua plataforma, prometendo uma reinvenção da experiência de viagem tendo a GenAI no centro. Inovações mais poderosas provavelmente irão ocorrer à medida que a evolução da GenAI transforma o uso dos grafos de dados.

## O caminho para os grafos de dados industriais

As digitais usaram grafos de dados e IA para projetar modelos de negócios que tiraram muitos líderes dos mercados de consumo. Também está ficando evidente que apenas as empresas que criam grafos de dados distintos e desenvolvem algoritmos de negócios diferenciados podem competir e vencer em um mundo orientado a dados. Como muitas empresas estabelecidas no setor de consumo não reconheceram o poder transformador dos dados, dos grafos de dados e dos algoritmos, as digitais as superaram rapidamente.

É lógico perguntar se as digitais podem usar grafos de dados e algoritmos para desenvolver estratégias para competir com empresas industriais, que atualmente geram valor com tecnologias proprietárias, instalações e maquinário, além de infraestrutura. Se as digitais podem – e não há qualquer razão para não poderem –, as industriais devem aprender a enfrentá-las. No próximo capítulo, mostramos como as indústrias podem sobreviver, e até prosperar, em um mundo digital aprendendo a desenvolver grafos de dados industriais.

CAPÍTULO 3

# As gigantes da indústria estão reagindo

**A**S EMPRESAS INDUSTRIAIS NÃO ESTÃO DE BRAÇOS CRUZADOS enquanto as mudanças digitais ameaçam seus negócios. Empresas como ABB, Caterpillar, Emerson Electric Co., Foxconn, GM, Honeywell, John Deere, Rolls-Royce e Siemens reconhecem a possibilidade da disrupção de seus mercados a partir das novatas digitais. Elas têm visto suas contrapartes com poucos ativos físicos julgarem mal a ameaça e têm investido tempo e dinheiro na digitalização de seus processos e na migração das operações digitais para a nuvem.

No entanto, esses passos não serão suficientes. O foco das indústrias deve ser a mudança imediata para digitalizar o cerne dos seus negócios, ou seja, seus produtos. Isso implica reformular as máquinas industriais, como equipamentos de construção, tratores, redes elétricas e automóveis, para serem digitais em primeiro lugar. Os artefatos modernos da era industrial devem ser projetados para a observação em tempo real, o ajuste fino e remoto e a otimização algorítmica. Um repensar fundamental do *design* de produto será essencial para as empresas industriais enfrentarem o desafio digital.

Todos os produtos industriais se tornarão digitais mais cedo do que as empresas pensam. Eles devem ser enriquecidos com a funcionalidade de transmitir dados enquanto são usados em diferentes locais do cliente. Isso é um catalisador essencial para a mudança para a Indústria 4.0, a quarta revolução industrial.[1] Essa mudança é estratégica e disruptiva porque convida as empresas nascidas digitais a entrarem em setores industriais com novas competências e leva os líderes da indústria a aprenderem com o que aconteceu nos setores com poucos ativos físicos.

Alguns CEOs agiram posicionando suas empresas para o futuro da fusão. Desde 2020, o CEO da John Deere, John May, vem moldando sua estratégia industrial digital combinando, como a empresa mostrou, "uma estratégia industrial inteligente, que acelera a integração da tecnologia avançada com o legado de excelência fabril da Deere".[2] A Deere visa a fornecer máquinas e aplicações inteligentes e conectadas na agricultura e na construção para desbloquear valor nas operações do cliente. Seu *stack* de tecnologias (o conjunto de tecnologias selecionadas para uso) inclui *hardware*, *software*, sistemas de orientação, conectividade, automação com *machine IQ* aprimorado e autonomia. Enxergamos o *stack* de tecnologias da Deere como um conjunto de estratégias que reflete sua abordagem para se tornar uma empresa industrial inteligente.

O CEO anterior da Honeywell, o engenheiro de computação Darius Adamczyk, injetou *software* no cerne da empresa, e o novo CEO, Vimal Kapur, tem bastante experiência em conduzir a transformação digital. "Tivemos que ter a coragem de romper com o que estávamos fazendo e de nos tornar muito mais uma empresa de *software*", Adamczyk nos contou em uma entrevista. Ao usar a competência de *software* como estímulo, a Honeywell tenta desbloquear o valor do cliente e aumentar a eficiência operacional. Ela até mesmo conseguiu uma participação majoritária na Quantinuum, uma empresa que desenvolve aprendizado de máquina (ML) quântico para ambientes industriais, o que poderia acelerar a transformação digital da Honeywell.

Da mesma forma, em 2021, Herbert Diess, então presidente da Volkswagen, observou em Wolfsburg, Alemanha: "Dados e eletricidade nos orientam agora. Estamos melhorando a experiência de carregamento de nossos veículos elétricos. Estamos fornecendo atualizações de *software over-the-air* e nos comunicando diretamente com nossos clientes. A Volkswagen tem uma das melhores posições iniciais na concorrência New Auto. Devemos mudar de uma coleção de marcas valiosas para uma empresa digital operando, de forma confiável, milhões de dispositivos de mobilidade em todo o mundo." Oliver Blume, o novo CEO da empresa, está seguindo o caminho do New Auto, que é, em parte, um movimento ousado para construir uma tecnologia unificada e uma plataforma de *software*, incluindo um novo sistema operacional para veículos, uma plataforma na nuvem e uma nova arquitetura de veículos para todas as suas marcas.[3]

Maquinário agrícola, construção civil e materiais, indústria aeroespacial e automotiva – diferentes setores e diferentes legados, mas com os mesmos desafios e oportunidades para reinventarem seu papel e relevância conforme o digital e o físico se fundem – *big iron*\* e *big data*, aço e silício, bem como infraestruturas física e digital com *links* de dados entre máquinas e a nuvem. O que as empresas antigas devem fazer quando surgem tais interconexões e interligações? O futuro da fusão está diante delas; o que elas fazem hoje definirá se terão sucesso amanhã.

Esses quatro setores não são os únicos pegos pela inovação digital, pela disrupção e pelo *tsunami* de transformações, mas ajudam a ilustrar as mudanças em andamento e devem servir como um chamado para os líderes seniores em cada setor a pensarem em suas opções de estratégia. O ponto de partida, claro, devem ser os grafos de dados industriais.

## O que distingue os grafos de dados industriais

Os grafos de dados dos setores de consumo e industrial são baseados nos dados do produto em uso, mas diferem em muitos aspectos. As empresas com muitos ativos físicos devem reconhecer as diferenças entre os dois grafos de dados antes de criarem, construírem e atuarem a partir deles.

Para começar, os grafos de dados do setor de consumo são baseados em um número limitado de atributos; por exemplo, um consumidor gostou de um anúncio e aceitou o desconto oferecido? Esses *insights* são fáceis de rastrear a distância com protocolos simples. Por outro lado, os grafos de dados de empresas industriais são baseados em vários atributos complexos de desempenho das máquinas em campo. Capturar dados sobre como os automóveis

---

\*N. de R. T. Apelido dado a computadores de grande porte com imensa capacidade de processamento de dados. Também conhecidos como "computadores *mainframe*".

circulam de forma autônoma nas estradas em condições de inverno rigoroso e como os tratores funcionam nas fazendas na época do plantio é diferente de registrar dados sobre as preferências musicais e de filmes dos consumidores.

Os grafos de dados industriais podem ser baseados em volumes menores de dados do que os grafos de dados do setor de consumo, mas provavelmente eles serão multimodais, incluindo números, texto, imagens em 3D e interações de voz. As empresas industriais podem coletar muitos tipos de dados em tempo real, como imagens de falhas, sons de máquinas e *feeds* de vídeo dos processos autônomos.

Desenvolver grafos de dados do setor de consumo é relativamente fácil de justificar devido à escala e à implantação generalizada dos *smartphones*. No entanto, os grafos de dados industriais exigem teses de investimento convincentes, que vinculam a riqueza de dados aos resultados do negócio.

Conscientemente ou não, os consumidores muitas vezes fornecem seus dados pessoais às empresas nascidas digitais. Mas as indústrias primeiro devem ter permissão para acessar, coletar e analisar os dados do produto em uso, que pertencem legalmente ao cliente. Em geral, isso requer fazer contratos formais e oferecer incentivos aos clientes para eles compartilharem os dados. As empresas devem ganhar a confiança de seus clientes para se tornarem o guardião dos dados e manter essa confiança fornecendo valor de formas que os clientes não conseguem obter por conta própria.

Os grafos de dados industriais também envolvem atividades críticas. Quando a Amazon não entrega um produto a tempo, pode ser inconveniente para o cliente; quando a Netflix recomenda um programa pouco inspirador, é irritante. No entanto, quando um motor de avião funciona mal ou um automóvel autônomo não interpreta as condições da estrada com precisão, as consequências são fatais. A infraestrutura da tecnologia, a precisão dos dados e as capacidades analíticas necessárias para os grafos de dados industriais devem ser muito mais robustas e poderosas do que são para os grafos de dados do setor de consumo devido aos riscos mais elevados envolvidos.

As vantagens dos grafos de dados industriais podem ser quantificadas por meio de indicadores financeiros; já os dados do setor de consumo provavelmente terão apenas impactos indiretos. Por exemplo, um fabricante de motores de aeronaves pode quantificar o impacto nos lucros do cliente devido à confiabilidade e ao tempo de atividade dos motores. Ao mesmo tempo, as empresas de consumo só podem medir indiretamente os efeitos usando métricas como a rotatividade do consumidor ou o seu engajamento.

Enfim, os grafos de dados do setor de consumo podem ser monetizados com publicidade ou assinaturas, mas os grafos de dados industriais exigem diferentes abordagens. Na maioria dos casos, eles não podem ser subsidiados com anúncios e só podem ser monetizados por meio da entrega de valor aos clientes com *insights* orientados a dados e recomendações personalizadas.

## Grafos de dados industriais e IA generativa: o multiplicador de forças

A estratégia da fusão se baseia em grafos de dados industriais e, claro, na IA. Por décadas, as empresas industriais estiveram na vanguarda do uso da IA, em áreas tão diversas quanto a exploração de petróleo, o planejamento de rotas aéreas, o roteamento de tráfego, a segurança cibernética e a gestão de riscos. As aplicações são de propriedade das empresas e utilizadas com um compartilhamento mínimo dentro e entre empresas.

Agora as indústrias estão diante de um momento GenAI. Embora as manchetes foquem na capacidade da GenAI de produzir ensaios, escrever poemas e criar imagens, melodias e filmes, sua vantagem real será sua capacidade de transformar a lógica de negócios, criar fontes de vantagem competitiva e tornar obsoletas as competências tradicionais. Não se trata apenas de melhorias incrementais na produtividade; a GenAI criará novas formas de valor econômico. No processo, reformulará a natureza das interações competitivas nas indústrias e nos ecossistemas. As empresas que não reconhecerem isso renunciarão a oportunidades e enfrentarão riscos existenciais.

A Internet permitiu que as empresas criassem canais de *e-commerce*; os *smartphones* permitiram o *m-commerce*. Essas duas inovações influenciaram predominantemente os cenários de consumo. Em relação a como a GenAI provavelmente impactará as indústrias, ela é feita sob medida para transformar a lógica da concorrência em negócios industriais. A tecnologia consegue, entre outras coisas, gerar projetos complexos, extrair *insights* e tendências de dados multimodais, prever e responder proativamente às novas condições e lidar com dados ambíguos e incompletos. A GenAI pode responder perguntas complexas e resolver problemas não lineares com precisão e rapidez, quando treinada com dados contextualizados e apropriados. Concordamos com a análise de McKinsey, que diz que as áreas nas quais a GenAI terá o maior impacto nos próximos 18 meses serão as funções e os setores com muitos ativos físicos e ricos em informação.[4]

Por exemplo, a Bloomberg lançou um novo modelo de GenAI em março de 2023, o BloombergGPT.[5] Ao contrário dos modelos GPT da OpenAI e outros, esse grande modelo de linguagem foi treinado com uma ampla gama de dados financeiros para atender a diversas tarefas de processamento em linguagem natural de setor financeiro. Em essência, a Bloomberg está posicionando a tecnologia para criar um colaborador para cada profissional da área financeira. Do mesmo modo, Sal Khan, fundador da plataforma de educação *on-line* Khan Academy, utiliza a GenAI para criar um tutor personalizado, Khanmigo, para os estudantes da plataforma.[6]

Os modelos especializados e específicos da indústria vão acelerar o papel da GenAI na transformação do setor industrial. Como essa inovação está no começo, as empresas deveriam testar a tecnologia e colocar proteções relevantes para garantir que a saída seja confiável. A Figura 3.1 é um esquema de arquitetura da GenAI com *stacks* de tecnologias interconectados nos setores industriais. À medida que essa arquitetura evoluir, os grafos de dados e a GenAI se tornarão uma força combinada, orientando e moldando a estratégia da fusão.

## Como os líderes da indústria devem utilizar os grafos de dados e a IA generativa

As empresas industriais devem seguir três regras para incorporar os **grafos** de dados e a IA em suas estratégias e, assim, terem vantagem competitiva.

1. Projetar os efeitos da rede de dados com gêmeos tripartidos

As empresas industriais normalmente usam um ou mais dos três tipos de gêmeos digitais. Um *gêmeo do produto* representa o produto em um ambiente

| Modelos e *plug-ins* específicos da empresa | GM    Mercedes-Benz    John Deere    Bayer    Caterpillar    Honeywell |||||
|---|---|---|---|---|---|
| | Waymo    Tesla | | Case IH | ABB    John Deere | Siemens    Bechtel |
| GPTs da indústria específicos do domínio e verticais | Automóveis || Agricultura | Construção | Edificação |
| Plataformas de nuvem (*hardware* de computação exposto para desenvolvedores de nuvem) | Amazon Web Service, Oracle, Salesforce, Microsoft Azure, IBM |||||
| *Hardware* de computação (*chips* especializados para treinamento do modelo) | Nvidia, Google, AMD, Intel, TSMC, IBM |||||

**FIGURA 3.1**

**Como um *stack* de tecnologias generativo pode ter impacto nos setores industriais.**

virtual durante as fases de projeto e desenvolvimento (produto como projetado). Um *gêmeo do processo* é uma representação digital do processo de fabricação de ponta a ponta, incluindo o papel dos fornecedores e dos distribuidores (produto como fabricado). E uma versão mais recente, o *gêmeo do desempenho*, representa digitalmente o produto em uso para rastrear e coletar dados sobre os fatores que têm impacto sobre o desempenho do produto em campo (produto como utilizado).

Muitas vezes, as indústrias usam gêmeos digitais em funções separadas, delegando os gêmeos do produto às unidades de P&D e aos grupos de projeto, atribuindo os gêmeos do processo à cadeia de suprimentos e às equipes de operações, e deixando os gêmeos do desempenho para o *marketing* e as funções de atendimento. As vantagens aumentam com métricas rigorosamente definidas se os gêmeos são propostos, financiados e operados de forma independente dentro de limites. Os efeitos da rede de dados industriais são criados pela conexão entre os três gêmeos digitais: projeto, fabricação e implantação. A isso chamamos de *gêmeo digital tripartido*, ou gêmeo tripartido, para abreviar (ver Tabela 3.1).

Os gêmeos tripartidos podem rastrear os dados de campo até as partes específicas, as linhas de produção, os fornecedores no nível 1 e os fornecedores deles. O gêmeo promete desbloquear valor nos setores industriais se

**TABELA 3.1**

**Gêmeos digitais tripartidos**

| Características diferenciais | Gêmeo do produto (como projetado) | Gêmeo do processo (como fabricado) | Gêmeo do desempenho (como utilizado) |
|---|---|---|---|
| Visão | Representar o produto em um ambiente virtual durante os estágios de projeto e desenvolvimento | Representar o processo de fabricação de ponta a ponta | Representar o produto como utilizado para rastrear e coletar dados sobre o desempenho do produto em campo |
| Responsabilidade funcional | *Designers* do produto | Executivos de produção e da cadeia de suprimentos | Pessoal do *marketing* e engenheiros de serviços com negociadores e parceiros |
| Vantagens | Concessões ao usar as melhores configurações de componentes e subsistemas para projetar o melhor produto | Fabricação aprimorada para atingir os melhores níveis de eficiência operacional | Rastreio e coleta de dados detalhados do desempenho em campo como forma de gerar os efeitos da rede de dados |

os elementos essenciais estiverem perfeitamente conectados de ponta a ponta. Combinar gêmeos do produto e do processo traz benefícios significativos para a eficiência, realizados em um ponto. Mas os dois não criam os efeitos da rede de dados, o que acontece apenas quando os gêmeos do desempenho são incorporados. Um fluxo contínuo de dados no setor é necessário para explorar todo o seu potencial.

Imagine um centro de controle no qual um fabricante monitora o desempenho de todas as suas máquinas em várias telas. Isso ajuda os executivos a entenderem como, quando e onde as máquinas operam nos níveis-alvo de seu funcionamento, onde falham e quanto tempo leva para colocá-las de volta *on-line*. Com os gêmeos tripartidos, a análise da causa-raiz pode ser feita continuamente em segundo plano, apoiada por bancos de dados de grafos, a fim de identificar mecanismos alternativos para intervir para diferentes clientes.

As vantagens dos gêmeos tripartidos ficam aparentes no exemplo de um acidente envolvendo um carro Tesla. Com o gêmeo tripartido implementado, a Tesla pega os dados do produto como ele foi projetado; os dados do processo, como a linha, os robôs e as pessoas que construíram o carro; e os dados de desempenho relevantes, como velocidade, direção do percurso, *status* do cinto de segurança, clima e se o carro era dirigido por uma pessoa ou se o sistema Autopilot estava ativado. Usando seu gêmeo tripartido, a empresa vincula os dados do acidente aos dados sobre todos os outros acidentes da Tesla no passado – antes dos veículos de emergência chegarem ao local – e começa a gerar hipóteses sobre os fatores que podem ter causado o acidente. Quando as equipes estudam tais dados em escala e velocidade, elas conseguem desenvolver novas formas de minimizar, se não eliminar, a falha. Em comparação, muitas montadoras tradicionais têm dados apenas sobre o projeto e a fabricação, mantidos em silos funcionais. Elas nem coletam dados sobre o uso, limitando, assim, sua capacidade de chegar à causa-raiz dos acidentes de automóvel, o que as impossibilita de gerarem novas abordagens para terem melhorias.

Quando os gêmeos tripartidos são projetados para fluxos de dados contínuos, os sistemas de GenAI podem identificar as possíveis razões das falhas catastróficas, como acidentes ou incidentes menores que, quando deixados sem atenção, poderiam levar a problemas significativos mais tarde. Os avanços de empresas de tecnologia como Nvidia, C3.ai, PTC e Siemens oferecem caminhos para as indústrias unificarem os três gêmeos diferentes em uma estrutura comum, como um precursor para aplicar e utilizar a GenAI. A Tabela 3.2 resume como os grafos de dados industriais poderiam remodelar a concorrência nos cenários industriais.

É rotina para as empresas coletar dados sobre o comportamento do consumidor com *apps* e *cookies*. Ainda assim, o mundo industrial está apenas começando a explorar as possibilidades de combinar os dados de várias fontes. Por exemplo, a Rolls-Royce criou seu $R^2$ Data Labs para analisar os dados do motor de aeronaves e melhorar os serviços oferecidos para as linhas aéreas comerciais.[7] Sua vantagem competitiva sobre outros fabricantes de motores depende de sua capacidade de analisar os dados em maior volume, variedade e velocidade. Manter a liderança de dados industriais requer dominar os gêmeos tripartidos e os efeitos da rede de dados.

**TABELA 3.2**

**Como os grafos de dados podem remodelar a concorrência industrial**

| Setor industrial | Principais atores que remodelam a concorrência usando grafos de dados |
|---|---|
| Agricultura e pecuária | John Deere, Bayer (Monsanto + Climate Corporation), Case IH, Dow |
| Mobilidade pessoal | Uber, Waze (Google), Didi, Ola, Grab |
| Mobilidade automotiva | Tesla, Waymo (Google), grandes empresas automotivas (GM, Ford, Mercedes-Benz, BMW, Toyota, Hyundai e outras), Continental, Bosch, Firestone |
| Operações de edifícios comerciais | Honeywell, Rockwell Automation, Siemens |
| Operações de linhas aéreas e aeronaves | GE, Rolls-Royce, Boeing, Airbus, outros fornecedores de nível 1 |
| Petróleo, gás, energia | Gigantes do petróleo, Schlumberger, Hughes, Emerson Electric Co., Halliburton |
| Logística comercial | UPS, FedEx, DHL, Norfolk Southern, BNSF, CSX |
| Saúde personalizada | Big Pharma, CVS, Blue Cross Blue Shield, operadores de saúde, Apple, Google, *startups* de saúde digitais (p. ex., 23andMe) |
| *Smart city* (cidade inteligente) | IBM, Verizon, Samsung, Google |
| Novas compras de varejo e multicanais | Grandes marcas, lojas de varejo e *startups* digitais, Amazon, Alibaba, Walmart, Target |

## 2. Aprimorar a ontologia do produto

Nos ambientes de consumo, a Netflix compreende a ontologia dos filmes em vários gêneros, idiomas, humores etc. como vivenciados por seus assinantes e usa esse conhecimento para fazer recomendações melhores.[8] A Airbnb rastreia não apenas o quarto que cada indivíduo alugou, mas também outras dimensões, como os locais de interesse que ele visitou, onde jantou e os *shows* a que assistiu. A capacidade da empresa de expandir o escopo de seu grafo de dados lhe permite desenvolver recomendações segmentadas e personalizadas.[9] Da mesma forma, as empresas industriais devem expandir suas ontologias de grafos de dados para entregarem um valor superior ao cliente.

Veja a Mineral, a empresa dentro da estrutura corporativa da Alphabet focada em agricultura. A datificação da agricultura é gradual, mas os benefícios potenciais são significativos. A Mineral opera sob a crença geral de que, como afirma seu *site*, "a maioria das empresas não coleta a quantidade, a diversidade nem a qualidade de dados necessárias para tirar o máximo proveito do ML. É por isso que criamos ferramentas para melhor capturar, selecionar, limpar e aumentar os dados multimodais; e montamos nosso próprio conjunto de dados para o uso de agregação de *boostrap\**". E como não há um modo único de coletar dados adequado para cada atividade ou cultura agrícolas, a empresa "começou com um veículo tipo *rover* que conseguia capturar quantidades enormes de imagens de alta qualidade e, com o tempo, expandiu para criar uma tecnologia de percepção generalizada que pode funcionar em diversas plataformas, como robôs, equipamentos agrícolas de terceiros, drones, dispositivos-sentinela e telefones celulares". A Mineral pode desenvolver grafos de culturas detalhados e agilizar a digitalização da agricultura graças ao crescente uso de conjuntos de dados multidimensionais em novas tecnologias e abordagens. Ao longo do tempo, esses *insights* ajudarão inúmeras empresas nas indústrias agrícola e alimentícia a desenvolverem uma boa compreensão de ponta a ponta, com dados em tempo real do campo à mesa, reduzindo a ineficiência e melhorando a agricultura sustentável.

Suponha que um fabricante de automóveis queira parar de vender carros e começar a fornecer serviços de transporte. Nesse caso, ele deve expandir a ontologia do seu grafo de dados para incluir elementos de dados novos e diversos: locais e destinos da viagem em dias e meses; modos preferidos de viagem para diferentes propósitos, como lazer *versus* negócios; sensibilidade de preço para diferentes viagens; etc. Fazendo isso, ele compete com empresas de mobilidade como Uber, Didi e Lyft, focadas em entender como os indivíduos usam os diferentes tipos de transporte 24 h/dia e 365 dias/ano. Para atingir o objetivo de oferecer proativamente soluções de transporte que atendam às necessidades e às preferências individuais por um custo viável, essas empresas devem reunir dados precisos e específicos, os quais as ajudarão a criar uma ontologia abrangente das necessidades e das prioridades pessoais do transporte.[10]

---

\*N. de R. T. Também chamado de *bootstrap aggregation* ou *bagging*, agregação de *bootstrap* é um método de aprendizado por agrupamento, bastante utilizado para reduzir a variância em um conjunto de dados com ruídos.

Os líderes industriais devem investir no desenvolvimento de suas ontologias para entenderem os grafos de dados como o novo orientador para a diferenciação. As empresas que não o fizerem e tratarem os dados apenas como uma tática operacional perderão os efeitos de rede que seus gêmeos digitais poderiam capturar. Para desenvolver ontologias mais avançadas, as indústrias devem prestar atenção na veracidade dos dados alimentados nos grafos de dados. Na Honeywell, é fundamental determinar se a falha das máquinas e dos sistemas nos locais do cliente é causada por fatores sob seu controle ou pelas ações de seus clientes e parceiros. Isso também se aplica a montadoras como GM e Ford, que dependem de cadeias de suprimentos complexas. Os gêmeos digitais com monitoramento de ponta a ponta devem incluir as cadeias de abastecimento, incluindo fluxos de dados e ontologias, para garantir a precisão. A classificação incorreta pode levar a esforços desperdiçados para resolver os problemas, sobretudo quando várias entidades estão envolvidas.

A ontologia industrial depende da linguagem que explica as estruturas de dados em várias situações para entender como as máquinas funcionam e como afetam a produtividade do cliente. Isso é importante quando os dispositivos vão da arquitetura eletromecânica para arquiteturas industriais digitais, abrangendo *hardware*, *software*, dados e protocolos de conectividade. Melhorar e expandir o vocabulário das operações de máquinas (e das falhas) ajuda as empresas que usam grafos de dados a criarem máquinas eficientes e a melhorarem os resultados dos clientes. E isso se torna uma precondição necessária para tirar o máximo proveito da GenAI.

Ainda não temos total compreensão de como os conceitos estão interligados nos grafos de dados industriais. As empresas tendem a armazenar os dados em departamentos separados com estruturas de banco de dados únicas, o que torna desafiador criar representações gráficas da ontologia. No entanto, grandes empresas industriais, como Siemens, Bosch, Rolls-Royce, Honeywell e ABB, desenvolveram grafos para representarem o conhecimento inter-relacionado de suas máquinas e operações.[11] Os provedores de computação na nuvem, como Amazon Web Services, Microsoft Azure e IBM, oferecem ferramentas e aplicativos para auxiliarem no processo.

Capturar dados industriais do produto em uso exigirá ajustar os dispositivos e elaborar novos protocolos sobre máquinas em curto prazo e, em longo prazo, introduzir capacidades de comunicação nos produtos. A telemetria ficou mais potente, permitindo a transmissão automática dos dados a partir de cenários remotos via frequências de rádio, infravermelhos, ultrassom, dispositivos Bluetooth, Wi-Fi, satélite e cabo.

Grandes modelos de linguagem (LLM, em inglês *large language models*) representam um avanço significativo na esfera digital, prometendo transformar os domínios industriais por meio do conhecimento adquirido. Até agora, os modelos impactaram os setores com poucos ativos físicos (pesquisa, interações com clientes, educação) com aplicações iniciais focadas em resumir artigos, elaborar histórias, criar imagens e participar de longas conversas. Esses usos são relevantes e aplicáveis nos ambientes industriais, mas não são estratégicos. O que é estratégico – e um possível divisor de águas – é quando um LLM pode ser treinado para entender os motivos das falhas da máquina, descobrir as relações anteriormente ocultas entre os conceitos, identificar a causa-raiz subjacente com mais facilidade, recomendar o que fazer em resposta e determinar a melhor forma de reprojetar a próxima máquina. O que nos empolga é que as máquinas industriais desenvolverão "olhos e ouvidos" e serão capazes de transmitir dados mais abrangentes com sons, imagens estáticas e em movimento, que explicam como elas operam em campo de formas multimodais. Isso permitirá que as indústrias usem a GenAI para descobrir modos relevantes e direcionados para desbloquear mais valor para os clientes.[12]

Concordamos com Elliott Grant, CEO da Mineral, quando diz que o ML é muito adequado para a agricultura em certas áreas, por exemplo, usar uma imagem de satélite para contar as folhas e os pontos de trigo ou classificar as ervas daninhas. Aqui, o importante não é a precisão absoluta. Se uma máquina pode classificar 90% das ervas daninhas entre milhões de plantas em um campo em milissegundos, ela é preferível a ter pessoas levando horas caminhando pelo campo. Em muitos cenários industriais, as máquinas podem conferir precisão em escala com faixas de preços acessíveis.[13]

Os dados industriais podem ser complexos, e o ML e a GenAI podem oferecer soluções valiosas. Conforme os tamanhos dos modelos crescem a cada ano e experimentos com modelos em saúde, *software*, segurança e logística ficam mais comuns, é essencial considerar o uso dos LLM para melhorar a compreensão das ontologias industriais. As empresas que adotam os LLM provavelmente terão vantagem sobre aquelas que não o fazem.

### 3. Conquistar com IA nos momentos importantes do cliente

Os grafos de dados industriais e a ontologia do conhecimento atualizada podem ser ferramentas poderosas, mas requerem algoritmos complementares para fornecer *insights* personalizados para clientes específicos atingirem melhores resultados. Os algoritmos ajudam a fazer quatro tipos de análises inter-relacionados.

A *análise descritiva* permite que uma empresa industrial entenda o que aconteceu com base em um conjunto interdependente de grafos de dados, em vez de sistemas de registros independentes. Enquanto os *dashboards* fornecem uma estatística estática, como confiabilidade, tempo médio até falhar, fontes significativas de defeitos e outros índices de desempenho da máquina, os grafos de dados permitem que os executivos se aprofundem. Eles podem analisar os padrões de desempenho da máquina em diferentes cenários vinculando informações entre domínios e empresas. E os grafos de dados podem ser consultados cada vez mais em reuniões, facilitando que os executivos tomem medidas oportunas em vez de contarem com especialistas em dados para conduzirem as análises.

A *análise diagnóstica* permite que uma empresa entenda por que algo aconteceu fazendo análises da causa-raiz das falhas e mapeando-as como fatores controláveis ou não. Em vez de tratar cada máquina industrial como independente, os grafos de dados permitem um exame mais profundo dos motivos da falha ou dos desvios dos níveis esperados. O uso de um componente de um fornecedor específico causou um baixo desempenho? O cliente se desviou dos procedimentos operacionais sugeridos? Ter uma ontologia integrada dos conceitos críticos e das inter-relações em uma estrutura de grafo ajuda a tornar possível esse nível de análise diagnóstica. Com uma GenAI bem treinada, a análise diagnóstica seria mais rápida e precisa também.

A *análise preditiva* aborda a questão do que poderia acontecer usando estruturas de grafos. Sabendo como as máquinas funcionam junto com outros dispositivos e equipamentos em diversos locais, os executivos podem prever as possíveis falhas ou a degradação do desempenho; predições baseadas em estruturas de grafos interdependentes são mais eficazes do que os modelos em silos. Os executivos podem, então, desenvolver regras para lidar com isso, explorar alternativas com simulações e atribuir responsabilidades com antecedência.

A *análise prescritiva* pergunta: como devemos ajudar nossos clientes a tirarem o máximo proveito de nossas máquinas e equipamentos? O que podemos fazer para corrigir os problemas imediatamente com, por exemplo, atualizações de *software over-the-air* (OTA)* ou instruções fáceis de seguir? Esse tipo de análise ajuda as empresas a desenvolverem uma visão completa de como os produtos operam em campo por meio de diferentes permutas e combinações a fim de avaliar a sequência de passos para resolver os problemas dos clientes. As indústrias podem desenvolver modelos que colocam as análises prescritivas no centro da entrega de valor eficiente, diferenciada e personalizada para os clientes.

Essas quatro análises, inerentes à cadeia de valor dos dados, devem ser coordenadas para conectar os dados aos resultados do negócio, como ilustra a Figura 3.2. Não se trata de estudar os dados para ter *insights* em um

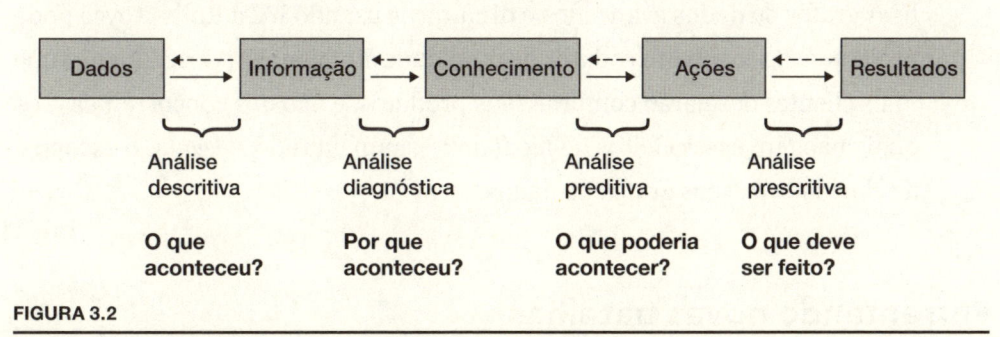

| Dados | ↔ | Informação | ↔ | Conhecimento | ↔ | Ações | ↔ | Resultados |

| Análise descritiva | Análise diagnóstica | Análise preditiva | Análise prescritiva |
|---|---|---|---|
| O que aconteceu? | Por que aconteceu? | O que poderia acontecer? | O que deve ser feito? |

**FIGURA 3.2**

**Cadeia de valor dos dados e quatro tipos de análise.**

*N. de R. T. Atualizações de *software over-the-air* são atualizações enviadas de forma remota a um dispositivo de destino, que podem ser acionadas automaticamente ou a partir de uma ação do usuário (p. ex., quando ele acessa o sistema de ajuda para resolver um problema). Para que esse tipo de atualização seja possível, *hardware* e *software* do dispositivo precisam suportar o recurso.

nível abstrato; trata-se de vincular os dados aos resultados do negócio, como vemos nas empresas nascidas digitais, como Netflix, Spotify, Uber e Tesla.

A cadeia de valor dos dados é mais do que apenas uma solução isolada para emergências ou exceções. É uma parte essencial da GenAI, que combina grandes modelos de linguagem com *gigabytes* de dados representados por centenas de milhões de *tokens* de texto. Essa cadeia é tão importante quanto a cadeia de valor que transforma matérias-primas em produtos finais para os fabricantes do setor industrial.

Conforme avançamos, entender a cadeia de valor dos dados complementares será essencial para oferecer aos clientes exatamente o que eles querem no momento apropriado. A GenAI é uma ferramenta essencial, que vincula dados ao valor do negócio e transforma o potencial do negócio inexplorado em valor genuíno para as indústrias e seus clientes. Isso significa que a IA não é apenas uma questão técnica, mas algo que os gerentes seniores devem levar a sério.

A Rolls-Royce utiliza os quatro tipos de análise para se beneficiar de duas formas. Primeiro, enquanto cada companhia aérea tem dados apenas sobre suas próprias aeronaves, a Rolls-Royce tem a vantagem de analisar os dados do produto em uso de todos os seus clientes, o que deve ser feito com a mais alta segurança, privacidade e níveis de confidencialidade. Esse amplo âmbito de acesso aos dados permite que a empresa desenvolva *insights* superiores para resolver os problemas do cliente. Em segundo lugar, ao analisar grafos de dados avançados e dinâmicos usando IA, a Rolls-Royce pode projetar e desenvolver produtos de qualidade ainda maior. O resultado é que mais clientes desejarão comprar seus produtos, e não dos concorrentes – os quais não têm esses efeitos de *feedback* –, aumentando a escala, o escopo e a velocidade de seus grafos de dados.

## Enfrentando novas batalhas

Os dados do produto em uso estão se tornando rapidamente um divisor de águas para a competição industrial. Antes, esses dados eram difíceis de obter, mas com a ajuda dos gêmeos tripartidos, agora é mais fácil monitorá-los e rastreá-los. Esses gêmeos fornecem dados em tempo real de cada empresa para criar um grafo de dados único, que é patenteado e cresce em valor devido aos efeitos da rede de dados.

Ao analisarem como os produtos são usados, as empresas podem desenvolver soluções personalizadas para os clientes e entender melhor as operações e as interações de seus produtos. Com grafos de dados industriais, essa abordagem está se tornando a próxima fronteira da concorrência. Conforme as empresas continuam a reunir informações sobre seus produtos e como eles agregam valor para os clientes, elas podem obter *insights* mais nítidos e fazer recomendações melhores, dando-lhes vantagem sobre os concorrentes que ainda não adotaram os grafos de dados industriais.

Agora você provavelmente já deve ter uma boa compreensão da fusão na estratégia de negócios (ver Capítulo 1), de como os dados em tempo real podem ser usados para descobrir estratégias vencedoras nos setores com poucos ativos físicos e diretos ao consumidor (Capítulo 2), e de como os algoritmos podem ser combinados com grafos de dados para fazer grandes mudanças competitivas nos setores com muitos ativos físicos (este capítulo). O mundo digital está se expandindo rapidamente, e as empresas industriais devem pensar estrategicamente sobre como navegá-lo. Onde estão as oportunidades para criar e capturar valor, e como devemos nos preparar para os desafios futuros? No próximo capítulo, aprofundaremos o assunto de como os grafos de dados podem ajudar as empresas industriais a alcançarem a vitória em várias batalhas competitivas.

CAPÍTULO 4

# Quatro campos de batalha

ATUALMENTE, AS EMPRESAS ROTULAM MUITOS PRODUTOS – POR exemplo, alto-falantes, campainhas e máquinas de café – como "inteligentes" só porque eles têm relativamente mais recursos digitais do que seus correspondentes analógicos. No entanto, telas digitais, funcionalidade de *software* e conectividade de rede *não* tornam um produto inteligente.

Um padrão semelhante surge dos anúncios feitos pelas empresas industriais. Seu foco está diretamente na conectividade e na automação: autonomia de veículos, como automóveis, caminhões, tratores e cargueiros; aplicativos de *software* para aprimorar as máquinas e conectá-las com o equipamento afim; Bluetooth e redes de celular; e *dashboards* digitais que exibem inúmeras métricas. O maquinário industrial chamado de inteligente não é, de fato, tão inteligente assim.

As indústrias precisam mudar suas percepções. Para serem verdadeiramente inteligentes, os produtos industriais devem ser capazes de capturar e rastrear os dados dos itens em uso e em tempo real, aproveitando os efeitos da rede de dados. Ao utilizarem *insights* dos grafos de dados e dos algoritmos, os projetos dos produtos evoluirão continuamente e entregarão mais valor para os clientes. Este capítulo foca nos campos de batalha que surgem quando os produtos industriais se tornam digitais.

## A estratégia da fusão construída a partir dos grafos de dados e da IA

Há mais de 40 anos, os executivos têm sido convenientemente ensinados que, para terem sucesso, devem escolher uma das três estratégias genéricas (liderança de custos, diferenciação e ou foco) que melhor combina com a estrutura de seu setor.[1] No entanto, essas estratégias não entregam resultados ideais na era atual de grafos de dados e IA.

As raízes da estratégia tradicional estão em outra época, quando as empresas analisavam os dados a partir dos produtos vendidos. Isso tem feito muitos CEOs presumirem, por engano, que o impacto das tecnologias digitais será mínimo. Eles tratam as tecnologias digitais como ferramentas para preservar a liderança de custos, fornecer recursos como conectividade ou ajudar a manter o foco.

Todavia, como mostra a experiência dos setores com poucos ativos físicos, para prosperarem e até mesmo sobreviverem, as indústrias terão que capturar dados em tempo real e desenvolver grafos de dados baseados nas informações do produto em uso para transformarem seu negócio. Fazer isso reformulará o cenário competitivo, criando mercados que se cruzam e forçam as empresas estabelecidas a competirem com as empresas digitais. Além das integrações horizontal e vertical dos setores, vínculos diagonais surgirão nos setores não relacionados, redistribuindo o valor entre diferentes grupos de participantes.

As empresas devem pensar em suas estratégias em relação às mudanças no cenário competitivo que as tecnologias digitais causarão. É aí que os grafos de dados industriais ajudarão os CEOs a explorarem opções de estratégia e mapearem novas direções. Eles devem fazer duas perguntas (ver Figura 4.1):

A primeira: qual é o *alcance* dos nossos grafos de dados industriais? Eles param no projeto dos gêmeos digitais para oferecerem eficiência? Ou se estendem para as operações dos clientes, para otimizarem os resultados deles? Essa dimensão mostra a escala do grafo de dados.

A segunda: quão *robusto* é o nosso grafo de dados industrial? Ele se baseia em um número limitado de dimensões? Ou é multidimensional, capaz de capturar as interdependências entre todas as máquinas, os equipamentos

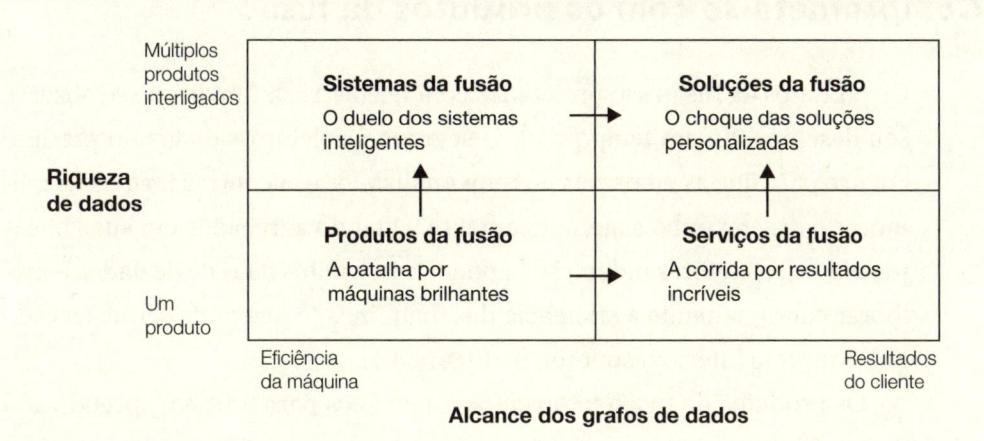

## FIGURA 4.1

|  | Eficiência da máquina | Resultados do cliente |
|---|---|---|
| **Múltiplos produtos interligados** | **Sistemas da fusão**<br>O duelo dos sistemas inteligentes → | **Soluções da fusão**<br>O choque das soluções personalizadas |
| **Um produto** | **Produtos da fusão**<br>A batalha por máquinas brilhantes → | **Serviços da fusão**<br>A corrida por resultados incríveis |

Eixo vertical: **Riqueza de dados**
Eixo horizontal: **Alcance dos grafos de dados**

**Estratégias da fusão nos diferentes campos de batalha.**

e subsistemas que nossos clientes utilizam para concretizar seus objetivos de negócio? É multimodal e capaz de coletar números, texto, imagens, sons e vídeos? Isso reflete o escopo de um grafo de dados, que pode se estender de uma única máquina até várias feitas pela mesma empresa e um portfólio de máquinas de diferentes empresas.

As respostas para essas perguntas trazem à tona quatro campos de batalha da fusão com estratégias vencedoras específicas: produtos da fusão, serviços da fusão, sistemas da fusão e soluções da fusão.

As indústrias precisarão fazer escolhas e buscar um dos quatro campos de batalha, mesmo enquanto exploram outros. A maioria começará buscando estratégias para os produtos da fusão; então terá que avaliar as oportunidades e os desafios de melhorar os resultados dos negócios dos clientes fornecendo serviços da fusão ou buscando meios de transformar produtos e serviços em sistemas da fusão para que operem com mais eficiência e eficácia. O prêmio final são as soluções da fusão.

Com esse exercício, as indústrias conseguirão entender como podem criar e capturar valor, avaliar como as estratégias dos concorrentes as ameaçam e determinar as realocações de recursos que devem ser feitas para defender ou desenvolver outra estratégia. Assim, a estrutura das estratégias da fusão é inerentemente dinâmica, não estática. Discutiremos cada um dos campos de batalha a seguir.

## Comprometa-se com os produtos da fusão

Os produtos da fusão são projetados com telemetria a fim de que se observe seu desempenho em tempo real. O segredo é coletar os dados do produto em uso para que as empresas possam analisá-los e encontrar formas de melhorar o desempenho sistematicamente. Quando agregados em suas bases instaladas, os setores industriais podem criar efeitos da rede de dados e melhorar continuamente a eficiência das máquinas (o que pode ser observado no quadrante inferior esquerdo na Figura 4.1).

Os produtos da fusão terão *chips* específicos para a IA e o aprendizado de máquina, que as empresas podem usar para monitorar o desempenho destes em campo. Os gêmeos digitais tripartidos darão suporte ao projeto e à entrega, a fim de que a indústria possa analisar, desenvolver e implementar regras para fazer as máquinas funcionarem em níveis mais altos, minimizando o tempo de inatividade com uma manutenção preditiva. A empresa pode ampliar seu valor cobrando pelos programas de manutenção e de produtividade como serviços ou fornecendo-os de forma gratuita para garantir a fidelidade do cliente.

A tese de investimento para justificar a digitalização das máquinas industriais – incorporar a funcionalidade da telemática, adotar arquiteturas de computador modulares e integrar a análise de dados – pode não ser simples. Assim, muitas empresas industriais, em diferentes setores, podem se ver tentadas a apostarem em projetar produtos industriais melhores e a forçarem os limites da qualidade para tornarem o produto o melhor em sua classe, em vez de investirem no domínio digital desconhecido. Isso é racional, mas limitado.

Claro, sensores, câmeras inteligentes, GPS, sondas de condição ambiente e módulos de monitoramento do desempenho parecerão caros de forma isolada. No entanto, o foco das indústrias não deve estar no que um único sensor pode fazer, mas em como um conjunto deles pode fornecer coletivamente dados do produto em uso e em tempo real para o centro de operações. Elas devem considerar como os produtos da fusão geram e usam os efeitos da rede de dados; o raciocínio deve ser baseado nos *insights* obtidos com o conhecimento do desempenho das máquinas sob as diferentes condições em campo; e a análise deve ser sobre usar *insights* para vencer no mercado.

Tudo isso requer o uso progressivo das capacidades digitais adicionado ao projeto industrial até que o produto atinja um estado de fusão tecnológica, física e comercial. O objetivo deve ser projetar produtos que possam ser rastreados continuamente, atualizados a partir da nuvem e controlados remotamente, o que exigirá um *hardware* programável e um *software* incorporado. Essas etapas ajudarão as indústrias a desenvolverem grafos de dados de produtos desde o início de seus esforços digitais, não como uma reflexão posterior. É isso que a indústria automotiva aprendeu com a Tesla; os setores da agricultura e de equipamentos de construção com a John Deere e a CNH Industrial; e os setores de edificação e construção com a Honeywell e a Siemens.

Talvez você esteja familiarizado com o modelo *power by the hour* (pago por hora [de uso]), uma prática antiga na aviação. A ideia é oferecer um motor completo e um serviço de substituição de acessórios por um custo fixo por hora de voo. Os clientes acharam isso interessante, pois pagavam apenas pelos motores com desempenho dentro do padrão e com 100% do tempo de atividade; ter acesso à capacidade da máquina pagando pelo uso é comum atualmente.

A Rolls-Royce foi pioneira nesse modelo, em 1962, usando alguns sensores (relativamente primitivos) em aeronaves para rastrear o desempenho na asa; hoje, usa os dados do desempenho do motor para eliminar o risco relacionado a eventos de manutenção não programados e tornar os custos de manutenção planejados e previsíveis. Sua expressão, registrada 60 anos atrás, "*power by the hour*", é entendida no setor, pois outros fabricantes de motores de aeronaves, como GE e Pratt & Whitney, seguiram sua abordagem.

Os produtos da fusão não são apenas aqueles que se movem, como automóveis, tratores e aviões; podem também ser estáticos – por exemplo, prédios, janelas de vidro e turbinas a gás. Qualquer produto industrial pode ser repensado como um produto da fusão adicionando-se sensores, *hardware* programável, *software* e conectividade em nuvem. Isso exigirá repensar por completo as arquiteturas dos produtos, tornando-as semelhantes a máquinas programáveis cujo *software* pode ser atualizado de formas contínua e automática.

Todos os setores industriais devem se concentrar nesse pensamento, aprendendo com as áreas adjacentes. Ao contrário dos setores com poucos ativos físicos, a digitalização dos produtos industriais levará tempo; portanto, as empresas devem começar imediatamente. Isso permitirá que os pioneiros tenham as vantagens de quem dá o primeiro e mais rápido passo.

## Envolva os produtos da fusão com serviços da fusão

A transformação de produtos industriais em produtos da fusão é uma etapa básica e necessária. Somente depois as trajetórias alternativas ficam disponíveis. Uma que devemos considerar é a mudança de produtos para serviços.

As empresas industriais poderiam oferecer serviços estendendo o alcance de seus grafos de dados para as operações dos clientes (isso pode ser visto no eixo horizontal da Figura 4.1, como mostra o quadrante inferior direito). A estratégia aqui não é renovar a função do serviço ao cliente com *chatbots* orientados por IA, reestruturar arranjos comerciais para ter uma maior parcela das receitas do serviço, nem modelar um compartilhamento de risco/retorno com provedores de serviço terceirizados. Trata-se de fazer os produtos da fusão funcionarem mais profundamente nas operações do cliente para melhorar os resultados do negócio. O sucesso da estratégia deve ser medido não apenas por receitas ou lucros adicionais, mas também pela importância dos papéis das empresas industriais no aumento do desempenho do cliente.

As indústrias devem contar com os gêmeos digitais tripartidos para buscarem uma estratégia da fusão para serviços. Em vez de limitá-los a rastrearem o desempenho do produto, as empresas devem estendê-los interligando o produto e os gêmeos de desempenho do serviço. Embora o primeiro possa ser implantado pela indústria, uma estratégia da fusão para serviços exigirá a permissão e a cooperação com clientes e, em alguns casos, parceiros. A indústria deve conquistar o direito de coletar dados granulares para entender como pode melhorar o desempenho dos clientes com o aperfeiçoamento de suas máquinas.

A criação de *data hooks* para explorar um fluxo de dados mais amplo expande o escopo dos grafos de dados de serviço. Pense em como um fabricante de motores de aeronave seria bem-informado se acumulasse dados, em grande volume e velocidade, de todos os motores em uso no mundo em tempo quase real. Os dados criariam grafos de dados de serviço e serviriam como base para uma mudança de produtos para serviços.

Para embarcar em uma estratégia da fusão para serviços, a Rolls-Royce montou o $R^2$ Data Labs em 2018. Ela vem trabalhando desde então para obter vantagem com os dados; o Labs ajudou a Rolls-Royce a entender como usar dados para gerar eficiência, reduzir emissões, identificar economias de custo e novas oportunidades de receita. Os serviços da Rolls-Royce focam nos dados de monitoramento da integridade do motor, com base em suas competências em uso de IA desenvolvidas há muito tempo. Ela conta com analistas de dados experientes para fornecer serviços, que entendem o que as anomalias podem significar e fazem recomendações operacionais.

Por exemplo, a Rolls-Royce analisa os padrões de consumo de combustível com base nos dados do produto em uso, como as rotas das aeronaves, as altitudes em que voam, as condições meteorológicas durante o voo, a velocidade com que voam e a carga que a aeronave leva. A empresa recebe mais de 70 trilhões de pontos de dados por ano a partir de seus motores.[2] Utilizando o poder dos grafos de dados, ela ajuda os clientes a estarem no topo da eficiência de combustível; uma melhoria de 1% na eficiência de combustível de um motor resulta em uma economia de cerca de US$ 30 bilhões no setor de aviação global nos próximos 15 anos.[3]

Em outra situação, os parâmetros de um motor podem ficar fora da faixa devido a uma mudança nas condições ou a um erro de registro. Embora o sistema detecte e registre essas oscilações como um problema, cabe aos especialistas humanos determinarem se é um problema sério ou um falso alerta. Historicamente, a habilidade e a especialização humana eram a única forma de decifrar o que aconteceu. Mas, com o poder dos grandes modelos de linguagem, sistemas de IA robustos trabalhando com pessoas podem tornar os serviços da fusão eficazes, monetizados e lucrativos.

Graças aos *insights* obtidos com a análise avançada de dados, a Rolls--Royce está em uma boa posição para desenvolver contratos baseados em economia e pedir que as companhias aéreas compartilhem com ela uma parte do valor obtido com a economia garantida. A Rolls-Royce poderia ter sucesso com os serviços da fusão? Sim, poderia. Ela fará isso? Ela tem uma vantagem para tal. Com sua base digital e de dados, ela tem a vantagem de quem saiu na frente dos concorrentes, por exemplo, GE e Pratt & Whitney. Também é preciso avaliar se ela deve explorar essa oportunidade independentemente ou fazer parceria com outras empresas a partir da posição de maior força que possui.

Integrar serviços nos produtos é uma jornada multitarefa que pode trazer como resultado o que é conhecido como efeitos *flywheel* (crescer cada vez mais rápido, sendo necessário cada vez menos esforço). Tal jornada começa com as indústrias projetando formas de interconectar os gêmeos do desempenho do produto e do serviço nos locais dos clientes. Isso cria efeitos da rede de dados que não estão limitados ao desempenho do produto, mas se estendem à entrega do serviço. Posteriormente, permite à indústria entender melhor como seus produtos impulsionam a produtividade e o desempenho do cliente. Os dados dos gêmeos do desempenho, agregados em diferentes cenários, mostrarão as áreas nas quais podem ocorrer intervenções proativas e como a indústria pode ajustar os produtos para aumentar seu valor para o cliente. Conforme mais clientes aceitam as propostas de serviço, as indústrias podem investir na funcionalidade digital para interligar os gêmeos digitais tripartidos.

Executivos céticos podem se perguntar se os clientes lhes darão acesso às suas operações. Eles darão, mas apenas se as prescrições dos serviços da fusão se mostrarem valiosas. Claro, a empresa deve conquistar o direito de penetrar nas operações dos clientes garantindo a privacidade dos dados e analisando os dados dos clientes de forma anônima. Os clientes permitirão que as indústrias conectem suas máquinas com *data hooks* incorporados em suas operações se acreditarem que os serviços resultantes são melhores do que os oferecidos por terceiros que têm pouca possibilidade de se beneficiarem dos efeitos da rede de dados. Até os serviços que os clientes desenvolvem terão limitações, porque a heurística só pode surgir a partir de suas operações.

## Integre os produtos nos sistemas da fusão

Vejamos outra trajetória. A digitalização de máquinas industriais oferece novas maneiras de gerar eficiência, não apenas melhorando cada produto com seu gêmeo tripartido, mas aperfeiçoando igualmente um sistema superior de produtos interconectados. A mudança de produtos para sistemas ocorre no eixo vertical da Figura 4.1, que descreve a riqueza dos grafos de dados (quadrante superior esquerdo).

Quando você visitar uma grande fazenda, um canteiro de obras, uma refinaria de petróleo, uma mina ou uma fábrica, verá máquinas e equipamentos fabricados por diversas empresas. Sistemas complexos incluindo múltiplos produtos industriais digitais e subsistemas são a norma para os clientes das indústrias. Uma vez que o integrador de sistemas conectou diferentes máquinas, as empresas ou gerenciam as operações ou dependem de operadores terceiros.

Uma empresa industrial que busca ser um integrador de sistemas da fusão deve construir os grafos de dados primeiro conectando digitalmente todas as suas máquinas, depois expandindo-as progressivamente para se interligarem com as dos parceiros (e concorrentes) com interfaces de programação de aplicações (APIs, do inglês *application programming interfaces*). Ela deve começar com dados estruturados e expandir para dados multimídia não estruturados que podem ser alimentados em aplicativos de IA e ML. O objetivo é construir um grafo de dados no nível do sistema com a mesma ontologia de conhecimento subjacente que o Google, o LinkedIn e a Amazon usam, vinculando conceitos e entidades afins.

Um integrador de sistemas da fusão é proficiente em montar sistemas, mas sua ação não para por aí. Sua diferenciação vem dos dados consumidos nos gêmeos tripartidos de cada sistema em operação e dos efeitos da rede de dados resultantes. Ele desenvolve *insights* sobre porque os sistemas da fusão têm baixo desempenho em campo em relação aos níveis designados, analisando os dados de diferentes condições.

Os clientes acham essa estratégia valiosa porque, na prática, nenhuma máquina industrial é uma ilha, e a eficiência não é definida pelo nível de confiabilidade ou o tempo de atividade de uma máquina sozinha, mas de um sistema de máquinas que operam juntas. Quando um produto falha, todo o sistema falha. A confiabilidade e o tempo de atividade das máquinas individuais são menos valiosos porque a parte mais fraca do sistema causa o problema. No entanto, o integrador de sistemas da fusão pode minimizar as disrupções sistêmicas expandindo o escopo dos grafos de dados para além de seus produtos, rastreando, analisando e prevendo as falhas do sistema melhor do que seus clientes. Ele pode monetizar esse conhecimento cobrando taxas de integração dos sistemas e taxas anuais para conectar máquinas adicionais e, ainda, vendendo atualizações de *software* que garantam que os sistemas da fusão funcionem como o especificado.

Os integradores de sistemas na era industrial ganharam competências no gerenciamento de grandes projetos complexos mobilizando e redistribuindo o talento humano com experiência em engenharia (pense em Schlumberger e Halliburton) ou em sistemas de TI (pense em Infosys, Accenture, Tata Consultancy Services e Deloitte). No entanto, os possíveis líderes dos sistemas da fusão, como Siemens, Honeywell e Rockwell Automation, terão sucesso se desenvolverem competências na coleta de dados do produto em uso com menos ênfase no talento humano e mais na combinação de pessoas inteligentes e máquinas poderosas.

A indústria aeronáutica está mostrando o caminho. Em 2020, a Rolls-Royce criou a Yocova (em inglês *you + colab = value*) como um caminho experimental para a transformação digital, tendo a Singapore Airlines como seu primeiro grande parceiro no setor.[4] A Yocova tem como objetivo oferecer um sistema aberto e de ponta a ponta para a indústria de aviação a fim de conectar, colaborar e controlar seus dados, comprar e vender soluções digitais em um *marketplace* global. Essa organização surgiu porque a Rolls-Royce reconheceu que as indústrias que antes trabalhavam em silos poderiam prosperar se fossem organizadas como redes colaborativas alimentadas por dados. Quando tal integração no nível do sistema ganhar força com a adesão de mais empresas, o valor total será revelado.

As empresas aéreas trocam dados entre os sistemas de reservas de passagem com o compartilhamento de código (Sabre), otimização das rotas e pontos de programas de fidelidade (Oneworld, Star Alliance). A coordenação perfeita é essencial para haver segurança entre estas várias entidades e organizações diferentes. No entanto, esse setor não atingiu todo o potencial dos sistemas da fusão, com os dados presos nos bancos de dados isolados em áreas como *marketing* e manutenção. Com a quantidade de dados movimentada entre os departamentos de monitoramento de motores, aeronaves, integridade dos motores e operadores, surgirão oportunidades para criar grafos de dados no nível do sistema e experimentos com IA e ML.

Espere mais setores ocupando o quadrante superior esquerdo da Figura 4.1 em razão do uso industrial dos dados e da IA. Mesmo que um determinado setor industrial não planeje buscar uma estratégia da fusão para sistemas, ele deve entender o poder do gêmeo tripartido do sistema (os três juntos) e como os grafos de dados desbloqueiam o valor. Isso ajudará a descobrir como seus produtos da fusão devem funcionar com um ou mais sistemas para que as ofertas concorrentes não substituam seus produtos.

## Resolva os problemas, um por vez, para muitos clientes

A estratégia final da fusão combina produtos, serviços e sistemas para resolver os problemas únicos de cada cliente. Ela requer uma perspectiva de fora para dentro e pode ser feita apenas desenvolvendo um conjunto robusto de grafos de dados e aprofundando as operações dos clientes.

As indústrias devem se tornar extensões das operações de seus clientes ao projetarem os gêmeos do desempenho da solução, um tipo específico de gêmeo do desempenho, e tornar-se especialistas em resolver problemas do cliente de maneiras que nenhuma outra empresa, ou mesmo o cliente, consegue. Assim, o poder de uma estratégia da fusão para sistemas vem de solucionar os problemas do cliente com rapidez, adaptando as soluções à medida que as condições mudam.

Para buscar uma estratégia da fusão para soluções, as indústrias devem começar conquistando a confiança de seus clientes, a fim de entender suas necessidades em um nível granular. Isso lhes permitirá arquitetar soluções com um conjunto integrado de produtos, serviços e sistemas que afetam o desempenho dos clientes.

Em seguida, as empresas industriais devem acessar os dados no nível de detalhe que precisam para construir grafos de dados próprios e utilizar os efeitos da rede de dados nos cenários. Munida desses grafos, uma estratégia da fusão para soluções requer o desenvolvimento de algoritmos que entregam soluções personalizadas para cada cliente. As indústrias podem monetizar as soluções fazendo contratos baseados em resultados e acordos de participação nos lucros.

O provedor da fusão para soluções deve ser visto como imparcial no sentido de não usar apenas seus produtos. Ele deve unir as melhores soluções possíveis para resolver os problemas do cliente em um espírito de parceria com os concorrentes. As soluções combinam sistemas e serviços, mas não são peças únicas; elas podem ser refinadas continuamente com base no conhecimento e na experiência da indústria. Ao contrário dos outros grafos de dados industriais, que começam com as máquinas do fabricante, os grafos de dados das soluções começam com os problemas do cliente (quadrante superior direito da Figura 4.1).

Considere o exemplo de uma nova companhia aérea, a Riyadh Air, criada pela Arábia Saudita para refazer o país como destino turístico e competir com as companhias aéreas bem-sucedidas na região, como Emirates, Etihad Airways e Qatar Airways. A Riyadh Air buscará parceiros que possam recorrer à *expertise* e experiência deles na aviação para fornecer soluções.

A Rolls-Royce poderia entrar no espaço de soluções com sua *expertise* em projetar motores inteligentes e se tornar um parceiro primordial? Ela tem uma vantagem devido ao que já realizou, tendo a Singapore Airlines como parceira (a iniciativa Yocova, examinada anteriormente). Dado que dominou a integração da plataforma digital, poderia descrever os benefícios da Yocova para a Riyadh Air, mostrando como a Rolls-Royce pode forçar os limites da manutenção preditiva, da otimização da eficiência de combustível e da gestão das frotas.

Suas capacidades avançadas de projeto de motores, com a tecnologia do gêmeo digital, podem expandir o escopo de seus gêmeos tripartidos. Assim, a Rolls-Royce poderia trabalhar com a Airbus e a Boeing para refinar o projeto das aeronaves. A ontologia do conhecimento que a Rolls-Royce acumulou poderia revelar formas específicas de como a nova companhia aérea pode desbloquear oportunidades não disponíveis para as outras. A Rolls--Royce deve estar preparada para orquestrar relacionamentos com um portfólio de parceiros a fim de ser uma empresa confiável de soluções da fusão, capaz de definir a próxima geração de viagens aéreas.

Uma oportunidade tão grande como essa é rara nos ambientes industriais e será didática para observarmos como os atores existentes e os novos lutam pela oportunidade.

Uma estratégia da fusão para soluções focará na compreensão dos problemas do cliente em detalhes microscópicos, montando os melhores produtos, serviços e sistemas para resolvê-los. Os provedores de soluções da fusão devem ser percebidos como arquitetos de soluções confiáveis e podem vincular seus lucros ao sucesso do cliente. Para vencer com soluções da fusão, as indústrias devem mudar da conhecida máxima "feito por nós" para a nova lógica "resolvido por nós".

## Os novos campos de batalha da estratégia

Quatro campos de batalha para a criação e a captura de valor têm surgido conforme o mundo industrial se digitaliza. A estrutura da estratégia da fusão é dinâmica; uma empresa não deve escolher e defender uma única estratégia. Ao contrário, deve começar com uma estratégia da fusão para produtos e migrar para uma das outras três estratégias.

Cada um dos quatro campos de batalha tem um foco diferente sobre onde as empresas industriais podem ampliar o valor. O primeiro é a batalha por máquinas brilhantes, ou estratégia da fusão para produtos, em que o valor é criado sobretudo digitalizando produtos industriais e entregando-os com o mais alto desempenho (quadrante inferior esquerdo da Figura 4.1). As indústrias devem competir tanto com os concorrentes tradicionais, que podem estar digitalizando suas máquinas em diferentes escalas, escopos ou velocidades, quanto com empresas mais novas, que podem projetar máquinas e desenvolver novas competências com dados e IA.

O segundo campo de batalha (quadrante inferior direito da Figura 4.1), denominamos de a corrida por resultados incríveis ou estratégia da fusão para serviços. Essa estratégia diz respeito às máquinas industriais incorporadas profundamente nas operações do cliente para ajudar a identificar mais formas de melhorar o desempenho financeiro dele. A corrida coloca as indústrias concorrendo com atores tradicionais e outros provedores de serviço mais próximos das operações dos clientes, além de clientes que assumem a responsabilidade de otimizar as máquinas para entregar seus objetivos de negócios.

O terceiro campo de batalha é o quadrante superior esquerdo da Figura 4.1, rotulado como o duelo dos sistemas inteligentes ou estratégia da fusão para sistemas. Nesse segmento, os sistemas interligados competem com produtos independentes para desbloquear o valor. E essas indústrias com produtos da fusão competem indiretamente e cooperam com eles.

Por fim, o quarto campo de batalha é o choque das soluções personalizadas ou estratégia da fusão para soluções (quadrante superior direito na Figura 4.1). A competição nesse segmento ocorre entre empresas e ecossistemas disputando para entregar soluções para os clientes e acreditando que podem fazer o que é melhor sem nenhuma ajuda externa.

## Para vencer as batalhas, convide e envolva os parceiros

A estratégia que ensinamos nas salas de aula hoje tem o foco na empresa. Em contrapartida, a estrutura estratégica da fusão propõe que as empresas equilibrem os ativos que possuem com o desenvolvimento de relacionamentos para acessar recursos complementares. Cada empresa pode ser parte de múltiplos ecossistemas, com a escala, o escopo e a velocidade dos grafos de dados definindo onde, quando e como devem fazer parceria em diferentes ecossistemas.

As estratégias da fusão são centradas na rede e interseccionam os domínios de negócios e de dados nos ecossistemas sobrepostos. A proposta de valor de uma estratégia da fusão para produtos não se baseia no que acontece dentro da indústria, mas no desempenho de seus produtos em campo, com o poder do gêmeo de desempenho desbloqueando o valor novo. Quando as empresas industriais vão além da estratégia da fusão para produtos, elas se aprofundam nas operações dos clientes e da fusão para parceiros (eixos horizontal e vertical, respectivamente) com fluxos de dados interconectados e arquiteturas de sistemas interligadas. Elas devem cooptar e cocriar valor com clientes e parceiros, por isso será crítico que naveguem pelos ecossistemas emergentes e definam os principais elementos de dados.

Os grafos de dados que suportam estratégias de integração de sistemas invariavelmente envolverão os dados dos concorrentes. Para garantir à concorrência que seus dados serão usados com eficiência, as indústrias precisam projetar os modelos de operação com regras claras de engajamento. Assim como o Amazon Web Services deve garantir que seus protocolos de segurança de dados satisfaçam a Netflix como cliente, especialmente porque o Prime Video é um concorrente, as estratégias de fusão precisam de uma cultura que valorize a privacidade, a segurança e a integridade dos dados.

## Não fique preso no mesmo campo de batalha

Uma crítica recorrente é que as estruturas estratégicas costumam ser estáticas. No entanto, a estrutura da estratégia da fusão é inerentemente dinâmica. Ela descreve as escolhas que as indústrias podem fazer em determinado momento, enquanto explora caminhos para o futuro.

Os produtos da fusão criam valor melhorando o tempo de atividade das máquinas da empresa. Os serviços da fusão fazem isso agregando serviços e produtos da fusão para aumentar a produtividade do cliente. Os sistemas da fusão adicionam valor, garantindo tempo de atividade em todos os equipamentos utilizados pelo cliente, não apenas os próprios produtos da indústria. E as soluções da fusão são projetadas para resolver os problemas do cliente em sua totalidade. Assim, cada estratégia da fusão cria conjuntos *adicionais* de valor; portanto, uma empresa industrial deve fazer um roteiro para desenvolver e implantar todas as quatro estratégias.

. . .

O investidor de risco Marc Andreessen declarou, em 2011, que "o *software* está devorando o mundo."[5] Ele estava certo: as tecnologias digitais alimentaram a inovação, a disrupção e a transformação em muitos negócios de consumo. Essas tecnologias estão conduzindo mudanças radicais nas indústrias também.

Enquanto isso, o mundo desenvolvido abandonou suas competências em criar valor em setores com muitos ativos físicos, como manufatura, transporte, agricultura, saúde e logística, encantados com o valor que pode ser criado nos setores com poucos ativos físicos. Em 2020, Andreessen afirmou: "É hora de construir" – não com os métodos da era industrial, mas de novas formas, que façam uma fusão entre o físico e o digital.[6]

É hora de as empresas industriais construírem o futuro da fusão. Tradicionalmente, elas foram bem-sucedidas em razão das vantagens enraizadas nos ativos tangíveis, por exemplo, escala, projeto, patentes, qualidade e satisfação do cliente. Esses ativos permanecerão relevantes, mas as estratégias da fusão adicionam uma nova dimensão quando as tecnologias digitais transformam as empresas industriais. Essas empresas terão domínio sobre os efeitos da rede de dados, com seus algoritmos aprimorando produtos, processos e modos de entrega do serviço.

A estratégia da fusão impulsionará a transformação das empresas industriais. Quaisquer ajustes incrementais nas estratégias aperfeiçoadas nas décadas finais da era industrial se mostrarão ineficazes. As máquinas serão digitalizadas; os processos, simplificados; e a entrega de serviço, aprimorada com *software*, dados e análises. As abordagens que funcionam precisarão ser estratégicas, e não táticas ou técnicas.

Os vencedores da indústria adotarão tecnologias digitais para forjar o futuro. Será sábio da parte deles reconhecer o poder dos grafos de dados industriais para defender seus negócios atuais. E o mais importante: eles devem usar grafos de dados para estabelecer caminhos e desenvolver novos modelos de negócios, adequados para vencer as batalhas competitivas do amanhã, como exploraremos na segunda parte do livro.

PARTE II

# VETORES DE VALOR

CAPÍTULO 5

# A batalha por máquinas brilhantes

EM 2 DE AGOSTO DE 2006 – MESES ANTES DE STEVE JOBS APRESENTAR o iPhone –, Elon Musk fez um anúncio: "O objetivo geral da Tesla Motors (e o motivo pelo qual estou financiando a empresa) é ajudar a acelerar a mudança de uma economia de hidrocarbonetos, baseada em extração e queima, para uma economia alimentada por energia solar."

A indústria automotiva mal notou o que Musk chamava de seu plano mestre. Dez anos depois, em 20 de julho de 2016, o "plano mestre, parte dois" prometia uma linha completa de produtos com direção autônoma que, por meio do aprendizado da frota, seria dez vezes mais segura do que a direção manual. As reações foram em grande parte céticas, com afirmações que iam de "é um dreno de fluxo de caixa" a "excessivamente ambicioso" e "nada de diferente do que outros anunciaram".

Quando Musk anunciou o "plano mestre, parte três," em 5 de abril de 2023, focado em "uma civilização alimentada por energia sustentável", os analistas ficaram divididos em dois grupos.[1] De um lado, os que ficaram desapontados com a falta de um novo regulamento para veículos; de outro lado, os que ficaram animados com os fundamentos da plataforma de veículos e com o papel dos automóveis na condução à energia sustentável – a visão original anunciada em 2006.

Os historiadores do futuro falarão da importância da Tesla na transformação do setor automobilístico e sua contribuição para a mudança para energia sustentável. Por enquanto, a empresa é parte do *zeitgeist* do mundo dos negócios. Ela não estava nem mesmo no radar da indústria automotiva em 2006; em 2016 estava, na melhor das hipóteses, em sua visão periférica. Já no início da década de 2020, a Tesla ficou no centro da indústria automotiva, uma vez que estimulou a transformação não apenas da fonte de energia que alimenta o produto, mas o próprio conceito do que é um automóvel e do que será no futuro.

Em 30 de agosto de 2021, a Tesla anunciou que havia projetado um *chip* semicondutor grande, que chamou de D-1, para executar algoritmos de aprendizado de máquina (ML) que controlam seu sistema de direção autônoma Autopilot e seu supercomputador de treinamento de rede neural, o Dojo. Em julho de 2023, comprou todas as unidades de GPU da Nvidia que a empresa de *chips* conseguiu entregar e investiu cerca de US$ 1 bilhão para turbinar a iniciativa Dojo. Uma década atrás, ninguém esperaria que um fabricante de automóveis projetaria um dos supercomputadores mais rápidos no mundo.

Embora a sede da empresa em Austin tenha anteriormente desenvolvido *chips* menores, que interpretam as entradas dos sensores e das câmeras em seus veículos, a criação do *chip* D-1 e do supercomputador Dojo foi mais desafiadora e cara. O esforço é central para o futuro da Tesla, pois a empresa precisa do D-1 para melhorar o Autopilot. O sistema de direção autônoma não usa mais radar ou a tecnologia LiDAR (*laser imaging, detection and ranging*) para desenhar objetos e superfícies com *laser* de modo que os automóveis possam "ver" o mundo ao seu redor em três dimensões. Ao contrário, ele se baseia na visão computacional para entender a informação visual coletada pelas câmeras dos veículos. A nova abordagem envolve treinar o computador a fim de que ele reconheça e interprete o mundo visual para alcançar as capacidades de direção autônoma.

Especificamente, a Tesla usa uma rede neural conhecida como *transformer*, ou transformador, que recebe informação a partir de oito câmeras em cada veículo para entender suas condições de operação. Um sistema apenas com câmeras requer maior capacidade computacional; o algoritmo Tesla Vision deve recriar em tempo real um mapa dos arredores de cada veículo a partir das câmeras, em vez de a partir de sensores que capturam as imagens diretamente.

A Tesla tem vantagem sobre os concorrentes porque coleta mais dados do que os outros fabricantes de automóveis. Cada um dos mais de quatro milhões de carros da Tesla nas ruas retorna *feeds* de vídeo de oito câmeras, e mais de mil funcionários classificam essas imagens para ajudarem a treinar a rede. Assim como a Ford fez uma integração vertical, no início dos anos 1900, incluindo até a mineração de carvão e de minério de ferro e a fabricação de vidro para seus automóveis, a criação do chip D-1 pela Tesla simboliza a evolução da empresa para um fabricante de automóveis integrado e moderno que produz tudo para seus próprios produtos da fusão, desde baterias elétricas, *chips* de silício e *software* até uma rede de carregamento elétrico e centrais de atendimento.

Seus produtos da fusão representam uma grande ameaça dupla para as empresas estabelecidas na indústria automotiva. A Tesla fabrica veículos poderosos, ecológicos e elegantes. A empresa também investiu no desenvolvimento de tecnologias avançadas para a conectividade digital e a coleta de dados. As câmeras e os 12 sensores ultrassônicos de cada carro coletam dados em tempo real, e os algoritmos de ML da empresa analisam constantemente os dados para melhorar seu sistema operacional (OS, em inglês *operating system*).

Assim como a Apple desenvolve e implementa um novo OS para o iPhone, a Tesla atualiza periodicamente o OS de seus veículos. Por conta das atualizações de *software over-the-air*, os proprietários de um Tesla têm um novo automóvel quase todo dia. Por exemplo, em novembro de 2019, um apaixonado pela Tesla, Brandon Bernicky, tuitou para Elon Musk: "O que você acha da ideia de acionar o salvamento das imagens da *dashcam* [câmera de trânsito] ao buzinar?"[2] "Sim, faz sentido", respondeu Musk horas depois. Em 24 de dezembro, o recurso foi implementado remotamente, permitindo que os motoristas salvassem um trecho da filmagem da câmera de vídeo frontal quando buzinavam e o armazenassem em uma unidade USB. Um ciclo de atualização de seis semanas, em vez de meses ou anos, é sem precedentes na indústria automotiva.

E mais, todos os veículos da Tesla operam na mesma rede; portanto, o motorista ajuda toda a rede de carros a melhorar – o que a empresa chama de *aprendizado da frota*. Ela projetou o Model S para ser um computador sofisticado sobre rodas, como disse Musk muitas vezes, ressaltando que a Tesla é uma empresa de *software* e *hardware*. Nós a vemos como uma empresa de dados e IA que fabrica máquinas físicas – em nossa linguagem, produtos da fusão.

A Tesla criou um gêmeo do desempenho para cada carro fabricado, não apenas um gêmeo digital de cada modelo como projetado ou um gêmeo da linha de montagem que o criou. Os sensores de todos os carros fornecem dados em tempo real sobre o desempenho dos veículos nas ruas; os sistemas IA/ML da empresa estudam os dados em tempo real; e a Tesla usa os *insights* orientados a dados mais relevantes para melhorar continuamente todos os sistemas de direção autônoma de seus carros. Além disso, a IA interpreta os dados e determina se um veículo funciona como o previsto ou requer manutenção. Em muitas situações, os especialistas digitais da Tesla garantem que os problemas podem ser corrigidos com atualizações de *software*; por exemplo, eles conseguem ajustar os níveis de frenagem regenerativa para reduzir os riscos de colisão e ajustar o bater da porta com atualizações de *software over-the-air*. Em média, a empresa libera uma grande atualização de *software* por mês.

Os gêmeos tripartidos da empresa ajudam a otimizar os futuros produtos com um projeto generativo, a tecnologia emergente que aplica IA para otimizar os projetos. Agregando os dados em tempo real de milhares de produtos em campo, os gêmeos digitais simulam o desempenho e as condições enfrentadas pelo produto da fusão ao longo de sua vida útil. Equipado com esses dados, o *software* de projeto generativo ajusta o projeto dos produtos da Tesla e simula o desempenho em situações reais, até chegar a uma solução que atenda às metas da empresa.

Embora a Tesla tenha enfrentado muitas dificuldades para iniciar suas linhas de produção na histórica fábrica NUMMI, em Fremont, Califórnia, que a Toyota e a GM operaram até 2010, ela transformou o processo de fabricação de automóveis com tecnologias digitais. Ela usa um processo de fabricação vertical altamente integrado e automatizado, que envolve mais de 160 robôs, incluindo 10 dos maiores do mundo, cada um com o nome de um X-Men da Marvel. Os sistemas baseados em IA da Tesla permitem a melhoria autônoma e contínua de seu processo de fabricação. Quando os veículos nas ruas têm um pequeno problema, como uma vibração constante nos vidros dos carros, os dados são comunicados aos robôs da Tesla na linha de montagem, que aprimoram o processo de instalação das janelas.

A Tesla entregou 1,31 milhão de veículos em 2022 e cerca de 1,8 milhão em 2023. Até agosto de 2023, sua capitalização de mercado girava em torno de US$ 900 bilhões, colocando-a entre as dez empresas mais importantes do mundo; seu valor de mercado é maior do que as nove montadoras mais valiosas juntas na lista. Assim, a Tesla, a fabricante menos valiosa em 2000, entra em sua terceira década como a montadora mais valiosa – e mais intrigante – do mundo, graças aos seus produtos da fusão.

## Mudanças no paradigma do produto

Para nós, estrategistas da fusão, projetar e entregar carros com maior poder de computação não é o suficiente para torná-los máquinas brilhantes. Isso porque a inteligência nos carros de hoje tende a se limitar ao modo como eles foram projetados, fabricados e entregues aos consumidores. As empresas que produzem os modelos mais recentes desses veículos têm dados escassos sobre como seus produtos são conduzidos. Sua visão sobre o papel dos dados nas estratégias do produto estão presas no mundo dos sistemas de registro (muitas vezes referidos como dados em repouso), incapazes de competir com as empresas que começaram a tirar proveito dos dados de uso em tempo real (frequentemente referidos como dados em movimento).

Além dos recursos adicionais digitais, o que torna os automóveis o arquétipo de um produto da fusão? É a possibilidade de os carros receberem ML para melhorar continuamente o modo como são dirigidos em condições de condução reais e de aprimorarem e refinarem continuamente as regras de condução de veículos com *insights* de grafos de dados e algoritmos. Esse é o objetivo da Waymo – uma subsidiária da Alphabet, que não se configura como uma montadora tradicional. Ela pode não estar envolvida na fabricação, mas a Waymo quer projetar o cérebro que alimenta os futuros automóveis. Nessa visão, o pensamento estratégico é que o produto físico (metal, plástico e pneus) pode não ser o diferencial, mas sim a inteligência que dirige o carro. A visão da Waymo sobre o sistema de condução de veículos mais experiente é a de um artefato digital que aprende continuamente.

O que torna o sistema de IA da Waymo o mais experiente, você pergunta? Na realidade, isso não está relacionado ao modo como o cérebro dele é programado com regras gerais de condução de veículos e rotinas de navegação quando o automóvel é projetado e construído, mas ao modo como ele aprende dinamicamente com a experiência coletiva de uma frota de carros nas ruas.[3] O conjunto integrado de LiDAR e sensores de radar da Waymo pode coletar dados em tempo real para construir grafos de condução de veículos baseados em quilômetros rodados reais (mais de 30 milhões e contando) e simulados (mais de 30 bilhões e aumentando). Esses números continuam a crescer à medida que mais carros de montadoras como Fiat, Chrysler, Volvo, Jaguar e Geely são equipados com as tecnologias Waymo e utilizados nas ruas de mais cidades.

Como estrategistas da fusão, estamos animados para ver a Waymo utilizar os efeitos da rede de dados por meio da parceria com fabricantes de automóveis, para demonstrar como o automóvel de hoje, o produto industrial icônico, torna-se o produto da fusão de amanhã. A competição entre Waymo e Tesla será definida em parte pelo número de carros físicos e, o mais importante, pela superioridade dos grafos de dados e dos algoritmos de condução de veículos, que tornam a autonomia real.

Estrategistas em outros setores industriais devem notar que, como no setor automobilístico, agregar recursos e funcionalidades digitais – e estar conectado – não é suficiente para tornar suas máquinas brilhantes. Não se esqueça, as telas digitais, a conectividade por Bluetooth, o Wi-Fi e a telemática, além dos diagnósticos remotos, estão se tornando rapidamente recursos normais nas máquinas industriais.

Seria um erro para os CEOs das gigantes industriais perceberem a lógica de desenvolver produtos da fusão como apenas mais um ciclo de introdução incremental de novos recursos e funcionalidades, que pode ser delegada aos gerentes responsáveis pelo projeto e pela fabricação. Pensar na vantagem digital apenas em termos de excelência em engenharia no projeto do produto e em economias de escala na fabricação e na distribuição seria limitante.

|  | | |
|---|---|---|
| Múltiplos produtos interligados | | |
| **Riqueza de dados** | | |
| | **Produtos da fusão**<br>A batalha por máquinas brilhantes | |
| Um produto | Eficiência da máquina | Resultados do cliente |

**Alcance dos grafos de dados**

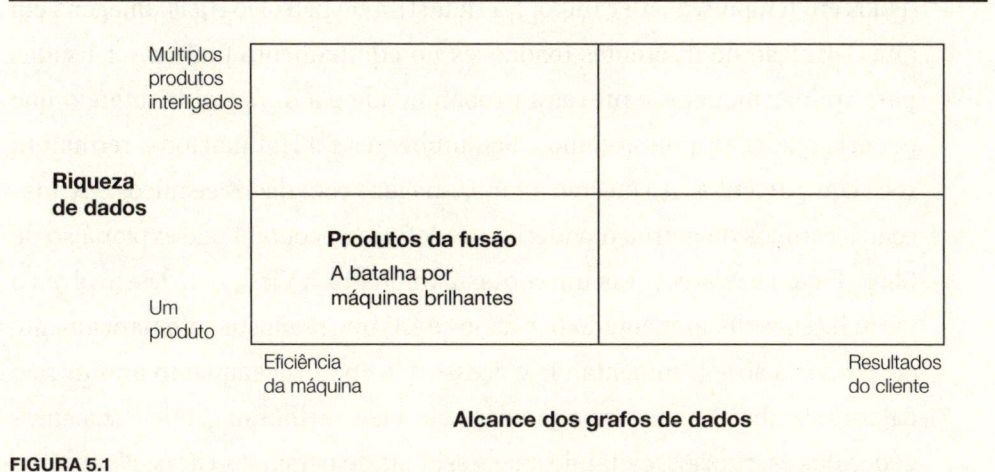

FIGURA 5.1

**Estratégia da fusão para produtos na batalha por máquinas brilhantes.**

A observação feita em 2015 pela CEO da GM Mary Barra de que a indústria automotiva "está pronta para mais mudanças nos próximos cinco a 10 anos do que foi visto nos últimos 50" já se provou verdadeira.

As indústrias devem inovar e desenvolver produtos da fusão fornecendo uma funcionalidade digital por meio de sensores, *software* e conectividade de nuvem para coletar dados em tempo real sobre os produtos em uso (ver quadrante inferior esquerdo na Figura 5.1). Elas também devem avançar na capacidade dos carros de coletar, armazenar, unificar e analisar os dados em tempo real para que os produtos da fusão tenham um desempenho mais confiável, fiquem melhores com o tempo e aprimorem as gerações de futuros produtos.

À medida que a estratégia da fusão para produtos é mais bem compreendida e fica mais proeminente no setor industrial, as empresas estabelecidas devem aceitar mais mudanças multifuncionais dentro dos limites da empresa e reestruturar as relações entre empresa e fornecedores, clientes e parceiros. A nova vantagem competitiva será ter visibilidade completa, com dados rastreados em toda a cadeia de valor estendida, desde os produtos em uso até os fornecedores que entregaram os módulos.

As ideias centrais das máquinas brilhantes não se limitam aos carros, mas se aplicam a muitas máquinas industriais que podem rastrear e coletar dados em tempo real em campo. Na indústria de petróleo e gás, imagens em alta definição de diferentes oxidações no equipamento podem ser usadas para treinar modelos e prever a probabilidade e a duração da falha, o que poderia ajudar empresas como a Schlumberger e a Halliburton a refinarem seus equipamentos. Ao mesmo tempo, imagens com dados sísmicos em diferentes campos de petróleo poderiam redefinir a economia de exploração de Shell, Exxon e Aramco. Em um contexto diferente, a View, Inc. desenvolveu o vidro inteligente, alimentado por dados e IA, que se ajusta automaticamente em resposta ao sol, aumentando o acesso à luz natural enquanto minimiza o calor e o brilho. As janelas projetadas pela View melhoram a eficiência energética dos escritórios, evitando a necessidade de persianas caras. No mesmo setor, a Corning poderia coletar imagens detalhadas sobre o desempenho em quedas de seu Gorilla Glass (película de vidro para proteção de tela) mais recente em diferentes *smartphones*, podendo ajudar a treinar seus modelos básicos para obterem *insights* e projetar os produtos futuros.

Os automóveis, como o melhor exemplo de produtos da fusão atualmente, prenunciam uma mudança mais decisiva para as máquinas industriais, que consiste em quatro elementos essenciais: um produto que oferece rastreamento remoto e em tempo real do seu desempenho nos diversos cenários do cliente, produzindo os efeitos da rede de dados; um algoritmo de negócios, alimentado por IA, que faz as quatro análises (descritiva, diagnóstica, preditiva e prescritiva) de forma integrada; o uso de *insights* dessas análises para fornecer valor personalizado aos clientes de forma remota e com eficiência; e o desenvolvimento de produtos superiores na próxima iteração, com oportunidades mais significativas para utilizar a IA.

Agora, veremos como implementar essa abordagem na prática.

## O caminho à frente

Existem quatro etapas sequenciais para transformar os produtos analógicos em produtos da fusão; usaremos essas etapas ao longo da Parte 2. A primeira é *arquitetar* o produto da fusão; a segunda é *organizar* os diferentes processos para implantar o produto em escala e velocidade; a terceira é *acelerar* o plano de transição; e a quarta é definir e refinar os mecanismos para *monetizar*, a fim de criar, capturar e distribuir valor. O ciclo de quatro etapas se repete com um *feedback* rápido.

## Arquitetar

Como um produto da fusão difere de um produto industrial? A maioria das indústrias desenvolveu produtos usando tecnologias patenteadas, materiais e processos. Não é nenhuma surpresa; elas tiveram que fazer investimentos significativos de tempo, talento e capital para desenvolver a ciência, a engenharia e a economia dos produtos industriais e operar nos mais altos níveis de desempenho.

As tecnologias digitais desafiam os pressupostos analógicos. Os produtos da fusão são projetados na interseção da engenharia industrial e das ciências da informação. Eles combinam progressivamente o físico e o digital para criar um *hardware* programável e melhorar a funcionalidade das máquinas industriais. Além disso, muitas vezes incorporam arquiteturas modulares com sistemas operacionais de *software* e interfaces interoperáveis com outros equipamentos, componentes e aplicações. A arquitetura do produto da fusão é uma disciplina recente; e a ideia de as empresas estabelecidas da indústria sobreporem sensores e módulos de dados de forma pontual nos produtos analógicos é uma abordagem ineficiente. Sobrepor a funcionalidade digital em um projeto analógico sempre terá um baixo desempenho se comparado a projetar produtos como fusão em primeiro lugar, com foco em gerar efeitos da rede de dados que fazem os grafos de dados revelarem *insights* mais profundos e fornecerem recomendações contextuais.

A arquitetura dos produtos da fusão se afasta de uma arquitetura fechada, analógica e proprietária; é um *stack* de tecnologias aberto que incorpora *hardware*, *software*, aplicativos e conectividade. O novo projeto provavelmente lembra mais uma arquitetura de computadores do que um produto industrial, especialmente com foco nos gêmeos digitais tripartidos e nos dados em movimento. E ele mapeia como seu *stack* de tecnologias se interconecta com outros dentro e além dos limites da indústria.

A mudança na arquitetura é mais facilmente percebida no caso dos automóveis que estão se metamorfoseando de motores de combustão interna para veículos com bateria elétrica. Um elemento na nova arquitetura é o *software*, o cérebro que pode conduzir o automóvel no lugar dos seres humanos. A Mercedes-Benz reconheceu a crescente importância do *software* no setor automotivo ao desenvolver o *stack* de tecnologias para sua linha EQS de veículos elétricos. Ela montou uma equipe interna para criar seu sistema operacional, o MB.OS. A empresa também explora formas de incorporar o *hardware* e o *software* de terceiros, como o CarPlay da Apple, em seus veículos para descobrir como oferecer mobilidade como serviço. Ao mesmo tempo, a montadora de luxo optou por se unir à fabricante de semicondutores Nvidia, que tem parcerias com muitos atores na indústria de automóveis, como fornecedores de nível 1, fabricantes de sensores, instituições de pesquisa automotiva, empresas de mapeamento e *startups* digitais. Os dispositivos da Nvidia são baseados em uma matriz de blocos lógicos configuráveis com interconexões, podem ser reprogramados conforme os projetos evoluem e são ligados pelo *software* para criarem produtos atualizáveis. Eles serão uma parte integrante da arquitetura dos veículos elétricos com bateria.

A próxima geração de carros da Mercedes-Benz será de produtos da fusão que podem ser atualizados e melhorados, com base em uma plataforma elétrica alimentada pelo *chip* Nvidia e pelo *software* MB.OS internamente. A Mercedes declarou acreditar que sua força está em criar sistemas operacionais dentro de sua própria empresa. Ela anunciou planos de colaborar com a Nvidia, especializada em *chipsets*, para criar uma arquitetura definida por *software*.[4] À medida que a arquitetura do automóvel evolui contando cada vez mais com a IA (como a Tesla já mostrou), a Mercedes e outras grandes montadoras (Volkswagen, BMW, GM, Toyota, Hyundai etc.) devem decidir sobre suas estratégias de fabricação, compras e parceria não só para o *stack* de *softwares*, mas para outras camadas de tecnologia também.

A Mercedes-Benz deve lembrar que seu *stack* de tecnologias digitais se conecta com o *smartphone* do motorista. Enquanto hoje o CarPlay da Apple se integra com o *hardware* do fabricante de automóveis para controlar o rádio e ajustar os controles climáticos, em breve será capaz de exibir velocímetro, níveis de combustível, temperaturas e muito mais na tela de direção do carro. A Mercedes terá que encontrar formas de interoperar com a Apple sem perder sua capacidade de coletar os dados em movimento. Se as montadoras mantiverem seu foco nos efeitos da rede de dados que geram o aprendizado da frota, como a Tesla faz, elas deverão ficar atentas às inovações dos *softwares* da Apple, da Baidu (Apollo) e do Google (Android Auto). Também devem ter em mente que os avanços tecnológicos no futuro podem mudar a vantagem que as montadoras tradicionais têm em relação às empresas digitais que controlam o cérebro dos veículos. É por isso que as indústrias devem traçar as arquiteturas do presente e do futuro dos produtos da fusão, junto com as arquiteturas dos módulos obrigatórios e das interligações, bem como escolher as áreas que querem controlar e convidar parceiros para complementarem a visão.

O CEO da Mercedes-Benz, Ola Källenius, está muitíssimo comprometido com a visão do automóvel como um "veículo definido por *software*", mas também acredita que as montadoras tradicionais desempenham um papel essencial na integração de vários recursos dos carros modernos, como condução, carregamento elétrico, conforto, informação de lazer e autonomia. Ele observou: "As duas tecnologias que estão impulsionando a transformação [na indústria automotiva] são a transmissão eletrônica e o *software*. Nesses dois domínios, decidimos que precisamos da integração vertical. É algo que precisamos ter. Precisamos entendê-los e tê-los."[5]

Sem nenhuma surpresa, a GenAI influenciará o automóvel e o modo como os consumidores interagem com ele. A Mercedes-Benz trabalha com a Microsoft para colocar o ChatGPT em seu sistema de informação de lazer para que os comandos possam ser acionados pelo comando de voz "Olá, Mercedes". Enquanto a geração anterior de assistentes de voz estava limitada a tarefas e respostas predefinidas, a Mercedes utiliza a proficiência da Microsoft com seu grande modelo de linguagem para melhorar de forma significativa a compressão da linguagem natural, expandindo continuamente os tópicos aos quais consegue responder.

Cada montadora deve desenvolver a *expertise* necessária para definir o que ela precisa ter e como vincular os domínios separados. Simplesmente fabricar um carro digital não é suficiente. Usar os dados gerados pelo desempenho do carro é essencial para melhorar continuamente sua capacidade de operar com autonomia. A digitalização do veículo é necessária, mas analisar os padrões de condução de veículos é um diferencial. E o progresso da GenAI obrigará as montadoras e outras indústrias a explorarem as áreas de diferenciação. A Fiat, por exemplo, apresentou o Fiat Product Genius, uma pessoa real que responde às perguntas de clientes em potencial no metaverso; e a GM está testando os possíveis futuros assistentes de GenAI.[6] A Toyota foi mais longe, examinando o papel da GenAI no próprio projeto do produto.[7] A arquitetura da máquina industrial e o sistema de fabricação de suporte estão sendo remodelados rapidamente hoje.

## Organizar

Um *stack* de tecnologias analógico/digital introduz novos recursos, como um *hardware* integrado com baterias, OS do *software* e aplicações, além de grafos de dados analisados com algoritmos poderosos. Ser uma empresa industrial com sólida experiência na criação de produtos analógicos que se move em direção à produção de produtos da fusão pode ser difícil. A vantagem arquitetônica será uma realidade se, e somente se, uma visão compartilhada unificar a organização, que é a segunda etapa de execução.

Perdemos a conta das empresas com grandes ideias que fracassaram porque as diferentes funções não conseguiram trabalhar em conjunto para reconhecerem a importância de colocar uma nova ênfase nas competências digitais. Em uma análise da iniciativa de uma década da GE para se tornar uma indústria digital, a sóbria reflexão do então presidente, Jeffrey Immelt, em um *post* no LinkedIn em 2019, é um lembrete dos três perigos que as indústrias enfrentam: subestimar o déficit digital por causa da terceirização, sobrepor as responsabilidades nas funções dos executivos seniores e ter métricas desalinhadas da organização para medir o sucesso digital.[8]

A visão da Mercedes-Benz para ser digital em primeiro lugar exigirá mais do que definir uma unidade de *software* e estabelecer parceria com a Nvidia. O MB.OS vincula os veículos nos sistemas de transmissão eletrônica, condução autônoma, informação e lazer, corpo e conforto, unificando a organização de ponta a ponta. A empresa está integrando a lógica dos gêmeos do produto, do processo e do desempenho, cujos objetivos, ciência e engenharia diferem. As definições de padrão para os códigos de erro em outros veículos que operam em vários cenários devem ser continuamente inseridas nos algoritmos do ML. Isso ajudará a descobrir os padrões que se religam aos reparos anteriores e, sempre que possível, podem ser rastreados até as linhas de produção específicas e os fornecedores. Unificar dados e processos assegura que os *chatbots* de atendimento ao cliente dependam dos mesmos dados que os engenheiros de produção e os executivos da cadeia de suprimentos usam para avaliar o desempenho do fornecedor.

As vantagens da organização perfeita de ponta a ponta, interna e externamente, ficam ainda mais evidentes quando você vê um caso específico envolvendo acidentes de automóvel. Embora as montadoras se esforcem para zerar as emissões e os acidentes, infeliz e inevitavelmente, os carros se envolverão em desastres. Quando os veículos equipados com OnStar, um serviço de ajuda de emergência, se envolvem em acidentes, a GM pode identificar a gravidade com sensores e *software*, mas não consegue vincular instantaneamente esses dados às linhas de produção apropriadas e às peças específicas dos fornecedores. Os dados existem em diferentes bancos de dados, por isso não estão prontamente disponíveis para as máquinas consultarem em busca de análises descritivas e prescritivas.

Para lidar com qualquer acidente envolvendo um de seus veículos, a Tesla utiliza seus gêmeos tripartidos na obtenção de várias informações: dados do produto na fase de projeto; dados do processo, como a linha, os robôs e as pessoas que o construíram; dados do teste de pré-lançamento; e dados relevantes do desempenho, como velocidade, sentido do percurso, *status* do cinto de segurança e se o sistema Autopilot estava ativado. Usando sua rede digital, a Tesla vincula os dados do acidente aos dados sobre todos os outros acidentes dela no passado – antes de os veículos de emergência chegarem ao local –, e começa a gerar hipóteses sobre os fatores que podem ter causado o último acidente.[9] Um dos principais pontos fortes da Tesla como geradora de produtos da fusão é sua capacidade de estudar os dados em tempo real sobre seus automóveis em todo o processo, do projeto à fabricação e ao uso. E à medida que indústrias projetarem e implantarem maquinário com gêmeos digitais tripartidos, elas conseguirão tirar proveito dos dados em tempo real que alimentam os grafos de dados industriais.

Quando os líderes entenderem o poder dos gêmeos tripartidos, eles trabalharão para superar a fragmentação inevitável. Implantar os gêmeos digitais de forma independente será conveniente – por exemplo, delegando os gêmeos do produto às unidades de P&D e grupos de projeto; atribuindo os gêmeos do processo à cadeia de suprimentos, às operações e às funções de atendimento; e deixando a função de *marketing* lidar com os gêmeos do desempenho (incluindo serviço e reparos). As vantagens aumentam com as métricas rigorosamente definidas se tais gêmeos são propostos, financiados e operados de forma independente dentro dos limites dos silos. Eles devem ser integrados para se alcançar todo o potencial dos produtos da fusão a longo prazo.

Talvez você já tenha visto o termo *dívida técnica* no setor de *software*, definido como atalhos que resolverão um problema e agilizarão o desenvolvimento de produtos agora, mas que darão mais trabalho para corrigir depois.[10] Vemos uma ideia semelhante no mundo da fusão: *dívida de dados* é quando os gêmeos digitais definem independentemente os elementos de dados críticos com soluções adicionais para integrar e traduzir os dados a fim de obter *insights* importantes. Os líderes da indústria acumularão uma dívida de dados significativa se gerenciarem os gêmeos digitais aos poucos, em vez de juntos. Desenvolver uma abordagem coordenada para projetar e gerenciar os gêmeos tripartidos, os grafos de dados e os algoritmos é essencial para os líderes do setor criarem e capturarem valor com os produtos da fusão.

Se você conseguir minimizar sua dívida de dados integrando os gêmeos digitais, poderá maximizar seus ativos de informação e transformá-los em valor do negócio usando algoritmos poderosos. Lembre-se de que os líderes do grafo de dados nos setores de consumo, como Netflix com seu grafo de filmes e Facebook com seu grafo de redes sociais, acumularam ativos de informação raros, valiosos e inigualáveis, que os tornam diferenciados. Os ativos de informação serão o diferencial crítico à medida que a GenAI ganha força nos ambientes industriais. E as empresas devem acelerar seu plano de transição, o que veremos a seguir.

### Acelerar

Em comparação com os *smartphones*, já usados por mais de 60% da população global, os produtos da fusão nos setores industriais se espalharão muito mais lentamente. A maioria das empresas estabelecidas tem uma base grande, global e instalada de produtos industriais mais antigos, e o ciclo de substituição para cada um é geralmente contado em décadas, sobretudo nas máquinas que mostram níveis aceitáveis de confiabilidade. A promessa dos produtos da fusão atrai os entusiastas, enquanto a maioria dos clientes industriais continua a comprar, usar e operar produtos que lhe são familiares com alguns complementos digitais. Quanto mais tempo as máquinas mais antigas funcionarem, mais lenta será a transição para um futuro de fusão, mas três etapas podem acelerá-la.

A primeira é a simulação de negócios com os dados disponíveis para quantificar os benefícios prováveis de acelerar o roteiro de substituição do produto, incluindo os possíveis ganhos de participação de mercado dos concorrentes. Se a CNH Industrial acelerasse seu desenvolvimento de tratores autônomos, como poderia vencer a Caterpillar, a John Deere e a Mahindra & Mahindra? Suponha que a Mahindra pudesse adicionar apenas sensores e um *software* acoplado com capacidade telemática (sem mudar a arquitetura do seu produto). Ela conseguiria defender sua participação de mercado dos concorrentes digitalmente agressivos? Adicione outros cenários relevantes para suas simulações revelarem clientes atraentes que podem ser os primeiros entusiastas. De posse dos resultados de tais simulações, as indústrias devem demonstrar uma vantagem concreta para incentivar os primeiros usuários a aceitarem e implantarem a nova geração de produtos de fusão desde o início.

A segunda é o desenvolvimento de um produto da fusão mínimo viável (MVFP, em inglês *minimum viable fusion product*) com capacidades complementares e módulos para fazerem os produtos analógicos atuais transmitirem dados em uso valiosos. Os veículos modernos já têm portas de diagnóstico integradas para coletar dados das unidades de controle eletrônicas; os tratores e outras máquinas industriais têm seus equivalentes. A Deere poderia fazer isso com relativa facilidade usando sua funcionalidade de *modem* JDLink para os tratores já em uso. Ao adicionar protocolos exclusivos, cada empresa industrial pode examinar as formas de rastrear, coletar e analisar os dados das "caixas-pretas" já predefinidas. Embora esses dados tenham sido usados no passado principalmente para analisar as condições de falha, as indústrias podem começar a usá-los sistematicamente para melhorarem seus grafos de dados e desenvolverem *insights* mais profundos sobre como seus produtos funcionam sob diferentes condições operacionais. O propósito de um MVFP é triplo: demonstrar a viabilidade da coleta de um conjunto de atributos de dados em campo, transformar os dados em grafos de dados para fazer análises relevantes e fazer recomendações práticas de valor para os clientes que não poderiam ser feitas por eles mesmos. A fim de acelerar a mudança para produtos da fusão, os negócios podem usar esse método para adicionar sensores e *software* aos seus produtos existentes, permitindo-lhes transmitir dados com rapidez e precisão. Assim, as empresas também podem projetar interfaces compatíveis com seus produtos atuais.

A terceira é a conversão rápida da base instalada. A velocidade da implantação do produto da fusão é fundamental para o sucesso. O nosso pedido aos projetistas de produtos é: trabalhem com cientistas de dados para desenvolverem, em conjunto, um cronograma plurianual de conversão a partir do estado atual, de hoje (adaptação das máquinas existentes com telemetria), a fim de projetar produtos da fusão do zero com base nas informações sobre o custo e a funcionalidade dos novos recursos digitais no horizonte. Apresente várias opções para acelerar o plano, para que os líderes seniores possam tomar decisões conscientes em relação aos investimentos necessários com base em uma análise de custo/benefício. Quanto mais rápido sua base de máquinas instalada se tornar produtos da fusão, maior será sua capacidade de se diferenciar e vencer seus antigos concorrentes, que podem ser impedidos por muitas restrições idiossincráticas.

Os produtos da fusão não são estáticos por definição. Tecnologias digitais, especialmente sensores, *software* e *analytics*, mudarão constantemente as arquiteturas do produto, remodelando a resposta competitiva. Por exemplo, considere o *blockchain*: pode ser útil para serviços de mobilidade, proteção, autenticação da cadeia de suprimentos e rastreabilidade das peças de reposição. O *blockchain* promete acelerar o advento da direção autônoma, com registros distribuídos que permitem o agrupamento de dados dos proprietários de veículos, dos gerentes de frotas e dos fabricantes para que os dados possam ser compartilhados entre as empresas em um ecossistema. A Toyota já está fazendo testes com o *blockchain*.[11] Estamos particularmente interessados nas prováveis inovações que poderiam surgir do uso de todas as informações relativas aos ciclos de vida dos veículos em um rastreamento de ponta a ponta na cadeia de suprimento, feita por meio do registro e do compartilhamento de informações sobre a fabricação, o envio e a entrega das peças. E o poder dos gêmeos digitais tripartidos aumentará à medida que o *blockchain* automotivo for desenvolvido – isso ocorrerá por causa da confiabilidade dos dados que envolvem fornecedores, revendedores, clientes e parceiros em diferentes pontos geográficos. As empresas industriais devem entender as prováveis disrupções e as novas oportunidades decorrentes das inovações combinatórias na confluência de tais tecnologias.

Um plano de transição de produtos bem-sucedido depende de como a empresa otimiza sua "velocidade do *clock*", pegando emprestada uma metáfora da computação. Ele compreende três elementos, começando com a *velocidade do projeto*, ou o tempo para desenvolver a arquitetura de um produto da fusão do zero e testar e aprovar um protótipo, incluindo o papel de seus parceiros. Depois vem a *velocidade de desenvolvimento*, o tempo para produzir um produto da fusão. Trata-se de demonstrar não apenas a viabilidade da arquitetura, mas também a infraestrutura necessária, incluindo parceiros, para a fabricação do número de unidades necessárias para a avaliação da viabilidade financeira e técnica. Por último está a *velocidade de implantação*, o tempo necessário para acelerar os efeitos da rede de dados a fim de ter vantagem. Aqui temos o estabelecimento do estado estacionário, em que os grafos de dados são especificados e os algoritmos são treinados para desenvolver heurísticas sobre como o produto pode ser atendido remotamente.

## Monetizar

As empresas B2B precificam os produtos com base no desempenho e nos recursos, mas a precificação, que é um grande desafio para as empresas industriais, vai ser diferente no caso dos produtos da fusão. Isso porque eles criam valor para os clientes principalmente reduzindo a ineficiência no curto prazo e melhorando a produtividade no longo prazo. Os produtos da fusão asseguram que o tempo de inatividade da máquina seja (próximo a) zero; catalisam os refinamentos do produto e as atualizações em tempo real, com base nos aprendizados em diferentes usos por diferentes clientes com grafos de dados e algoritmos distintos; e desenvolvem produtos ainda mais inovadores ao longo do tempo. Essas considerações não existem no mundo analógico; os grafos de dados mudaram a criação de valor de um único ponto de venda para todo momento de uso.

Os produtos da fusão oferecem três opções para monetização. Uma é o preço *premium*, com as empresas estabelecidas sendo capazes de cobrar por elementos *premium*, como a Tesla faz. As indústrias devem comunicar seus recursos de forma eficaz para que os clientes compreendam como o produto da fusão entrega sua proposta de valor em termos de desempenho e confiabilidade. Em contraste com os concorrentes que podem fazer reivindicações sobre o desempenho com base apenas em classificações de terceiros (p. ex., as classificações da J. D. Power) ou em dados históricos médios, os fabricantes dos produtos da fusão podem justificar os preços *premium* usando grafos de dados e a GenAI e garantir que suas ofertas operem em níveis de desempenho superiores aos dos concorrentes e que tenham menores custos operacionais. Os ativos da informação criados com os gêmeos tripartidos podem ajudar a convencer os clientes de negócios sensíveis ao preço, cujos critérios de compra podem justificar o preço *premium*, apenas com evidências confiáveis.

Uma outra opção são os contratos por desempenho, que oferecem garantias, com base em dados reais, para diferentes níveis de confiabilidade. Para os clientes de negócios como UPS ou Hertz, essa opção pode ser atraente para a aquisição de frotas de veículos. As indústrias costumam dar garantias com base na confiabilidade média de suas máquinas, calculada agrupando-se dados sobre riscos, mas os fabricantes podem ir além. Eles podem embasar seus contratos por desempenho com dados em tempo real, gráficos de dados e a capacidade de corrigir os problemas antes que eles surjam usando gêmeos digitais e algoritmos.

Por fim, uma opção atraente de monetização é usar os *insights* dos produtos da fusão para entrar em espaços adjacentes. A Tesla oferece um seguro de automóvel melhor para seus veículos precisamente por sua capacidade de registrar e analisar os padrões de condução do veículo reais de cada motorista, em vez de a média dos motoristas agrupados em diferentes perfis de risco.

## *Checklist* da batalha por máquinas brilhantes

CEOs e líderes seniores da indústria estão preocupados em determinarem se seus produtos serão eficazes em relação às novas mudanças tecnológicas e à competição. Eles também precisam de ajuda para entenderem a vasta gama de tecnologias digitais e como integrá-las ao projeto de seus produtos. Seguem três perguntas para ajudá-lo a saber se você está pronto para a próxima batalha.

### Seus produtos são projetados para os grafos de dados?

Veja seus produtos e aqueles contra os quais você compete. Não se concentre demais no que é supérfluo; avalie metodicamente como seus produtos se comparam aos dos concorrentes em termos de capacidade inerente de transmitir dados em movimento. Por exemplo, as empresas estabelecidas da indústria automotiva não devem olhar apenas para o número de veículos elétricos, mas para quantos podem rastrear e transmitir dados detalhados em tempo real, de modo que atualizações de *software* adequadas possam ser enviadas remotamente. Da mesma forma, as empresas que fabricam tratores não devem apenas referenciar a funcionalidade telemática para coletar dados das máquinas e como elas atualizam seu *software* remotamente. Você está à frente ou atrás? O que pode aprender com outras indústrias que estão à frente com produtos da fusão?

### Você está aproveitando os efeitos da rede de dados?

Aprender com diferentes cenários pode trazer uma vantagem competitiva. A Waymo está instalando seu *software* de direção autônoma nos carros novos e nos existentes. Isso resultará em efeitos da rede de dados significativos, dando à companhia uma vantagem sobre a maioria dos fabricantes de automóveis. No mundo analógico, uma maior participação de mercado e economias de escala de fabricação reduziram os custos e forneceram uma vantagem. No mundo da fusão, os efeitos da rede de dados levarão a um desempenho superior. Quão bem você pode capturar esses efeitos da rede de dados, em comparação com seus concorrentes, para permitir que seus algoritmos obtenham novos *insights*?

### Você oferece um valor comercial diferenciado?

Os produtos da fusão são bem-sucedidos no mercado devido a seus benefícios únicos, que não podem ser igualados pelos concorrentes que ainda não adotaram o pensamento da fusão na concepção de seu maquinário. Os gêmeos tripartidos são um bom começo, mas entregam valor somente ao conectar dados e resultados. Avanços em IA possibilitaram que os algoritmos da indústria melhorassem muito o desempenho do produto. Os fabricantes de automóveis, como a Ford e a GM, devem ir além de diferenciar seus carros com base na arquitetura dos carros elétricos e focar em como os dados e a IA impulsionam a diferenciação. Isso é relevante para as empresas em outros setores industriais também. Utilizando uma computação na nuvem de alto desempenho, é possível tirar máximo proveito dos gêmeos tripartidos para fornecer dados e treinar algoritmos e então melhorar o desempenho do produto continuamente. Essa abordagem também permite identificar e corrigir proativamente quaisquer problemas antes que eles ocorram, garantindo que seus produtos superem os dos concorrentes. Sua proposta de valor é atraente para a maioria dos clientes?

. . .

Digitalizar ou não deixou de ser uma escolha para as empresas que fabricam produtos industriais. Mas não basta adicionar funcionalidade digital às máquinas analógicas. Uma reformulação completa da arquitetura do produto, do projeto à fabricação e à implantação, é necessária para vencer a batalha de máquinas brilhantes. Explorar caminhos adicionais para desvelar valor com novas tecnologias só é possível com máquinas industriais com tecnologias digitais que refletem o poder dos efeitos da rede de dados e dos algoritmos industriais. Testar e aprovar protótipos de novas versões de diferentes máquinas em várias conferências do setor é só o começo. Como Elon Musk refletiu: "Fazer protótipos é fácil; difícil é fabricar." Devemos acrescentar que uma vantagem distintiva e real ocorre somente quando as indústrias conseguem demonstrar que possuem *expertise* para entregar um valor incomparável com base nos efeitos da rede de dados em relação às máquinas implantadas no setor.

Os produtos da fusão são o ponto de partida; eles fornecem a primeira etapa, que prepara a indústria para explorar as opções futuras. Uma delas são os serviços da fusão, que serão discutidos a seguir.

CAPÍTULO 6

# A corrida por resultados incríveis

**U**MA GIGANTE NOS EUA, A JOHN DEERE VEM PROGRESSIVAMENTE reformulando equipamentos industriais – como tratores, colheitadeiras, plantadeiras, máquinas de moagem, pulverizadores, cortadores, raspadores e carregadores – com funcionalidade digital. Na metade dos anos 1990, a Deere montou uma equipe dedicada exclusivamente ao digital, que introduziu no mercado um trator conduzido por GPS, otimizando o tempo dos produtores rurais para se concentrarem em atividades de alto valor que não podem ser automatizadas. Essa inovação permitiu à empresa marcar a localização geoespacial de todos os sensores de seus veículos. Munida dos sensores vinculados ao GPS, a Deere pode acompanhar as etapas críticas do trabalho agrícola (plantio de sementes, fertilização dos campos e colheita de culturas) e avaliar o que funciona bem.

A Deere já seguia uma estratégia *agritech* (tecnologia agrícola) muito antes de o termo ser inventado ou ter se tornado moda. Ela tem mais de 180 anos de experiência na fabricação de máquinas de grande porte, mas cada vez mais utiliza *terabytes* de dados de precisão para conhecer melhor os negócios de seus clientes. Em vez de apenas entregar mais equipamentos ou máquinas com melhor desempenho, a Deere se concentrou em criar valor oferecendo serviços analógico-digitais que melhoram o resultado de seus clientes. Isso representa o que chamamos de *serviços da fusão*.

A inovação See & Spray que retratamos no Capítulo 1 surgiu da Blue River Technology, uma empresa que a Deere adquiriu em 2017, e não é uma anomalia.[1] Nos últimos anos, a Deere adicionou sensores a todas as suas máquinas para coletar dados do produto em uso enquanto produtores rurais no mundo inteiro usam seu equipamento. Os sensores permitem analisar o desempenho e a saída da máquina em tempo real; entender quando, onde e por que ocorrem desvios; e aprofundar a compreensão de suas causas.

Assim, o modelo mental da empresa sobre o conceito de um trator não é o de uma máquina industrial, mas sim o de um computador sobre rodas conectado à nuvem. E a equipe digital está há bastante tempo obcecada pelas melhores maneiras de coletar os dados do equipamento, transferi-los de volta para a sede, prepará-los para o aprendizado de máquina (ML) com IA e utilizar *insights* para ajudar o produtor rural a ser mais produtivo e rentável.

A maioria dos produtores tem acesso apenas aos dados de sua fazenda; cada produtor desenvolve heurísticas sobre as melhores práticas com base nos dados acumulados de suas operações e experiência, complementados com o conhecimento tácito transmitido por gerações. Por outro lado, a Deere tem dados de todos os produtores que usam seu equipamento e pode adicionar valor com os *insights* de seus efeitos da rede de dados e dos grafos de dados.

Vinculando todas as máquinas de um tipo em uma fazenda, o sistema JDLink compatível com a nuvem permite que a Deere aprenda com todas as máquinas do mesmo tipo em muitas fazendas no mundo inteiro. A Deere começou a coletar dados em escala; ela obtém entre 10 e 15 milhões de medições por segundo em cerca de 500 mil máquinas conectadas em mais de 130 milhões de hectares globalmente.[2] Com todos os dados alimentados em seus algoritmos de ML, a Deere começa a desenvolver sistematicamente os processos para prescrever o que um produtor rural deve fazer com autoridade e confiança.

Como a Deere é um dos líderes de mercado, seus efeitos da rede de dados são mais potentes do que os de seus concorrentes, que não têm (e não terão) acesso aos dados que orientam os grafos de dados da Deere. Para uma indústria que há tempos se baseia na escala e no escopo de suas máquinas, a vantagem competitiva da Deere agora mudou para as prescrições com base em dados privilegiados e para a sua capacidade de analisá-los em níveis microscópicos.

É assim que a lógica que vincula as análises descritiva e diagnóstica às análises preditiva e prescritiva torna-se sua vantagem. A Deere obteve uma vantagem progressiva sobre os concorrentes ao introduzir novas máquinas com recursos de coleta e comunicação de dados e ao encontrar formas de adaptar as máquinas mais antigas. Ela começou instalando componentes de autonomia nos tratores de 2024 para que eles utilizassem as futuras inovações quando disponíveis, e *modens* de transmissão de dados da nova geração são projetados com as antigas frotas em mente.

No caso da Deere, as camadas de *hardware* e *software* foram combinadas em uma tela integrada, que serve como um centro de controle para as operações de campo. Seus tratores foram equipados com automação para circularem no campo com precisão e sem parar, reduzindo a sobrecarga dos operadores e os custos de entrada, com menos erros e desperdícios. O novo trator 8RX da Deere permite que os agricultores monitorarem remotamente as operações da máquina, analisem seus dados em tempo real e até mesmo operem-na de forma autônoma no futuro. As aquisições de *startups* digitais pela empresa também lhe deram vantagem sobre os fabricantes de equipamentos agrícolas que começaram suas jornadas digitais mais tarde. Com a aquisição da Bear Flag Robotics, em 2021, a Deere obteve acesso à tecnologia de direção autônoma compatível com as máquinas existentes, um benefício importante.

O sistema See & Spray da Deere é um sinal do pensamento da fusão focado em pesticidas. As melhores práticas na agricultura de ontem – ou seja, pulverizar um campo inteiro uniformemente com pesticidas para combater ervas daninhas ou pragas – estão sendo progressivamente remodeladas para pulverizar de forma seletiva apenas as ervas daninhas. Essa inovação vai além da vantagem da aplicação precisa. Depois de passar pelo campo, o sistema gera dois mapas, que fornecem *insights* para ajudar os produtores a gerenciarem melhor as espécies danosas. O mapa de pulverização mostra a porcentagem da área na qual os herbicidas foram aplicados em cada passagem, e um mapa de pressão das plantas invasoras exibe os locais de todas elas no campo. Juntos, os dois mapas permitem aos produtores desenvolverem melhores planos de manejo para o futuro. Apenas algumas empresas podem fornecer esse serviço personalizado com acesso a dados, IA de visão computacional e capacidade analítica. À medida que mais pulverizadores forem implantados em locais diversos, a Deere acumulará uma *expertise* sem igual no controle de ervas daninhas.

Cultivar é mais do que matar ervas daninhas; é gerenciar fertilizantes que afetam diretamente a rentabilidade da fazenda. A inovação mais recente da Deere, o ExactShot, utiliza sensores e robótica em suas máquinas para distribuir o fertilizante apenas onde é necessário, em vez de distribuí-lo continuamente ao longo de toda fileira de sementes. Esse método reduz em até 60% o uso de fertilizantes, aumentando os benefícios comerciais.

Um mapa com 50 bilhões de pontos de dados sobre as condições e a topografia do campo feito com máquinas equipadas com IoT já dá à Deere um sistema nervoso inteligente de fazendas e lavouras nos Estados Unidos. Com o tempo, dados sobre como sementes, fertilizantes e ervas daninhas são gerenciados podem ajudar a desenvolver fortes relações causais de rentabilidade agrícola em uma base global. O projeto dos tratores da Deere é inovador, mas o objetivo final é aumentar os lucros da fazenda, não apenas as métricas de produtividade da máquina.

As inovações da Deere não param por aí. Seu laboratório em São Francisco, Califórnia, concentra-se na melhor forma de classificar os grãos usando a visão computacional. Assim como a equipe de automóveis da Tesla, a equipe de visão da Deere treina seus algoritmos para aprenderem com os contextos e refinarem a heurística baseada em imagens de campos plantados com diferentes sementes em diferentes microclimas e condições variáveis de solo. As sementes produzem culturas de diferentes qualidades dependendo do contexto, que apenas os agricultores experientes conseguem identificar, mas a Deere está treinando seus algoritmos para fazerem isso. Um equipamento mecanizado com visão computacional conectado à nuvem fornece dados para a indústria aprender com os cenários e fornecer orientação aos produtores rurais para terem um melhor desempenho. Com seu programa de colaboradores que inclui *startups* promissoras, mais caminhos para entregar valor aos clientes podem ser abertos.

O *stack* de arquiteturas digitais da empresa é a base da sua visão de ser um líder *agritech*. Os elementos incluem *hardware* e *software*, orientação por GPS, conectividade com o centro de operações, automação para melhorar o *machine IQ* com fertilizante e manejo de ervas daninhas, e por último, mas não menos importante, a autonomia. O objetivo de toda essa infraestrutura digital é a prestação de serviços da fusão aprimorados com grafos de dados e análises. Para manter a liderança, a Deere deve interligar suas máquinas industriais, seu equipamento e proficiência em IA a fim de desenvolver uma ontologia detalhada superior das operações das fazendas. Ela consegue oferecer um desempenho incomparável aos agricultores só com essa *expertise*.

A agricultura de hoje requer muitos dados, e as práticas comerciais evoluíram muito além de almanaques, cadernos, regras e orientações passadas de geração em geração. O clima e a IA climática, baseados em novas aplicações de *startups* como Tomorrow.io, permitirão que os produtores rurais tomem decisões mais precisas e baseadas em dados, melhorando o lucro da fazenda. Hoje, a inovação inicial em ChatGPT para a agricultura, chamada Norm, responde às consultas com dados públicos sobre o clima, o monitoramento do solo e eventos atuais. Em breve, esses modelos, treinados em dados climáticos de agências governamentais (como National Oceanic e Atmospheric Administration) e no setor privado (como Cargill, Bayer e Syngenta), poderão desbloquear o valor que ainda está preso. Este é o futuro dos serviços da fusão.

## Mudanças no paradigma do serviço

As empresas industriais estão familiarizadas com a receita proveniente do seu serviço e com os fluxos de lucro porque, por tradição, elas têm capturado tanto ou mais valor com serviços do que com suas máquinas analógicas. O desenvolvimento de máquinas e equipamento é caro; as políticas econômicas nacionais e regionais geraram fabricantes de equipamentos de capital local em muitos países. E como o mercado é competitivo, as margens de lucro do produto são muito pequenas. As indústrias têm contado com serviços, como contratos de manutenção, *upgrades* de desempenho e financiamento, para aumentar seus resultados – e esses serviços podem aumentar conforme o equipamento

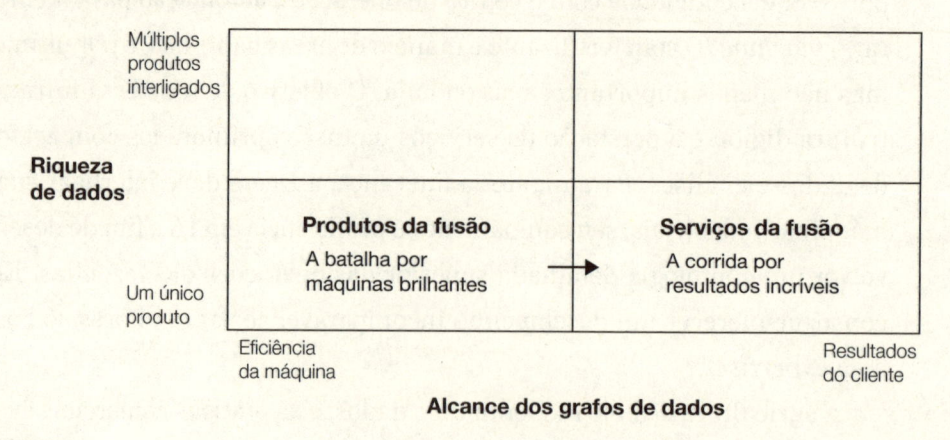

## FIGURA 6.1

|  | Eficiência da máquina | Resultados do cliente |
|---|---|---|
| **Múltiplos produtos interligados** | | |
| **Um único produto** | **Produtos da fusão**<br>A batalha por máquinas brilhantes | **Serviços da fusão**<br>A corrida por resultados incríveis |

Eixo vertical: **Riqueza de dados**
Eixo horizontal: **Alcance dos grafos de dados**

**Estratégia da fusão para serviços na corrida por resultados incríveis.**

envelhece. No entanto, iniciativas e leis de *right-to-repair*\* ameaçam os lucros provenientes destes serviços. Algumas indústrias oferecem serviços de locação ou assinatura, com os clientes pagando apenas pela produção ou pelo desempenho que as máquinas das empresas estabelecidas entregam, sem investir capital para comprá-las. Esses serviços de financiamento são extensos e lucrativos, mas *não são* serviços da fusão.

Por quê? Principalmente porque esses serviços não rastreiam os dados do produto em uso e utilizam os efeitos da rede de dados. Descritos na estrutura de estratégia do Capítulo 4 e aqui apresentados como a Figura 6.1, os serviços da fusão interligam os produtos da empresa e os processos comerciais importantes nas operações do cliente. Os gêmeos tripartidos se estendem mais nas operações do cliente, na medida do permitido. Somente com esse vínculo mais profundo, adquirido com confiança, as indústrias aumentam a produtividade dos clientes. Os grafos de dados se expandem em escopo para incluir os elementos de dados que refletem os objetivos de negócios dos clientes; os algoritmos ajudam a prever e prescrever recomendações para aumentar a rentabilidade do negócio.

---

\*N. de R. T. "Direito de reparar". Movimento que busca garantir mais direitos ao consumidor sobre os seus produtos, especialmente em relação à escolha de com quem e como consertá-los ou modificá-los.

O Santo Graal dos serviços industriais é a personalização em escala e velocidade, ou seja, prestar os serviços certos nos momentos certos nos preços corretos para todos os clientes. No momento, isso ainda é bastante incipiente. Especialistas e consultores fazem recomendações para melhorias depois de estudarem como as máquinas funcionam; já empresas estabelecidas e parceiros prestam serviços para manterem o equipamento funcionando. No entanto, os serviços da fusão podem criar valor com *insights* próprios dos efeitos da rede de dados e conseguirão capturar muito do valor com algoritmos personalizados.

Auxiliados pelos efeitos da rede de dados em diversas condições e ao longo do tempo, os algoritmos de ML melhoram constantemente o que inovações como See & Spray e ExactShot podem fazer. Os efeitos da rede de dados e os algoritmos potencializarão o que o portfólio de máquinas digitais/industriais da Deere farão no futuro para seus clientes. John May, CEO da Deere, diz que "o ML é uma importante capacidade para o futuro da empresa."[3]

Os produtos e os serviços da fusão melhoram os resultados dos clientes de formas diferentes e fundamentais. Os produtos da fusão permitem um tempo de atividade da máquina perto de 100%, o que ajuda os clientes a gastarem menos em manutenção e, por sua vez, melhora a rentabilidade. Os grafos de dados e os algoritmos permitiram à Deere migrar de um processo de manutenção de reparo (reativa) para manutenção preditiva (proativa), atendendo a proposta de valor dos produtos da fusão. No entanto, a Deere foi além, oferecendo serviços da fusão.

Ao analisar dados sobre o funcionamento do See & Spray em diferentes fazendas, regiões e países, a Deere alimenta sua IA/ML, o que permite desenvolver regras para melhorar o rendimento das culturas. Não se trata de garantir eficiência em relação ao tempo de atividade da máquina, mas do quanto o See & Spray melhora a produtividade dos produtores rurais. Usar pessoas para executar um serviço See & Spray seria caro, demorado e propenso a erros. Com os serviços da fusão, a Deere aumenta os lucros dos clientes melhorando a eficiência e a eficácia de suas operações. Portanto, os lucros com serviços da fusão estão acima dos níveis de lucro criados pelos produtos da fusão.

Para garantir que isso seja possível, as indústrias devem projetar seus produtos de forma que seja fácil integrá-los nas operações dos clientes e, assim, descobrir novas maneiras de melhorar sua produtividade. Para maximizar o valor que pode ser capturado, elas devem aprender a fazer isso sem usar um exército de técnicos no local ou contratar parceiros de serviço, o que será caro. Ao contrário, as recomendações personalizadas devem fluir quase automaticamente a partir dos dados, dos grafos de dados e da *expertise*, apoiadas por algoritmos.

A ambição da Deere de mudar de uma abordagem que buscava aumentar a eficiência da máquina para outra que visa a impactar a rentabilidade agrícola destaca quatro aspectos principais da criação dos serviços da fusão: integrar-se nas operações do cliente por meio de fluxos de dados contínuos, efeitos da rede de dados e grafos de dados do serviço; empregar esses grafos de dados para realizar as análises descritiva, diagnóstica, preditiva e prescritiva usando algoritmos de IA; utilizar esses algoritmos para recomendar negócios de forma personalizada aos clientes com rapidez e eficiência; e desenvolver futuras propostas de valor com *insights* de serviço mais profundos sobre as especificidades das operações do cliente. A seguir, veremos como isso acontece na prática.

## A jornada para prestar serviços da fusão

Muitas empresas industriais que afirmam serem focadas em serviços e centradas no cliente têm pouca informação em tempo real sobre como suas máquinas impulsionam diretamente a rentabilidade do cliente. Embora tenham acesso a dados de alto nível que as ajudam a fazer afirmações amplas sobre o impacto, elas não conseguem personalizar seus produtos para maximizar o desempenho de cada cliente. Seus catálogos e relatórios técnicos mostram exemplos de melhor desempenho, mas elas não têm *insights* detalhados sobre como isso, nos quartis mais baixos, pode melhorar sua posição sistematicamente.

As indústrias que buscam a mudança para serviços da fusão enfrentam desafios internos e externos. O teste interno é se afastar de uma mentalidade de "vender primeiro, atender depois" e colocar os resultados do cliente em primeiro lugar. Assim que engenheiros e profissionais de *marketing* médios aceitam essa nova orientação, o teste externo é convencer os clientes (existentes e em potencial) de que o novo foco é mais do que um *slogan* de *marketing*. Os serviços da fusão se baseiam na crença fundamental de que é impossível para as empresas industriais terem impacto sobre a rentabilidade dos clientes sem que estejam profundamente incorporadas nas operações e delas reorientadas internamente.

Descrevemos quatro etapas essenciais para as indústrias se tornarem líderes nos serviços da fusão (são similares às quatro etapas para transformar produtos analógicos em produtos da fusão, que vimos no Capítulo 5). A primeira etapa é *arquitetar* novos serviços com associações digitais integradas às operações do cliente. A segunda é *organizar* as operações da empresa de ponta a ponta, focando nos resultados dos clientes. A terceira é *acelerar* o plano para garantir a prestação oportuna dos serviços em escala. Por fim, a quarta etapa é *monetizar* os serviços a fim de desbloquear um novo valor para todos os colaboradores de maneira justa e equitativa. O ciclo de quatro etapas se repete com um *feedback* rápido.

## Arquitetar

Expandir o escopo dos serviços da fusão nas operações do cliente é um grande desafio, pois exige convencer os clientes, que normalmente preferem que as empresas industriais permaneçam separadas de suas operações, a participar. Os clientes empresariais são legitimamente mais prudentes do que clientes pessoa física, que, por inocência ou ignorância, permitiram que muitas empresas se vinculassem às suas vidas diárias por meio de *smartphones*, outros dispositivos e serviços digitais.

Uma forma de começar a conversa sobre a interligação digital é se alinhar com uma nova prioridade de negócios, como sustentabilidade ou resiliência da cadeia de suprimentos. Por exemplo, veja o princípio da agricultura regenerativa da Unilever para "ter efeitos positivos na integridade do solo, na qualidade da água e do ar, na captura de carbono e na biodiversidade". Como a Unilever prefere fazer negócios com produtores rurais cujas práticas comerciais estão alinhadas com esse princípio, a Deere, a CNH Industrial, a Bayer, a Cargill e outros poderiam usar essa iniciativa para conectarem seus *links* de dados e ajudarem os produtores a demonstrarem sua adesão. As interrupções na cadeia de suprimentos global também colocaram a resiliência como um tópico de alta prioridade na maioria dos setores industriais, incluindo construção e transporte. As indústrias podem mostrar como os *data hooks* possibilitam uma visibilidade completa e revelar modos alternativos de mitigar e gerenciar os riscos da cadeia de suprimentos. Por exemplo, a empresa agrícola e de construção AGCO lidou com os primeiros dias da pandemia alinhando-se às novas prioridades dos clientes para ajudar a desencadear o efeito *flywheel* – mover as engrenagens para gerar impulso até, após um ponto, elas começarem a girar cada vez mais rápido sozinhas – e garantir que mais clientes pudessem se conectar.

Uma segunda forma de conquistar o direito de se conectar às operações dos clientes é instruindo-os sobre o valor do uso de dados em tempo real. Auxiliadas por exemplos dos cenários com poucos ativos físicos, as indústrias poderiam esboçar os benefícios do serviço com análises de dados em tempo real. A Uber fez isso no setor de caminhões e logística com um aplicativo para transportadoras que mostrava dados em tempo real sobre oportunidades de envio e precificação antecipada. Tal instrução poderia ser mais eficiente quando acompanhada por simulações baseadas em dados de experimentos-piloto. Por exemplo, a Deere poderia pegar os dados do sistema See & Spray e projetar a otimização da produtividade agrícola que poderia ser alcançada com a conexão de todos os seus equipamentos durante todo o ciclo agrícola. A CNH está tentando mostrar o valor de seus serviços da fusão contínuos (pesquisar → comprar → planejar → usar → reportar), que maximizam a produtividade e o desempenho agrícola geral. Os agrônomos especialistas da Bayer, trabalhando ao lado de cientistas de dados da Climate Corporation, poderiam convencer os clientes céticos sobre o poder dos grafos de dados e das visualizações na agricultura de precisão.

Uma terceira via para atrair os clientes poderia ser oferecer um desconto ou subsídios para os serviços da fusão em troca de dados protegidos. Muitos clientes precisam de ajuda para fazer a roda girar rápido o suficiente para reunir um volume crítico de dados, a partir dos quais possam tirar *insights*, e desenvolver algoritmos de negócios. Em troca de oferecer serviços a preços promocionais aos primeiros compradores e no espírito de cocriar novas abordagens, as indústrias poderiam solicitar dados que esclareceriam e amplificariam o papel dos grafos de dados e o modo como os *data hooks* que vinculam seus produtos às operações dos clientes entregariam mais valor para ambos.

Uma quarta abordagem é demonstrar o compromisso da empresa industrial e a convicção sobre adotar os serviços da fusão. As empresas podem melhorar as chances de o cliente concordar ao revelarem a infraestrutura digital e as capacidades de coleta de dados que elas criaram, além do talento contratado. Além disso, podem demonstrar como seus serviços personalizados estarão ancorados não em regras rígidas ou instintos, mas em análises baseadas em IA dos dados em tempo real.

As indústrias precisam demonstrar suas capacidades de forma convincente; a mudança para serviços da fusão redesenha o cenário competitivo, portanto elas precisam competir com *startups* digitais que entendem melhor os dados, os sistemas e a IA. É somente estabelecendo para os compradores que suas vantagens estão no seu conhecimento sobre o negócio deles, na capacidade de aprender continuamente com os dados e na habilidade de fazer recomendações úteis para máquinas em tempo real que as organizações industriais já estabelecidas vencerão com os serviços da fusão.

## Organizar

Após as empresas industriais terem permissão para conectar seus *feeds* de dados a fim de personalizarem as operações do cliente e estabelecerem a base, o próximo passo é garantir que todas as partes da organização e parceiros externos cheguem a um acordo como como usar os dados para fornecer serviços exclusivos.

O local da criação e da captura de valor muda das máquinas que uma indústria fabrica para os serviços que ela oferece com a intenção de melhorar a rentabilidade dos clientes. No entanto, a organização interna, na maioria das empresas, está presa em silos tradicionais com uma mentalidade do produto (em oposição a um serviço). As métricas de desempenho devem se basear no negócio do comprador, não do vendedor. Como consequência, as capacidades e o conhecimento das indústrias devem se expandir para entenderem profundamente o negócio do cliente. A fim de garantir que suas empresas saibam mais sobre seus clientes, os líderes seniores que buscam serviços devem considerar, pelo menos, três áreas importantes para as possíveis mudanças.

Primeiro, devem acreditar e garantir, em nível mais fundamental, que a estrutura organizacional seja sólida para suportar a nova estratégia focada nos serviços redefinidos. A nova estrutura da Deere, anunciada em 2020, impulsiona um plano integrado de produtos e investimentos afins para atender plenamente às necessidades do cliente.[4] Em muitas organizações industriais estabelecidas, as funções de vendas e serviço são separadas, refletindo uma orientação "vender primeiro, atender depois". E a maioria dos departamentos de serviço define suas funções e métricas em torno de como suas máquinas funcionam, não de como seus serviços aumentam a produtividade do cliente. Na maioria dos casos, talvez eles não saibam como suas máquinas podem ser implantadas nas operações do cliente.

Os serviços da fusão eficientes precisam de vendas e serviços para seguirem na mesma direção, conseguirem maior coordenação, adotarem uma única interface para a coleta contínua de dados das operações do cliente e, por fim, avaliarem por meio de métricas de desempenho compartilhadas.

Estender os gêmeos digitais do desempenho para as operações dos clientes cria um canal eficaz para obter dados mais avançados e atualizados. O *stack* de tecnologias abrangente da Deere dá suporte a todo o seu portfólio de máquinas para desbloquear valor para os clientes por meio de maior precisão, automação, velocidade e eficiência, antes impossíveis. Em muitos outros cenários, a mudança para serviços cria conflitos entre diferentes funções e divisões.

Em segundo lugar, os CEOs terão que defender a integração dos três tipos de gêmeos digitais para além de sua própria empresa, pois os gêmeos do desempenho agora se estendem mais profundamente nas operações do cliente, com grande ênfase na segurança e na privacidade. Os gêmeos tripartidos focados no modo como as máquinas afetam a rentabilidade do cliente são mais poderosos e valiosos do que os gêmeos focados no desempenho da máquina, como examinado no Capítulo 5.

Os gêmeos do desempenho do serviço garantirão que a organização utilize todas as oportunidades de aprender sobre os produtos em uso dos clientes em várias aplicações e geografias. Suponha que uma empresa, como a Deere ou a CNH, desenvolva uma ontologia de conhecimento abrangente e em constante expansão das motivações críticas da rentabilidade do cliente vinculadas a suas máquinas em uso. Isso lhe dará vantagem sobre outras indústrias, semelhante à como o Grafo de Conhecimento do Google ganha *insights* a partir das pesquisas no mecanismo de busca. Para testar com êxito a GenAI, as indústrias devem aperfeiçoar todo o seu processo de ponta a ponta e ter uma visão completa. Isso as ajudará a dominarem a ontologia do conhecimento multimodal e usá-la para fazerem recomendações. Os modelos da GenAI têm um valor limitado se os feudos internos não podem ser unificados.

Em terceiro lugar, a entrega eficaz dos serviços da fusão requer o agrupamento de capacidades externas – os estrategistas devem escolher seus fornecedores, revendedores e parceiros preferenciais desde o início, pois precisarão de fontes de dados complementares e parceiros de tecnologia para executarem a estratégia dos serviços da fusão. Eles devem desenvolver um plano indicando onde a empresa estabelecida planeja criar, comprar ou fazer parcerias, e os compromissos relacionados aos recursos mostrarão como ela planeja interligar os processos do cliente ao seu próprio. Assim, a etapa crítica nos serviços da fusão é para a organização mudar seu foco para além de suas máquinas e equipamentos e tratar todas as operações do cliente como sua própria extensão.

## Acelerar

Como você efetivamente aumenta os serviços da fusão? Essa pergunta é essencial, porque as indústrias devem alocar recursos financeiros e humanos escassos, e um tempo de gestão sênior para o esforço. Desse modo, elas precisam reduzir seu compromisso com outras prioridades. Essa nova priorização de recursos é sempre desafiadora nas empresas estabelecidas.

Comece com alguns clientes mais visionários para criar serviços da fusão mínimos viáveis (MVFS, em inglês *minimum viable fusion services*). Isso é mais do que um esboço simples e um conjunto de *slides*. É um protótipo de como cocriar a oferta do serviço com clientes visionários, cheia de detalhes (acompanhados de simulações onde necessário) de como os efeitos da rede de dados fluem na construção dos grafos de dados do serviço, como algoritmos em tais grafos de dados produzem prescrições úteis e como as recomendações se traduzem em benefícios para o negócio. O MVFS revelará *insights* valiosos sobre as oportunidades e os desafios de escalar com esses clientes. Ele começará enumerando o que é necessário dentro da unidade do provedor de serviço, da entidade de compra da empresa e da natureza das interações entre as duas. Também começará a identificar a disposição, por parte do cliente, para compartilhar dados e testar diferentes mecanismos de monetização. Esse projeto revelará formas de complementar os dados estruturados e codificados com dados semiestruturados e não estruturados. Lições valiosas são aprendidas mesmo que os clientes visionários não estejam dispostos a manter os serviços no longo prazo ao final do projeto-piloto.

A próxima fase do plano é desenvolver uma oferta de serviço refinada, que possa ser dada a um grupo seleto de primeiros entusiastas. Esse grupo, idealmente composto por diferentes clientes em diferentes segmentos e locais do negócio, permite que as empresas industriais testem formas de adaptar o projeto dos serviços principais para atender às necessidades de outros clientes. Os serviços da fusão não são universais, mas oferecem módulos que podem ser combinados para atender a necessidades específicas. Pense nos primeiros entusiastas como uma forma de compreender em detalhes os diferentes tipos de integrações de *hardware* e *software*, a facilidade das associações de dados extras para a interoperabilidade, os papéis e a responsabilidade por vários resultados do negócio em outros clientes etc. Use esse grupo para identificar a rapidez da automação da coleta e análise de dados e para identificar a melhor maneira de combinar ML com a *expertise* do ser humano.

Com base nos resultados da segunda fase, as indústrias podem passar para um grupo de seguidores rápidos (*fast followers*) e, se tudo correr bem, para uma oferta que atenda uma clientela mais ampla.

Uma abordagem em fases permite às indústrias examinarem o papel das parcerias para a interoperabilidade dos dados. Assim como a computação em nuvem reduziu o custo da computação, as trocas de dados, como as orquestradas por empresas, incluindo Amazon Web Services, Microsoft e Snowflake, tornarão os dados mais acessíveis. Embora as trocas de dados em setores como agricultura, construção em geral, construção civil, transporte e logística comecem com dados-padrão, em breve expandirão para fornecer dados mais variados e valiosos. Isso mudará a vantagem competitiva para aqueles que têm proficiência em *analytics* e algoritmos que fazem recomendações úteis.

Os planos de aceleração também devem reconhecer a importância das potenciais alianças ou aquisições. Décadas atrás, quando a IBM iniciou sua mudança estratégica de fabricante de *hardware* para provedor de serviços B2B, ela não tinha qualquer experiência de consultoria e precisou comprar a

PwC para atuar como um catalisador da transformação. Em um movimento parecido, em 2013, a Monsanto adquiriu a Climate Corporation por cerca de US$ 1 bilhão para combinar a *expertise* da empresa adquirida em análise agrícola e gestão de riscos com as capacidades de P&D da Monsanto, com o objetivo de proporcionar aos produtores rurais acesso a mais informações sobre muitos fatores que afetam o sucesso de suas culturas. Foi um dos primeiros movimentos de uma empresa industrial para fornecer serviços digitais integrados em produtos tradicionais.

A Deere dedicou-se internamente por quase duas décadas à adição de recursos digitais aos seus tratores antes de fazer uma aquisição significativa, a Blue River Technology. Plenamente consciente da necessidade de acelerar as competências digitais, em 2020 assumiu a propriedade majoritária de uma empresa de tecnologia de baterias e adquiriu uma plataforma de serviço ao cliente (AgriSync). Em 2022, adquiriu as patentes e os direitos de propriedade intelectual de uma empresa especializada em percepção de profundidade e baseada em câmera para veículos autônomos (Light); em 2023, ela adquiriu uma empresa de pulverização de precisão (Smart Apply) e uma empresa de IA robótica (SparkAI). O CEO e a equipe de ponta estão comprometidos com uma combinação de alianças, parcerias e aquisições para alcançar sua transformação.

A CNH, enquanto isso, adquiriu a Raven Industries para acelerar sua transformação digital em 2021 e, em 2023, adquiriu a Augmenta, uma empresa de visão de máquina cuja tecnologia Sense & Act patenteada compete com a oferta da Deere.[5] A transformação para serviços da fusão pode ser orgânica, mas as aquisições e as alianças ajudam a acelerá-la. As indústrias devem buscar candidatos atraentes para possíveis aquisições e iniciar a jornada dos serviços da fusão, ficando atentas aos desafios da integração.

## Monetizar

Se as empresas industriais se aprofundarem nas operações dos clientes para utilizar seus dados e criar novos focos de valor, elas não podem simplesmente capturar todo o valor sozinhas; elas devem compartilhá-lo com os clientes de formas justa e transparente. Por exemplo, a McKinsey estima que a digitalização das fazendas poderia gerar US$ 200 a US$ 800 por acre* de valor desbloqueado devido ao aumento de produtividade e à economia de custos nos vinhedos dos EUA.[6] A Accenture estima que as decisões orientadas a dados poderiam melhorar o desempenho das fazendas em US$ 55 a US$ 110 por acre, dependendo da safra.[7] No entanto, a maioria dos produtores rurais e dos compradores industriais não é persuadida pelos aumentos médios do desempenho que dependem de muitos fatores, muitos além do controle dos tomadores de decisão. É aí que os grafos de dados que desenvolvem *insights* úteis entram em jogo.

Nos estágios iniciais, quando os clientes podem precisar de mais evidências sobre o papel e os benefícios dos serviços da fusão, considere usar preços separados, em que os compradores pagam pelo produto da fusão como antes, sem nenhuma cláusula adicional que possa gerar confusão. A partir dessa ação, eles poderiam avaliar separadamente se os serviços da fusão baseados nos efeitos da rede de dados e nas recomendações oferecidas pelos algoritmos têm valor. Os compradores prudentes examinarão a vantagem relativa dos provedores de serviços de terceiros *versus* das empresas industriais com serviços da fusão. Isso porque as empresas que fornecem apenas serviços e não estão vinculadas a nenhum produto específico, como a Samsara, já utilizam os avanços em telemática, monitoramento de equipamento remoto e visibilidade do local de trabalho para projetarem e implantarem uma nuvem de operações conectadas capaz de fornecer serviços concorrentes. Essas empresas só de serviços podem unir as funcionalidades necessárias sem possuir o equipamento físico. As empresas que oferecem apenas serviço digital adicionam *links* digitais aos produtos industriais nos locais do cliente posteriormente, via telemática e *software*, para desbloquear o valor do cliente e competir de forma direta com os serviços historicamente fornecidos pela Deere, Caterpillar, ABB e outras. Não é surpresa que a Deere tenha feito parceria com a Samsara para tornar seus serviços da fusão mais atraentes. É prudente que os compradores industriais comparem sistematicamente as ofertas para responder à pergunta: as empresas de serviços da fusão, com seus gêmeos digitais tripartidos integrados, fazem recomendações que as empresas terceirizadas não conseguem fazer?

---

* N. de R. T. Um acre aquivale a, aproximadamente, 0,4 hectares.

A venda cruzada é um passo natural à medida que as empresas industriais defendem sua proposta de valor integrada, que se apoia diretamente na veracidade das recomendações específicas para o cliente advindas do conhecimento profundo sobre os produtos e os serviços em vários cenários. Os efeitos da rede permitem que os serviços da fusão se destaquem dos concorrentes que desenvolveram heurísticas baseadas em regras gerais. Quanto menos complexo for um processo de negócios, mais os clientes estarão dispostos a deixar que as empresas industriais cuidem de suas operações, garantam a integração dos dados e tenham um papel de valor agregado. Quanto mais extensa e diversificada for a base de clientes com quem aprender, mais confiantes serão as recomendações de serviço. Por fim, as indústrias também poderiam celebrar contratos que não geram receitas, mas lhes dão o direito de coletar dados adicionais.

Em muitos setores, incluindo a agricultura, há maior reconhecimento de que a digitalização pode ter impacto no desempenho dos negócios. Em 2020, a McKinsey estudou mais de 100 empresas em toda a cadeia de valor da agricultura e mostrou que apenas de 30 a 40% percebem ganhos positivos com as iniciativas de digitalização.[8] Então, embora uma simples digitalização com automação apenas forneça benefícios mínimos, aqueles que são capazes de utilizar os efeitos da rede de dados em recomendações personalizadas para clientes específicos teriam ganhos maiores. Isso é coerente com nossas próprias opiniões de que a fronteira de valor dos serviços da fusão será baseada em grafos de dados que acumulam dados em diferentes cenários (efeitos da rede de dados) e algoritmos poderosos, que desenvolvem recomendações úteis adaptadas aos clientes individuais.

As empresas industriais devem prestar atenção ao papel dos revendedores e dos distribuidores na entrega de serviços. Os serviços da fusão não podem ser entregues remotamente usando centros de operações distantes e a nuvem. Muitas vezes, e pelo futuro próximo, intervenções humanas serão necessárias para consertar as peças de máquinas que não realizam autodiagnóstico e não conseguem se corrigir automaticamente. Até mesmo a Tesla tem centros de manutenção que são úteis quando os reparos não podem ser feitos a distância com correções de *software over-the-air*. Empresas como Deere, ABB, Caterpillar e CNH já desfrutam de um longo histórico de relacionamentos com revendedores, empreiteiros e provedores de serviço. Esses revendedores locais têm o conhecimento tácito da agricultura que complementa os dados codificados de sensores e satélites. Convide-os e inclua-os para prestarem serviços da fusão, garantindo que recebam uma parte justa do novo valor gerado.

## *Checklist* da corrida por resultados incríveis

As mudanças digitais em curso exigem que os CEOs das grandes empresas considerem o escopo de seus negócios de forma sistemática. O Capítulo 5 enfatizou a importância de se concentrar no *stack* de tecnologias digitais para redesenhar o maquinário e assegurar a integração perfeita com os grafos de dados do produto. Então, e só então, as empresas devem ultrapassar seus limites e explorar a interligação com os clientes para tornarem os grafos de dados do serviço o pilar do crescimento futuro.

Existem muitos caminhos para prestar serviços aos clientes no mundo analógico – serviços de reparo autorizados, manutenção corretiva, garantia estendida, gestão de serviços e engenharia financeira que transfere os investimentos de capital para as despesas operacionais. Como esses serviços não utilizam os efeitos da rede de dados, eles não são diferenciados. Assim, você pode se perguntar se deve buscar os serviços da fusão como uma estratégia. Esboçamos três questões que devem ser consideradas.

### Nossos serviços podem entregar melhores resultados ao cliente utilizando os grafos de dados?

Enquanto os serviços na era industrial giram em torno do tempo de atividade da máquina, os serviços da fusão buscam melhorar os resultados dos clientes com *expertise* superior e recomendações personalizadas. Você deve considerar a ideia de implantar os serviços da fusão se consegue fornecer *insights* sobre por que o desempenho do cliente está ficando aquém das metas e recomendar maneiras que clientes específicos podem melhorar o desempenho do negócio utilizando melhor os *insights* de suas máquinas. A GE Aviation é um exemplo.

Em 2012, quando a Emirates Airlines notou que algumas peças dos motores GE-90 se deterioravam rapidamente, ela pediu à GE Aviation para retirar os motores das aeronaves mais cedo do que o planejado e fazer uma manutenção preventiva; ela não queria falhas no motor, nem tempos de inatividade acima do planejado. O pedido representou um desafio financeiro para vendedor e comprador; a manutenção dos motores com mais frequência do que o planejado aumentaria os custos da GE Aviation, enquanto a Emirates precisaria adquirir mais motores e peças de reposição. Em tempos analógicos, a GE Aviation teria retirado os motores da asa, feito mais manutenção e absorvido o impacto financeiro.

Em um sinal dos tempos digitais, a GE Aviation recorreu à GE Software, que usava gêmeos digitais para modelar o desempenho de todos os motores fornecidos pela GE à frota da Emirates. As máquinas se encaixavam em duas categorias, como foi constatado. Uma delas destinava-se a voos de curta distância de Dubai para o Oriente Médio e o sul da Ásia, em condições de clima quente e seco, e a outra destinava-se a voos de longa distância entre Dubai, Estados Unidos e Europa Ocidental, em melhores condições climáticas. Os motores de curta distância se degradavam mais rapidamente do que a GE tinha previsto; já os voos de longa distância se degradavam em um ritmo mais lento.[9] Por meio de uma análise orientada por grafos de dados, a GE Aviation desenvolveu um plano que beneficiaria ambos, aumentando a frequência das verificações de manutenção nos motores usados nas rotas de curta distância. Isso ajudou nos resultados das duas empresas, ilustrando as vantagens dos serviços da fusão.

## Nossos serviços combinam a *expertise* humana com IA?

A Caterpillar tem estado na vanguarda do uso de gêmeos digitais para oferecer *insights* orientados por dados e melhorar os resultados do cliente, com uma previsão ultragranular dos tempos de inatividade e formas de ajustar os processos de perfuração automatizados para diferentes clientes. Mas as pessoas desempenham papéis complementares: elas fornecem informações sobre como sobrepor sensores nos equipamentos existentes e como construir a próxima geração de máquinas capazes de transmitir dados mais avançados diretamente do campo; elas projetam os algoritmos industriais que analisam os grafos de dados; e, finalmente, validam e autorizam as prescrições que os algoritmos recomendaram no estágio inicial. Essa inteligência aumentada de combinar a *expertise* humana com IA fundamenta a abordagem da ABB na prestação de serviço.[10] Projetando serviços centrados na nuvem e primeiro com IA, a ABB mudou da prestação de serviço local feita por especialistas humanos para um processo orientado por IA com *expertise* humana, que analisa os problemas nos ambientes e chega às regras e às heurísticas para enfrentá-los.

Você deve buscar serviços da fusão se sua prestação de serviço combina a *expertise* humana e a inteligência de máquina em toda a organização e se estende às operações do cliente.

## Nossa base de conhecimento do serviço é diferenciada?

A grande mudança na digitalização não está no *big data*, está na evolução dos bancos de dados de sistemas de registro (o que é fabricado onde, como e com qual custo; o que é vendido para quem, onde e com qual preço) para sistemas de grafos de dados (padrões de como o maquinário industrial contribui para os resultados dos negócios de diferentes clientes). Muitas empresas B2B desenvolveram sistemas para a gestão do relacionamento com clientes e a gestão de revendedores, e integraram bancos de dados do cliente que ajudam a calcular a rentabilidade de cada cliente e a probabilidade de eles não renovarem os contratos de serviço. Com frequência, os bancos de dados de vendas são mantidos separados dos dados sobre serviços fornecidos por revendedores e provedores terceirizados.

Pense na maioria dos bancos de dados das seguradoras de automóveis: eles possuem o nome dos segurados, os modelos e as marcas dos veículos e sinistros associados. Já a base de conhecimento da Tesla é composta de dados sobre como cada proprietário do veículo dirige seu carro usando o sistema Autopilot *versus* outras condições, e é por isso que ela pode oferecer o seguro mais barato com alta rentabilidade. As empresas industriais no mundo analógico tinham registros meticulosos do que produziam e vendiam. Aquelas que buscam serviços da fusão (como Deere, Caterpillar e ABB) estão montando registros adicionais de como suas máquinas conectadas funcionam em diferentes locais. Ao fazer isso, estão começando a perceber que suas bases de conhecimento para entregar serviços excelentes são separadas e devem ser mais abrangentes do que os bancos de dados de seus clientes. Elas aceitaram que as bases de conhecimento do serviço devem ser projetadas para estudar padrões entre clientes, contextos e condições. Elas podem aprender por que, quando e onde surgem as necessidades de serviço e desenvolver ofertas baseadas em regras para atender a todas essas necessidades.

A lição: busque serviços da fusão se você conseguiu abandonar os bancos de dados em silos para criar uma base de conhecimento de serviço que ajuda continuamente a empresa e os clientes a melhorarem os resultados dos negócios.

• • •

A fronteira da área de serviços é nova e interessante para as empresas industriais. Agora elas têm a oportunidade de ir além da entrega de máquinas brilhantes e potencialmente trabalhar para impactar os resultados dos clientes. Isso não significa que você está criando centros de serviços caros e cheios de pessoas trabalhando, mas sim envolve inserir seus gêmeos digitais mais profundamente nas operações do cliente; examinar as condições certas para buscar oportunidades além das máquinas; avaliar quanto valor poderia migrar de produtos para serviços e analisar maneiras eficazes de vencer nesse novo campo de batalha. Requer ainda reconhecer que a concorrência muda dos fabricantes conhecidos de máquinas industriais para novos concorrentes na forma de provedores de serviço terceirizados.

Por exemplo, a Deere deve ter cuidado com os novos provedores de serviço com amplo conhecimento digital. É possível que novos atores, como Trimble, Farmers Edge e Granular, tentem se posicionar no meio da Deere e de seus clientes com novas ofertas de serviço para retirar os intermediários das relações comerciais há tempos estabelecidas pela Deere com produtores rurais e outros clientes. Essa nova ameaça competitiva deve-se à forma como as empresas poderiam usar as ferramentas digitais para fazerem a engenharia reversa do conhecimento que a Deere acumulou por décadas. Como as ferramentas da GenAI codificam o conhecimento sobre as melhores práticas em alto nível, a Deere deve se esforçar para diferenciar sua proposta de valor de serviço, baseando-a em dados sobre como suas máquinas poderiam ser ajustadas para extrair cada dólar adicional (ou euro, iene, libra ou yuan) da produtividade da fazenda. O novo valor do serviço será desbloqueado com recomendações derivadas dos grafos de dados que não estão disponíveis para aqueles que contam com conhecimentos gerais codificados.

Para vencer a corrida por resultados incríveis, as gigantes da indústria devem repensar suas propostas de valor de serviço para além daquelas entregues na era analógica, desenvolver *insights* diferenciados, reestruturar os relacionamentos com o cliente, monitorar diferentes conjuntos de concorrentes e atingir novas disposições organizacionais nos ecossistemas estendidos. Se essas perspectivas forem atraentes, as indústrias terão outra estratégia a considerar, ou seja, integrar as máquinas com produtos complementares e equipamentos em sistemas coerentes. E isso passa a batalha competitiva para um plano diferente, como veremos no próximo capítulo.

CAPÍTULO 7

# O duelo dos sistemas inteligentes

O BURJ KHALIFA, EM DUBAI, O EDIFÍCIO MAIS ALTO DO MUNDO, utiliza vários sistemas de ventilação, ar-condicionado, iluminação, manejo de água, estacionamento, armazenamento, elevadores, telecomunicações e segurança. Esses sistemas, que operam em segundo plano, invisíveis aos olhos de todos, são essenciais para maximizar a experiência de residentes e visitantes. Quando o edifício abriu, em 2010, foi considerado inteligente porque seus sistemas estavam conectados, eram seguros e tinham baixo consumo de energia, melhorando a qualidade de vida dos seus ocupantes.

Pergunte à Honeywell, que forneceu muitos sistemas para o Burj Khalifa, e a empresa dirá que seu foco está mudando de estruturas físicas de concreto para sistemas de "aço, vidro e cliques", em que as tecnologias digitais permitem que os dados passem pelo aço, pelo concreto, pela madeira e pelo vidro nos espaços onde as pessoas vivem, trabalham, aprendem e atuam. Para gerenciar essa mudança, a Honeywell equipou todos os seus produtos – desde aqueles de aquecimento, refrigeração e ventilação até interruptores eletrônicos, motores e controles de automação industrial – com sensores, *software* e conectividade. Implantando-os em diferentes indústrias em todos os países, a Honeywell reuniu dados heterogêneos de todas as suas máquinas.

A capacidade de integrar os diferentes componentes do sistema HVAC (em inglês *heating, ventilation, and air conditioning*, aquecimento, ventilação e condicionamento de ar) é o que atraiu a equipe do Burj Khalifa para a Honeywell. O *software* da empresa permite coletar e agrupar dados de campo em tempo real de várias partes do sistema HVAC, analisar os dados para identificar as anomalias e recomendar ações corretivas proativas. O Burj Khalifa também contou com a Honeywell para implantar dispositivos inteligentes que respondem às mudanças de necessidades de aquecimento e refrigeração. Com acesso a dados em tempo real, a equipe do arranha-céu consegue detectar incidentes mais cedo, reagir mais rápido e mitigar os riscos potenciais. Os sistemas da Honeywell resultaram em uma redução de 40% no total de horas de manutenção para os ativos mecânicos do Burj Khalifa, melhorando sua disponibilidade para 99,95%.[1]

O que a Honeywell fez no arranha-céu não é um projeto personalizado. Foi apenas o início de uma experiência na qual diferentes empresas se uniram para conectar seus produtos e serviços, concordando em torná-los interoperáveis com fluxos de dados contínuos e desbloqueando mais valor. Esses sistemas não poderiam ser criados na era analógica, uma vez que os produtos foram desenvolvidos e otimizados de forma independente; o modo como esses produtos deveriam trabalhar com outros não fazia parte do projeto.

Há muito tempo, a construção civil opera em três fases independentes e sequenciais – projetar, construir e operar –, e as empresas controlam cada elo da cadeia com especificações, regras de operação, protocolos e processos próprios. Cada empresa otimiza a sua área de operação, com pouca coordenação entre empresas. Depois da construção, para otimizar o uso de recursos, o conforto e a acessibilidade das edificações, proprietários e operadores precisam acessar os dados de várias fontes, o que se mostra complicado e ineficiente. Os gerentes de instalações determinam o problema a corrigir, quando e por quem sem terem visibilidade em tempo real e de ponta a ponta. E a resolução dos problemas não é registrada de modo padrão para os outros aprenderem com ela.

As edificações requerem dezenas de tecnologias independentes, o que cria complexidade, dificulta a geração de relatórios e torna impossível o gerenciamento remoto. A abordagem das operações de gerenciamento em silos não permite a otimização em um nível de sistema, nem gera aprendizados nos portfólios dos edifícios. Em outras palavras, os efeitos da rede de dados não são desenvolvidos e utilizados. Mas as expectativas estão mudando. Antes, o sistema de um edifício só precisava soar um alarme quando os parâmetros, como a temperatura ambiente ou o nível de poluição, excediam os limites prescritos. Graças à funcionalidade digital, agora as empresas podem entender como os edifícios operam de forma integral. Ao estudar como os fatores funcionam juntos, é possível integrar as diferentes partes e entender como economizar e melhorar o desempenho do sistema.

As tecnologias digitais trouxeram uma nova vantagem: dados e grafos de dados que ligam as três fases, projetar, construir e operar. Como resultado, os sistemas da fusão em edifícios, nos quais as interconexões digitais capturam e analisam os dados em tempo real, ficaram viáveis. Implementar *insights* orientados a dados em tempo real maximiza a integridade dos edifícios e melhora sua sustentabilidade, suas operações e a experiência dos ocupantes. Concreto, aço e vidro são os ativos mínimos; dados e IA são o novo diferencial.

Uma análise da McKinsey descobriu que as edificações e a construção civil em geral têm dificuldades com a digitalização em grande parte devido à extrema fragmentação das diferentes partes que devem interoperar como um sistema.[2] E existem poucas empresas industriais grandes enfrentando o desafio. Assim como a maioria das industriais que entregam produtos de diferentes unidades de negócio com coordenação mínima, a Honeywell já operou como um portfólio de negócios com coordenação mínima. Em 2018, ela percebeu que poderia fazer mais ao integrar produtos em um mundo digital, por isso criou a Honeywell Connected Enterprise para explorar os benefícios dos sistemas. O potencial de liderança da Honeywell nesse espaço será baseado em sua capacidade de gerar *insights* únicos com grafos de dados e IA no nível do sistema, não apenas em como suas partes e subsistemas individuais operam.

## Mudanças no paradigma dos sistemas

Quando os edifícios são projetados com um conjunto de sensores, por exemplo, com monitoramento de movimento, visão e temperatura, os dados coletados são multimodais e mais avançados do que os dados no nível dos produtos individuais. Isso é mostrado na matriz introduzida no Capítulo 4, reproduzida aqui na Figura 7.1 (veja o quadrante superior esquerdo). Em vez de conectar algumas dezenas de pontos de dados em um edifício relacionados a produtos independentes, digamos, uso de energia e segurança, os sistemas da fusão rastreiam e analisam centenas de milhares de pontos de dados em vários produtos. Milhares de sensores fornecem informações continuamente sobre o *status* do sistema, as condições gerais do edifício e a ligação com fatores externos, como o clima. Um gêmeo de construção, com um *dashboard* de dados de desempenho, pode ser usado para economizar energia, garantir a máxima confiabilidade e segurança, e para entrar em novas áreas de valor, como otimizar o conforto das pessoas no edifício. Em última análise, o gêmeo de construção funciona como uma fonte única da verdade, uma fonte confiável e acessível dos dados em tempo real sobre o edifício. Essa visão unificada do edifício é necessária para a Honeywell construir grafos de dados em nível de sistema.

A Honeywell e outras empresas começaram a desenvolver aplicativos de IA que usam a tecnologia de celular 5G e sensores para reunir dados em tempo real de todos os componentes de uma edificação, incluindo portões, portas, elevadores, escadas rolantes, iluminação e ar-condicionado, e os analisam com o objetivo de fornecer *insights* para a integridade do edifício e o bem-estar dos ocupantes. A Honeywell pensou mais amplamente sobre as oportunidades de negócios em nível de sistema, aprendendo com os dados

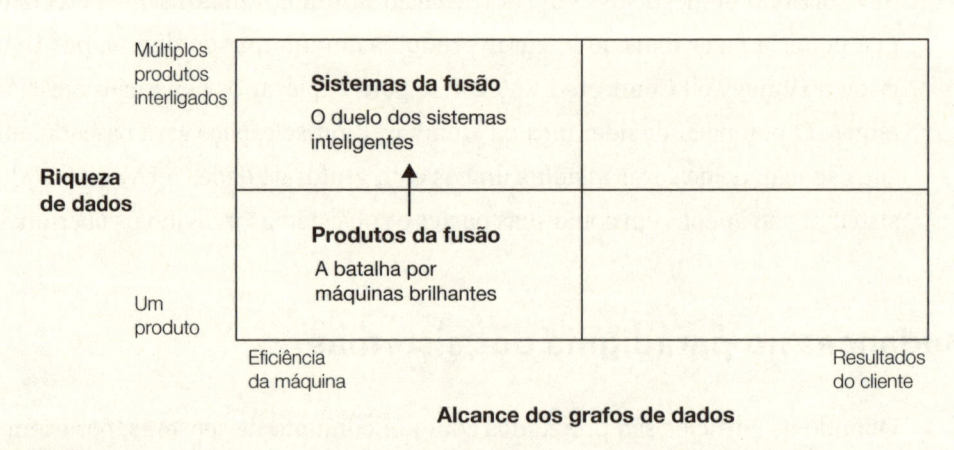

**FIGURA 7.1**

**Estratégia da fusão para sistemas no duelo dos sistemas inteligentes.**

que ela pode reunir a partir de muitas instalações, aproveitando os efeitos da rede de dados. Suas tecnologias operam em 10 milhões de edifícios, embora nem todos possam retornar dados em tempo real para a sede. Em um futuro não muito distante, dados de milhões de diferentes estruturas poderiam fluir em um único sistema de grafos de dados para ajudar a maximizar a integridade das edificações e fazer melhorias reais nas operações e na experiência dos ocupantes. *Insights* a partir deste volume de grafos de dados devem revelar novas formas de agregar valor aos clientes e diferenciar a Honeywell daqueles que ainda não entenderam o poder dos sistemas da fusão.

Os sistemas da fusão alimentados pela GenAI operam não apenas no setor de construção civil, mas também no transporte, na agricultura, na mineração, na assistência médica, no varejo, na fabricação, na logística, em companhias aéreas e muitos outros que empregam equipamentos feitos por diversas empresas. Por exemplo, a ABB oferece sistemas apelidados de ABB Ability para desbloquear o valor que historicamente pode ter ficado preso em silos de atividades incompatíveis.

É essencial diferenciar sistemas da fusão e integração de sistemas no mundo analógico, em que o integrador é responsável por interconectar diferentes elementos e fazer o sistema funcionar. Os criadores dos sistemas da fusão devem garantir que o sistema funcione não apenas no primeiro dia, mas continuamente, à medida que novas partes e funcionalidades são adicionadas. A GenAI é essencial para descobrir formas de fazer os sistemas funcionarem em níveis mais altos, o que faz examinando diferentes configurações. O setor de construção civil tem um rico histórico com ferramentas digitais, como a modelagem da informação da contrução (BIM, do inglês *building information modeling*), as cadeias de suprimentos globais coordenadas e o projeto e a fabricação assistidos por computador (CAD/CAM, em inglês *computer-aided design/computer-aided manufacturing*). E esse setor industrial entende muito bem os gêmeos digitais para o projeto e a fabricação. Em nossa avaliação, o sucesso dos sistemas da fusão dependerá do grau em que os gêmeos tripartidos se tornarão comuns para além dos produtos individuais.

Os sistemas da fusão vão gerar valor adicional porque a eficiência é otimizada não por uma única máquina, mas por um sistema de dispositivos que operam juntos. Como os elementos mais fracos do sistema criam disrupções, a Honeywell pode expandir o escopo de seus grafos de dados para prever as falhas dos subsistemas. No entanto, esses subsistemas podem ser compostos de máquinas de muitos revendedores.

Muitas pessoas acreditam que a transição para os sistemas é apenas uma mudança tecnológica. Pelo contrário, é uma mudança estratégica impulsionada pelas capacidades dos grafos de dados e dos algoritmos. Um ex-diretor de tecnologia da Honeywell explicou isso melhor, fazendo uma pergunta interessante: "Se você constrói um grafo de conhecimento para uma refinaria, pode consultá-lo e dizer 'Quando foi o último acidente ou vazamento de gás? O que aconteceu? Quais ações foram tomadas?' É uma ferramenta muito poderosa para as operações. É algo que não pode ser feito com facilidade hoje. Requer obter dados digitais e conectar dados de diferentes fontes em um gráfico." Então opinou: "O Google criou o grafo de pesquisa. O Facebook criou o grafo de redes sociais. Na Honeywell, queremos criar o grafo de conhecimento dos sistemas de construção industrial."[3] E a empresa está fazendo isso com a Honeywell Connected Enterprise, a divisão focada em *software* industrial e IA, com mais de 1.800 engenheiros de *software*, incluindo cerca de 150 cientistas de dados, de um total de 3.600 funcionários. A visão da empresa de criar grafos de dados em nível de sistema torna-se real quando a Microsoft, o Google e outros passam a oferecer ferramentas para inserir a GenAI com a funcionalidade de consumir vários tipos de dados. O principal desafio para as empresas com sistemas da fusão é evitar as armadilhas em que muitas caem, equiparando *big data* aos efeitos da rede de dados.[4]

A mudança para os sistemas da fusão também é um movimento que vai da digitalização em um micronível (um único produto de empresas independentes) para um macronível (vários produtos relacionados de diferentes empresas que abrangem várias indústrias). Os estrategistas mais perspicazes percebem rapidamente que o *locus* da concorrência também muda, de produtos da fusão independentes para sistemas da fusão interdependentes (vistos no eixo vertical da Figura 7.1). Esses sistemas otimizam o valor porque, como disse o teórico organizacional Russell Ackoff, "Um sistema não é a soma de suas partes, mas o produto de suas interações."[5] Devemos acrescentar que esses grafos de dados robustos em nível de sistema revelam as interações, e o valor é capturado por meio de poderosos algoritmos de IA desencadeados por esses grafos.

Usamos a Honeywell como exemplo para destacar as principais facetas que qualquer empresário que busca construir sistemas da fusão deve considerar: projetar um sistema de produtos afins que oferecem rastreamento em tempo real de seu desempenho em diversos ambientes do cliente, gerando efeitos da rede de dados valiosos; integrar vários tipos de dados (texto, números, som e vídeo) para facilitar a análise usando algoritmos de IA avançados em nível de sistema; utilizar esses algoritmos para fornecer um valor personalizado para os clientes de forma remota e eficiente; e desenvolver futuras propostas de valor com *insights* mais profundos do sistema, que poderiam desbloquear mais valor. Vejamos como fazer isso acontecer.

## A jornada dos sistemas da fusão

Identificamos quatro etapas essenciais que as empresas industriais devem seguir para se tornarem pioneiras nos sistemas da fusão, como fizemos em outras áreas nos capítulos anteriores. A primeira etapa é *arquitetar* novos sistemas com *hooks* (ganchos) digitais nos diferentes produtos que constituem o sistema. A segunda é *organizar* as operações da empresa de ponta a ponta, a fim de garantir uma integração perfeita em todo o portfólio de parceiros que contribuem com os principais produtos e componentes que tornam o sistema distinto. A terceira é *acelerar* o plano para garantir que os sistemas sejam constantemente atualizados a fim de reduzir a ineficiência dos produtos individuais que operam sem uma lógica de sistema abrangente. Por fim, a quarta etapa é *monetizar* os sistemas de uma maneira que desbloqueie novo valor para todos os colaboradores de formas justa e equitativa. Como nos capítulos anteriores, as quatro etapas se repetem com *feedback*.

### Arquitetar

Para ficar à frente no setor, toda empresa deve imaginar estruturas de alto nível para os sistemas da fusão e determinar em quais áreas deseja envolver-se. Há uma tendência indiscutível para uma maior integração e interoperabilidade dentro e entre os diferentes segmentos dos setores industriais. O resultado é que, com a digitalização, a concorrência mudará de produtos individuais para sistemas interdependentes. Portanto, as empresas do setor industrial devem se antecipar e compreender os tipos e quantos sistemas elas podem encontrar.

Uma pergunta lógica feita pelas empresas industriais é: por que devemos nos preocupar com os sistemas da fusão quando fabricamos produtos que operam de forma independente? Por um motivo simples, mas importante: os sistemas da fusão emergentes mudam a lente competitiva. Não é mais produto *versus* produto, como na batalha de máquinas brilhantes. Os clientes são mais propensos a mudarem seus processos de tomada de decisão e alterarem suas preferências, partindo de produtos com características distintivas e indo para produtos que funcionam juntos e podem integrar-se com outros produtos na criação de sistemas eficazes. Os fabricantes que desenvolvem produtos independentes e excepcionais podem ficar em desvantagem em relação àqueles cujos produtos são mais atraentes devido à sua compatibilidade com outros.

Os sistemas podem ser arquitetados de duas maneiras, e as empresas devem considerar ambas. Uma é a abordagem de dentro para fora, com as empresas referência começando por identificar onde e como seus produtos e serviços se encaixarão nos diferentes sistemas da fusão. Qual é o conjunto de interconexões e extensões prováveis? O que tornará o fluxo de dados perfeito? Quem podem ser os melhores parceiros em tais sistemas? Ao definirem como os produtos se relacionam e interconectam, as empresas estabelecidas conseguem encontrar o melhor caminho para uma estratégia de sistemas da fusão.

Por exemplo, a View, Inc. fabrica vidro inteligente, que permite controlar a tonalidade do vidro em resposta ao clima ou à temperatura do ambiente interno por meio de *software* e IA. De que maneira a empresa deve estruturar um sistema da fusão em que seus painéis de vidro, e os dados capturados, são uma parte da definição de valor? A View pode se posicionar como controladora da eficiência de energia na fase de projeto das edificações, em vez de ser escolhida como fornecedora do produto durante o estágio de construção? Ela poderia usar seu produto da fusão e sua plataforma nativa da nuvem (*cloud native*) para criar um sistema da fusão capaz de melhorar a experiência dos ocupantes, aumentando a produtividade do funcionário e reduzindo as pegadas de carbono dos edifícios? (Da mesma forma, a Deere poderia pensar além de suas próprias máquinas e equipamentos para desenvolver a arquitetura da fusão de uma fazenda com diferentes subsistemas? Afinal, a visão de fronteira da agricultura de precisão será alcançada apenas quando outras partes interoperarem perfeitamente para reduzirem as ineficiências.)

Outra maneira de projetar o sistema é iniciar com o resultado desejado e trabalhar a partir deste ponto, algo conhecido como abordagem de fora para dentro, do futuro para trás. Em vez de começar com as versões atuais de seus produtos, as empresas devem ver as tendências externas que poderiam interconectar suas ofertas a um sistema mais amplo. Quais novas tecnologias digitais tornam os sistemas mais viáveis e economicamente atraentes? Por exemplo, a Uber e a Lyft conseguiram criar sistemas de mobilidade somente quando motoristas e passageiros puderam ver os mapas de alta resolução nos *smartphones* com capacidades 5G. Isso desencadeou a mudança do transporte como um setor doméstico para um sistema global envolvendo atores que dominam os grafos de dados de mobilidade e usam algoritmos. E olhando mais longe, como os robotáxis poderiam redefinir os sistemas de mobilidade pessoal e logística na próxima década? Quais partes complementares devem ser criadas para fazer os sistemas operarem sem as complexidades atuais de tentar unir as diferentes partes?

As empresas estabelecidas devem rastrear os experimentos a fim de mostrar quando a otimização em nível de sistema pode ser lucrativa para os clientes. Em 2020, a Honeywell conduziu um projeto-piloto com a intenção de apresentar a eficácia de seu sistema de otimização da energia automatizado por IA. Coletando dados de vários componentes operacionais HVAC, o sistema reduziu as despesas com energia em pelo menos 10%. Com base nesses experimentos e utilizando modelos de IA para reformular suas ofertas, a Honeywell começou a identificar modos alternativos de arquitetar a forma dos sistemas da fusão em edificações. Uma IA poderosa promete revelar alternativas ao projeto de sistemas para cenários específicos de uma maneira mais simplificada.

## Organizar

Para capitalizar as possibilidades de criação de valor que os sistemas da fusão oferecem, as indústrias devem se concentrar em unificar as diferentes partes de modo que os dados fluam perfeitamente entre elas e que os *insights* baseados em dados orientem a ação. Os empresários devem abordar três questões que, juntas, prometem entregar o potencial dos sistemas da fusão.

Primeiro, as empresas devem explorar novos *insights* na interseção de disciplinas críticas. É hora de interligar ontologia de dados, suposições, regras e nomenclaturas entre as diferentes disciplinas da engenharia (civil, estrutural, mecânica, elétrica, hidráulica e de energia) que fazem os sistemas funcionarem com eficiência. Os líderes devem combinar as equipes de várias áreas para fazerem os sistemas da fusão funcionarem, identificando de que modo as disciplinas tradicionais se conectam com as novas tecnologias digitais, como sensores, funcionalidade de IoT, *software*, conectividade, dados, análise e IA. É assim que as empresas estabelecidas podem gerar novos *insights* nas fronteiras do pensamento interdisciplinar.

Segundo, a empresa deve garantir que todas as suas funções e unidades de negócios foquem nos sistemas da fusão. Embora intuitivamente atraente, o pensamento sistêmico ainda tem que entregar resultados, porque as organizações criaram "feudos" funcionais com responsabilidades e métricas de desempenho distintas. Isso não será suficiente durante a execução de uma estratégia de sistemas da fusão. As empresas devem lidar com as mudanças nos processos, nas funções e nas responsabilidades que são necessárias para que produtos mecânicos e tecnologias digitais trabalhem juntos para identificarem os problemas que podem ser manejados de forma proativa.

As empresas vão capturar valor quando reunirem funções não apenas para analisar, mas também para agir. Os sistemas da fusão requerem muita coordenação entre funções e unidades, bem como concessões. Por exemplo, um investimento significativo nos gêmeos digitais em nível de sistema e uma redução do pessoal na empresa devem mudar o foco do poder, saindo da função de vendas e indo para a análise de dados. Apenas algumas organizações conseguirão lidar com as tensões resultantes. Unificar funções, fazer contratações multidisciplinares e criar diferentes culturas serão essenciais na execução de uma estratégia de sistemas da fusão.

Terceiro, os CEOs devem olhar para além da empresa em relação a fornecedores e parceiros. Eles não podem definir o escopo dos sistemas da fusão apenas em termos do que fazem dentro da organização. Os fluxos de dados que tornam os sistemas da fusão poderosos vão além da empresa, portanto as concessões não se limitam às funções dentro da organização, mas a todas as organizações interligadas ao criarem e operarem tais sistemas.

Os gêmeos tripartidos em nível de sistema envolvem diferentes empresas, mas suas prioridades e prazos devem ser alinhados para que o sistema funcione. Um sistema da fusão é tão forte quanto seu elo mais fraco, portanto os executivos provavelmente preferem controlar as atividades dentro da organização. No entanto, em um mundo conectado, uma empresa não pode controlar cada ação e precisa confiar nos intermediários e nos mercados.

Isso tem seus riscos. Cada organização deve se preocupar com o ponto único de falha na interseção dos elementos constituintes de um sistema. Pense, por exemplo, na falha dos anéis de vedação que resultaram no desastre do *Challenger*, em 1986, ou na erosão do cimento na base de uma plataforma de petróleo que levou ao derramamento de óleo da BP conhecido como *Deepwater Horizon*, em 2011. Mesmo durante a crise financeira de 2008, o risco assumido por instituições financeiras como AIG e Lehman Brothers parecia aceitável e gerenciável, mas o risco sistêmico não pôde ser contido. Gerenciar riscos em produtos individuais é mais fácil do que em sistemas envolvendo parceiros externos. Os novos requisitos para os líderes da fusão são estar à altura do desafio e gerenciar os riscos inerentes nos sistemas envolvendo pessoas, entidades e instituições em um mundo cada vez mais vinculado a dados.

## Acelerar

Para acelerar a jornada dos sistemas da fusão, os estrategistas precisam entender o papel que suas empresas devem desempenhar nos ecossistemas conforme eles tomam forma, evoluem e avançam. Os ecossistemas de negócios ganham estaque à medida que os domínios digitais e físicos se transformaram para criar novas capacidades. Enxergamos os ecossistemas de negócios como redes interconectadas de organizações, inclusive fornecedores, distribuidores, clientes e concorrentes, que interagem e colaboram para definirem novas formas de criar e entregar valor. Os ecossistemas de negócios eficazes enfatizam as relações simbióticas com o agrupamento de recursos e capacidades complementares geradores do valor que pode ser inatingível ao se agir de forma independente.

Os líderes dos sistemas da fusão identificam o potencial para desbloquear novos valores e assumem o papel de *orquestradores*; estes são entidades que coordenam e harmonizam estrategicamente vários componentes interdependentes e também subsistemas oferecidos por entidades independentes, garantindo operações perfeitas e eficientes, além da criação de valor do sistema como um todo.[6] Os orquestradores poderiam ser gigantes industriais, como Deere e Bayer na agricultura, Honeywell e Siemens em edificações, ou Siemens e Schlumberger no setor de energia. Também poderiam ser empresas digitais que veem o poder das novas tecnologias, afastando o valor dos atores que eram os líderes na era analógica.

As empresas que surgem como orquestradoras entendem as forças que moldam os sistemas da fusão e como a estratégia é redefinida. Os orquestradores nos sistemas industriais devem criar manuais únicos para gerenciarem os ecossistemas, com critérios formais para selecionarem os principais parceiros e fornecerem os incentivos certos. Sem o apoio de *complementadores* – que ajudam a fazer com que os sistemas usados pelas diferentes entidades independentes fornecedoras de peças trabalhem de forma impecável e eficiente —, os orquestradores podem não conseguir convencer os principais *stakeholders* (clientes, fornecedores, acionistas e funcionários) de que sua visão dos ecossistemas industriais digitais alcançará todo o seu potencial.

Os orquestradores desenvolvem a arquitetura por meio da qual o *software* conecta diferentes máquinas como um sistema com fluxos de dados contínuos. Os desenvolvedores escrevem *software* e criam código para os novos aplicativos apenas depois de a infraestrutura de sistemas estar em vigor. Essas aplicações são necessárias para projetar maneiras de rastrear e coletar dados em movimento; somente com uma infraestrutura de computação em nuvem robusta é que esses dados podem ser traduzidos em grafos de dados dos sistemas, e somente com a IA esses grafos de dados podem ser analisados para se chegar a algoritmos confiáveis.

A Mercedes-Benz e a Volkswagen, por exemplo, poderiam orquestrar um *software* para seus automóveis e convidar outros fabricantes para seu ecossistema de *software*. Ao mesmo tempo, ambas poderiam participar dos ecossistemas de carregamento de bateria controlados por outras empresas. Cada montadora deve escolher orquestrar ou participar de diferentes *stacks* de tecnologia. Isso não se limita ao setor automotivo, mas se aplica a todo produto industrial (caminhões, tratores, trens, edifícios e outros) que se torna digital. O mais importante é que a escolha não é estática: a forma dos sistemas da fusão evoluirá à medida que a tecnologia avança e movimentos competitivos são feitos.

Os efeitos da rede em todo o sistema impulsionam os sistemas da fusão. Eles se consolidam quando áreas adjacentes são criadas, tornando o sistema mais valioso. Eles, de fato, desbloqueiam o valor combinado de outros elementos no sistema. A internet ficou valiosa apenas quando os navegadores da *web*, o *e-mail* e outros aplicativos incríveis foram disponibilizados. O *smartphone* decolou somente quando os operadores de telecomunicações adotaram as redes 4G e 5G. Conforme a infraestrutura de computação em nuvem fica mais poderosa, o *streaming* de vídeo se torna mais rápido e fácil de implantar. E à medida que grandes modelos de linguagem amadurecerem e escalarem para tornar a GenAI mais acessível na próxima década, veremos modelos específicos do domínio para diferentes verticais, com mais investimentos direcionados para interconectá-los e liberar valor.[7]

Os sistemas da fusão são inerentemente dinâmicos. Os gêmeos digitais tripartidos oferecem novas maneiras de interligar de forma independente as partes. Com isso, é possível ter uma compreensão mais global e completa do funcionamento de um sistema. E conforme novos avanços tecnológicos tomam forma, será inevitável a evolução dos sistemas. Os modelos de IA introduzem novas maneiras de entender as interdependências complexas por meio de algoritmos que são desenvolvidos a preços mais em conta e estão acessíveis para a maioria das empresas.

À medida que a busca por uma agricultura sustentável e regenerativa se intensifica, torna-se imperativo que as máquinas agrícolas industriais e os equipamentos se integrem perfeitamente nas várias fases do ciclo de plantio. Isso envolve o uso criterioso de sementes e fertilizantes, adaptado às diversas condições ecológicas, para promover produtividade ideal e sustentabilidade.[8] Esses sistemas devem ser projetados, desenvolvidos e implantados em diferentes velocidades em grande escala global. As três "velocidades de *clock*" descritas no Capítulo 5 para os produtos (projeto, desenvolvimento e implantação) são relevantes para os sistemas, exceto que agora envolvem a coordenação entre várias empresas.

Assim, uma empresa poderia surgir como o orquestrador para a fase de projeto dos sistemas da fusão para agricultura. Ao mesmo tempo, outra poderia passar a orquestrar o desenvolvimento e a implantação de tais sistemas. Uma terceira pode participar da fase de projeto, a fim de direcionar a fase de desenvolvimento ou implantação. Entenda a dinâmica fundamental que pode mudar não só sua percepção do papel geral e da forma do sistema, mas também como as tecnologias ajudam ao conectar as diferentes partes para gerar e capturar valor econômico, junto com os papéis que as várias empresas têm. Uma visão estática e limitada dos sistemas da fusão será inútil.

## Monetizar

Os sistemas da fusão criam mais valor quando as tecnologias analógica e digital se interconectam nas empresas, e o orquestrador do sistema deve redistribuir esse valor entre os participantes. Por exemplo, desde o lançamento do iPhone, em 2007, a Apple captura uma parte considerável do sistema de *smartphones* com seus *hardware*, *software* e serviços integrados, em uma estratégia coerente. O Google usa seu sistema Android para criar valor em publicidade e serviços, deixando que os fabricantes de *hardware*, como a Samsung, capturem valor nos dispositivos.

Como os sistemas da fusão agregam valor no ambiente industrial? Explicaremos usando as edificações como exemplo. O projeto arquitetônico de um edifício de alto desempenho maximiza o uso da iluminação natural; o projeto de engenharia integra o sistema de iluminação elétrico com o sistema HVAC nos níveis de iluminação prescritos nas diferentes áreas do edifício; e o projeto de operações ajusta a iluminação com base na ocupação. Historicamente, cada subsistema foi concebido de forma independente para atingir seu objetivo no mundo analógico. Um projeto em nível de sistema revela o valor preso nos diferentes silos. No mundo pós-pandemia do trabalho híbrido, com os escritórios não operando em capacidade total, a visibilidade em nível de sistema ajuda a ajustar a iluminação e o HVAC usando dados de ocupação para minimizar o custo das operações e reduzir as emissões.

Como o exemplo ilustra, os sistemas redefinem os lucros; aqueles que arquitetam os sistemas são responsáveis por distribuírem o valor equitativamente para os principais participantes, incluindo acionistas e funcionários. A criação de valor acontece na fase de inovação, e a captura de valor ocorre na fase de implementação.

A fase de inovação é quando as características dos novos sistemas da fusão são definidas, novas capacidades são experimentadas e novos protocolos para o engajamento entre os principais atores, muitas vezes em diferentes setores, são especificados. É também quando um sistema da fusão é definido de formas a estimular as empresas envolvidas nas demais partes do sistema a inovarem ao lado do criador do sistema. A coordenação em nível de sistema entre várias entidades e períodos pode ser um desafio; todos sabem que investimentos em ofertas desconhecidas e não comprovadas são arriscados. A coordenação é difícil no nível de um único produto e mais ainda no caso de um sistema, de modo que mitigar esse risco é o maior fator que gera valor.

O valor só pode ser criado em um sistema com inovações complementares, as quais criam efeitos de rede no sistema inteiro, como mencionado antes. Cada geração de *smartphones* precisa de redes de telecomunicações projetadas por fabricantes de equipamentos, como Ericsson, Nokia e Huawei, e operadas por prestadores de serviço de telecomunicações, como AT&T, Verizon, Reliance e Vodafone. Da mesma forma, cada elemento de um sistema da fusão requer sinais de outras empresas, que estão dispostas a mudar sua abordagem, passando da venda de produtos para a oferta de sistemas da fusão. Os líderes de mercado devem fazer avaliações para calcularem as concessões entre risco/retorno e mitigarem o risco dos projetos em parceria com outras empresas, como a Honeywell fez recentemente com a Microsoft e a SAP.[9]

As empresas devem proteger as inovações por meio de patentes. Quando os sistemas alcançam um estado estacionário, nem todos os atores podem ter tido sucesso, mas eles podem licenciar suas patentes e ter algum retorno para os investimentos já feitos. Por outro lado, alguns inovadores podem abrir as patentes, como Tesla fez, para catalisarem sistemas da fusão ao mitigarem o risco para outros atores.[10] A Qualcomm e a Ericsson recorreram a contratos de licenciamento a fim de capturarem o valor de sua propriedade intelectual por meio de patentes; outras podem estar dispostas a fazerem o mesmo para garantir que recebam uma parte justa do valor de suas patentes. No entanto, quando se trata de direitos de propriedade intelectual envolvendo a GenAI, por certo estamos em uma área desconhecida.[11]

Embora os avanços tecnológicos lancem ideias sobre como as indústrias podem criar valor, este é obtido quando as ideias são colocadas em prática, em escala. Essa é a fase de implementação, quando os atores compartilham proporcionalmente os espólios. Nesse ponto, os papéis e as responsabilidades são mais bem definidos, com as fontes de incertezas resolvidas. As empresas estabelecidas podem mapear as fontes de lucros para entenderem as origens da criação de valor entre os colaboradores do sistema da fusão. Conforme as práticas de negócios evoluírem junto com o amadurecimento das tecnologias digitais, as inovações mudarão as fontes de lucro, e o ciclo continuará.

Os vencedores do sistema da fusão monetizarão o valor criado com taxas de integração de sistemas, além de taxas anuais para conectar máquinas adicionais. Eles também podem oferecer o *software* como um serviço e gerar receitas adicionais vendendo o *software* dos sistemas da fusão, tanto para clientes quando para não clientes, em seu setor por meio de taxas de licença únicas, assinaturas mensais ou um modelo pré-pago.

## Prepare-se para o duelo dos sistemas inteligentes

Existem produtos e serviços da fusão em vários setores, mas sistemas da fusão são algo mais recente. Os sinais da função e das vantagens dos sistemas estão ficando mais claros, mas a forma e a estrutura dos sistemas ainda estão sendo definidas. Há poucas dúvidas de que, com o tempo, a concorrência mudará para o nível dos sistemas da fusão. Três fatores orientam essa mudança.

### Os dados querem estar conectados

Há tentativas constantes, sistemáticas e moderadas de interconexão e integração dos dados entre os domínios. O Google começou uma iniciativa para construir o Grafo de Conhecimento em nível de sistema, conectando cerca de 100 novas fontes de elementos de dados abrangendo clima, saúde, alimentos, cultivos, emissões e muito mais. Ele tem 3 bilhões de dados de séries temporais em 100 mil variáveis e cerca de 2,9 milhões de locais geocodificados.[12] Há esforços para criar mais dados comuns e permitir que os efeitos da rede de dados sejam utilizados por diferentes entidades.[13] Esperamos que surjam mais iniciativas de reunir e interligar os dados em áreas para iniciar pesquisas em nível de sistema.

Assim como os dados de consumo foram codificados e conectados, os dados industriais serão digitalizados para construir grafos de dados robustos de equipamentos industriais, desde edifícios e fazendas até cadeias de suprimentos, cidades, etc. A maioria das empresas industriais opera em nível máximo de eficiência com seus produtos integrados de forma pontual. Os grafos de dados do sistema desbloquearão áreas de eficiência adicionais, que se encontram nas interações entre os produtos. Imagine ser alertado para o primeiro mau funcionamento em uma plataforma de petróleo com base nos sinais de alerta em outros locais no sistema da fusão; o resultado será uma redução no número de crises.

## Os gêmeos digitais estarão em toda parte

Outro motivo para o otimismo sobre os sistemas da fusão envolve os gêmeos tripartidos em nível de sistema, com tecnologias de IA que combinam a visualização da realidade, a modelagem baseada na física e a análise orientada a dados. Hoje temos a possibilidade de desenvolver uma única fonte confiável para todos os conjuntos de dados virtuais que são fisicamente precisos em termos de sua representação digital e que obedecem às leis da física. Quando as três dimensões dos gêmeos tripartidos são cronometradas com precisão e perfeitamente sincronizadas para obter dados em tempo real, a GenAI pode ser um meio poderoso de obter *insights*. Os gêmeos não eram viáveis antes porque não havia *hardware* poderoso o bastante no mundo físico, nem poder computacional na nuvem. Embora a necessidade de interligar os gêmeos digitais entre os produtos que compõem um sistema fosse entendida, realmente vinculá-los não era financeiramente viável, exceto em grandes projetos, como o programa espacial dos EUA. Então, as empresas otimizaram produtos e serviços individuais. Com os vários investimentos esperados na IoT, vinculados à GenAI, na próxima década, os gêmeos digitais serão onipresentes. Isso abrirá caminho para a interconexão vertical dos gêmeos digitais, nas cadeias de oferta e demanda, e horizontal, com aplicações afins em indústrias como mineração e refinaria.

Quando os gêmeos digitais ficarem mais amplos e multimodais, eles terão a capacidade de combinar os dados de sensores em um sistema que vincula os mundos físico e digital, produzindo resultados que não poderiam ser desbloqueados antes. As causas de muitos problemas estão na interseção dos produtos e das disciplinas científicas; assim, os mecanismos para a resolução deles requerem coordenação e integração entre os domínios. Os gêmeos digitais em nível de sistema são uma forma poderosa de integrar os conjuntos de dados atualmente em silos, ajudando a visualizar as interconexões e a explorar as iterações das simulações de futuros cenários. Muitas empresas industriais se comprometeram com essa inovação. Empresas estabelecidas, como ABB, Arup, Hitachi, Honeywell, IBM, Nvidia, PTC, Schlumberger e Siemens, estão na jornada para construir gêmeos digitais multidisciplinares e ajudam seus clientes a aproveitarem essa importante funcionalidade tecnológica.

## O metaverso pode ser o azarão

Os sistemas da fusão podem ser mais poderosos por causa do potencial do metaverso industrial, que impulsiona a simulação, a experimentação e as intervenções adequadas orientadas pela análise por IA. A nova fronteira estará nos ambientes industriais em nível de sistema. O metaverso industrial, o projeto, a implantação dos gêmeos digitais e os algoritmos da GenAI resultarão em grafos de dados mais robustos, que ajudam as empresas a entenderem como os sistemas operam em diferentes condições e contextos.

Os grafos de dados têm sido usados em cenários como música, filmes e compras sem a necessidade do poder do metaverso. No entanto, os ambientes industriais são os principais candidatos para aplicarem o metaverso. Por exemplo, uma simulação de dinâmica dos fluidos para uma asa com propulsão pode precisar de 150 terabytes de dados para simular um segundo do cenário real. Com tecnologias de empresas como Amazon e Nvidia, as simulações podem ser realizadas no metaverso industrial.

O metaverso industrial baseia-se em ferramentas e modelos fundamentais, como CAD e CAM, que ajudam a conceituar e criar coisas no mundo digital – as quais serão fabricadas pelas empresas posteriormente. O metaverso não é diferente em conceito; é uma representação digital do mundo físico.

Ao ir além dos objetos individuais nos sistemas CAD/CAM, uma empresa pode representar um universo digital completo, incluindo elementos como cadeias de suprimentos estendidas, implantação de máquinas em diferentes locais no mundo inteiro e interconexões com outros dispositivos complementares nos ecossistemas. O domínio do digital muda do uso do CAD/CAM nos estágios de projeto e fabricação para além da fábrica, melhorando em tempo real o desempenho em campo. Até recentemente, as indústrias teriam recusado os investimentos necessários para projetar e construir tais inovações – não mais, porque a melhoria nos preços das tecnologias digitais torna isto viável.

Quando for criado, o metaverso industrial possibilitará a coleta de dados sobre como os produtos interagem com seres humanos, dispositivos e sistemas para detectar padrões de comportamento extraordinariamente complexos e dinâmicos. Antes, o escopo do conhecimento na maioria das indústrias se limitava ao que elas projetavam e construíam. Não é mais assim, graças ao metaverso.

. . .

O desafio das empresas estabelecidas é garantir que suas máquinas se integrem perfeitamente com as outras partes das cadeias de suprimento dos clientes e dos processos de fabricação à medida que ficam mais interligadas. Isso não é fácil. Por um lado, a estruturação do sistema é importante; isso demarcará os limites dentro dos quais ele deve operar. No entanto, uma definição rígida restringirá as empresas, principalmente porque existe a necessidade de sistemas na interseção das indústrias.

Por outro lado, cada sistema será afetado pelas ações de muitos atores em todos os setores. Portanto, seria bom que os CEOs pensassem além dos concorrentes que eles conhecem. E mais, as empresas devem modelar suas estratégias após considerarem os efeitos da rede em todo o sistema. Isso significa prever possíveis trajetórias de evolução tecnológica e decidir quando mudar dos segmentos de mercado, onde as tecnologias estão se comoditizando, para os segmentos que estão se beneficiando das tecnologias emergentes.

A maioria das indústrias usa estratégias altamente focadas para se tornarem líderes. Atualmente elas estão mais familiarizadas com as tecnologias analógicas, portanto podem precisar de ajuda para projetarem sistemas da fusão e coordenarem muitas máquinas diferentes digitalmente. Elas devem gerar efeitos da rede de dados em nível de sistema para criarem valor a partir dos sistemas da fusão. Assim, terão que embarcar em estratégias de desenvolvimento conjunto para tomarem as decisões certas sobre tecnologia, escolherem os parceiros corretos e usarem modelos de colaboração adequados.

A estratégia de ecossistema no mundo analógico industrial se baseia em estruturas (regras de governança, papéis e responsabilidades dos participantes) e processos (como os sistemas serão projetados, operados e adaptados). Nos sistemas da fusão, uma dimensão adicional é focar nos fluxos de dados entre os atores do ecossistema, além de focar em como eles se interconectam com outros ecossistemas. O ponto não é apenas qual empresa está interconectada a qual, mas os padrões dos fluxos de dados entre as empresas para que o sistema possa ser otimizado. Isso é um desafio de liderança que os líderes dos sistemas da fusão devem enfrentar.

Descrevemos três estratégias da fusão diferentes, que começam com as empresas industriais criando produtos da fusão e depois se estendem para os serviços da fusão e os sistemas. São a evolução lógica que uma indústria busca como extensões de dentro para fora. Em muitos casos, essas três estratégias podem entregar exatamente o que os clientes precisam. No entanto, há casos em que a empresa pode ser sábia e se colocar no lugar dos clientes, entendendo as soluções que eles procuram. Essa é a estratégia da fusão final, que veremos a seguir.

CAPÍTULO 8

# O choque das soluções personalizadas

OS PRODUTOS DA FUSÃO CRIAM VALOR MELHORANDO O TEMPO de atividade das máquinas de uma empresa. Já os serviços da fusão fazem isso unindo serviços e máquinas para aumentar a produtividade do cliente. Os sistemas da fusão, por sua vez, garantem o tempo em operação para todos os equipamentos usados pelo cliente, não apenas máquinas.

Para além dessas três abordagens, as soluções da fusão são projetadas para resolver os problemas únicos de cada cliente em sua totalidade. Ao contrário das outras três estratégias, que começam com as máquinas do fabricante, as soluções da fusão começam definindo os problemas do cliente, depois resolvendo-os. Cada uma das estratégias cria conjuntos adicionais de valor, mas as soluções da fusão criam o maior valor. O *framework* que propomos é dinâmico no sentido de que todas as indústrias devem começar com produtos da fusão, mas ao longo do tempo devem migrar e buscar as quatro estratégias.

Produtos, serviços e sistemas, mesmo com IA, são soluções incompletas para os problemas do cliente. Voltemos rapidamente aos três estudos de caso dos capítulos anteriores (mobilidade, agricultura e edificações) usados para as três estratégias.

## Os produtos da fusão são apenas uma parte da solução

Os carros são um elemento essencial da mobilidade, mas várias outras partes devem ser reunidas para resolver as necessidades de transporte de diferentes indivíduos em diferentes momentos e diferentes locais.

Pergunte à Tesla, o arquétipo da empresa de produtos da fusão, sobre sua solução de mobilidade, e ela dirá que inclui a utilização segura de seus automóveis por meio de uma rede totalmente autônoma de compartilhamento de viagens, sem motoristas, e, quando desejável, direciona os clientes para as opções de transporte público. A solução ambiciosa da Tesla também incorpora a otimização do consumo de energia, criando uma rede global de carregamento rápido de bateria e oferecendo também carregamento em casa por meio de uma assinatura a um preço fixo (testado no Texas). Para a Tesla, o espaço das soluções de mobilidade começa com o automóvel, mas se estende à energia e à sustentabilidade.

## Os serviços da fusão também são apenas uma parte da solução

Decifrar o problema do cliente esclarece a diferença entre os serviços que as indústrias oferecem com suas máquinas e as soluções que os clientes precisam: ambos envolvem a incorporação nas operações dos clientes, mas com escopos diferentes. Nos serviços, o escopo está limitado ao papel das máquinas na melhoria do desempenho do cliente. Nas soluções, o escopo da definição do problema é mais amplo do ponto de vista do cliente. O ponto de vista nos serviços é restrito, limitado às máquinas que a indústria oferece, como os sistemas See & Spray e ExactShot, da John Deere. Os equipamentos agrícolas (incluindo depreciação e reparação) representam menos de 10% dos custos totais de insumos para um produtor rural.[1] Para a Deere chegar na fronteira das soluções da fusão e se tornar líder na agricultura de precisão, ela deve melhorar a produtividade dos 90% restantes dos custos de insumos dos produtores, com mão de obra, alimentação, combustível e gado como os principais componentes.

Oferecer tais soluções não exigirá necessariamente a aquisição de ativos físicos, como a maioria das empresas fez na era industrial com a integração vertical. Hoje, as empresas de maquinário devem adotar uma abordagem ecossistêmica, definir a arquitetura de *software* e interligar-se com empresas de sementes, fertilizantes, produtos químicos, meteorologia e seguradoras. Ir de serviços da fusão para soluções da fusão muda o cenário competitivo. Desenvolver soluções forçará inevitavelmente a Deere a competir com concorrentes de diferentes setores: fabricantes de equipamentos, como CNH Industrial e AGCO; fabricantes de componentes, como Trimble e Raven Industries; empresas de fertilizantes e sementes, incluindo Bayer, DuPont, Dow, BASF e Syngenta; empresas de *software*, como Climate Corporation; e, claro, as gigantes digitais, como IBM e Alphabet.

## E os sistemas da fusão também são apenas uma parte da solução

Edifícios comerciais são complexos, com sistemas de automação, *software* e controles, serviços de construção e manutenção, aquecimento e refrigeração, serviços de segurança e proteção contra incêndios. Eles são projetados, fabricados, entregues, montados e mantidos por muitos atores, mas sem uma arquitetura unificada que os interligue durante o uso. Diferentes subsistemas interagem com as pessoas dentro de um edifício, com sistemas de aquecimento e refrigeração que otimizam os níveis de conforto delas, sensores que rastreiam se um espaço está sendo usado etc.

Em vez de simplesmente inserir suas máquinas e sistemas no centro, a Honeywell e a Siemens devem entender como um edifício é usado e depois fornecer uma solução completa para garantir que os residentes fiquem confortáveis ao máximo. Esse tipo de pensamento envolverá mais do que sistemas que fornecem aquecimento e refrigeração e incluirá fatores como fluxos de pessoas, segurança, elevadores e escadas rolantes e o clima. A abordagem mais abrangente era muito complicada e cara no passado, mas os gêmeos tripartidos tornam isso mais viável agora.

## Mudanças no paradigma da solução

Na matriz da estratégia apresentada no Capítulo 4, as empresas industriais começam com os produtos da fusão e progridem logicamente em ambos os eixos. Avançar no eixo horizontal cria uma integração mais profunda nas operações do cliente, permitindo que a indústria passe de produtos da fusão para serviços da fusão (Capítulo 6). A progressão no eixo vertical permite à empresa se interconectar com produtos e periféricos adicionais para criar sistemas da fusão (Capítulo 7). Toda indústria deve explorar essas duas extensões de estratégia lógicas de forma sequencial ou simultânea. Por fim, as empresas devem analisar se precisam desenvolver *estratégias da fusão para soluções* (e entrar no quadrante superior direito na Figura 8.1).

A Tesla ou a Uber conseguirão entregar soluções de transporte mais eficientes apenas se puderem ter uma compreensão das necessidades de mobilidade de cada indivíduo e integrar um conjunto de meios de transporte que os atenda de formas acessível e oportuna. Assim, uma empresa de soluções será proativa, não reativa, terá o direito de acessar e usar dados privilegiados relevantes para prever quais problemas devem ser resolvidos em qual momento e montar as peças necessárias para resolvê-los. Uma empresa de táxi ou limusine pode ser facilmente substituída. Ainda assim, um provedor de possíveis soluções, como a Tesla ou a Uber, pode ser substituído com menos

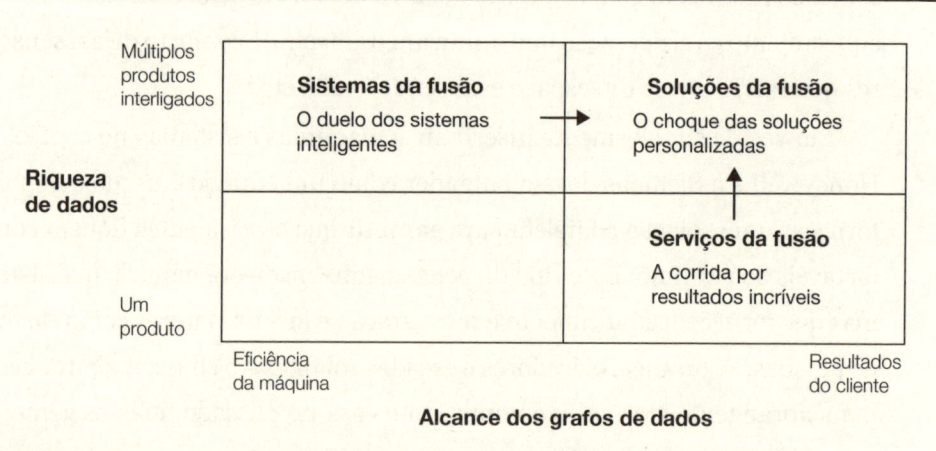

**FIGURA 8.1**

**Estratégias da fusão para soluções no choque das soluções personalizadas.**

facilidade, já que está mais integrado às operações do cliente e tem acesso preferencial aos dados. Ambas as empresas enriquecem continuamente seus grafos de dados; já as empresas de táxi ou limusine têm diferentes partes das transações presas nos bancos de dados organizados em silos.

A Deere pode ajustar, adaptar e personalizar a operação de seus tratores tirando o máximo de eficiência de uma só fazenda. E mais, a riqueza de seus grafos de dados se limita ao que pode ser alcançado com suas máquinas, equipamentos e periféricos. Suponha que a Deere possa expandir suas parcerias com máquinas e equipamentos complementares e com empresas de sementes e fertilizantes. Nesse caso, seus grafos de dados ficariam mais robustos, permitindo que a empresa se tornasse um provedor de soluções confiável para os clientes. Os problemas de negócios que os produtores rurais enfrentam são específicos; resolvê-los exigirá reunir mais do que um conjunto de máquinas industriais. Com o tempo, a Deere, como uma possível empresa de soluções no futuro, poderia obter uma compreensão mais profunda de como os problemas são definidos e resolvidos. Seus grafos de conhecimento ficariam melhores e ofereceriam modos mais adequados (e mais práticos) de resolver os problemas quando comparados ao que os produtores conseguiriam fazer sozinhos.

A mudança da Honeywell de sistemas para soluções exigirá parcerias robustas e vibrantes para que ela alcance uma compressão completa do ciclo de construção inteiro. É improvável que uma estratégia da fusão para soluções possa ser arquitetada por uma única empresa. Os parceiros ajudam a empresa de soluções a unir o conjunto de produtos e sistemas que correspondem às necessidades específicas dos clientes. Em casos selecionados, os recursos que atendam melhor ao que os clientes precisam talvez não sejam as ofertas da empresa de soluções, mas as dos parceiros. Assim, orquestrar um ecossistema é fundamental para desenvolver e fornecer soluções da fusão.

Como a GenAI poderia ajudar a construir soluções ideais? Ela pode ajudar a estruturar diferentes definições de problemas e gerar várias ideias para resolvê-los utilizando o que aprendeu nos variados cenários. Ela pode identificar problemas e apresentar opções que os indivíduos não veem. No entanto, em cada etapa, as pessoas devem interpretar a saída da GenAI, modificá-la adequadamente e tomar as decisões finais.

O espaço das soluções, o quadrante superior direito da Figura 8.1, deve ser considerado por qualquer empresa industrial quando há uma ou mais das seguintes características. A empresa industrial:

- Já entrou em uma jornada para tornar seus produtos digitais com um *stack* de tecnologias definido – *hardware* programável, *software*, aplicações e conectividade capaz de transmitir dados em tempo real para análise. Isso garante que os produtos da fusão provavelmente farão parte da solução.

- Já estendeu os produtos industriais para as operações do cliente com experiência na prestação proativa de serviços orientados por dados. Essa experiência pode ser mais bem desenvolvida para fazer parte da solução.

- Demonstrou *expertise* na integração de produtos nos sistemas de rastreamento e análise de dados de ponta a ponta. Essa experiência com o sistema pode ser expandida para possíveis soluções.

- Criou e implantou com sucesso os gêmeos tripartidos para rastrear os dados de campo à medida que são retornados para as operações e estendidos por meio da cadeia de suprimentos de ponta a ponta. Essa iniciativa pode ser desenvolvida para rastrear soluções em um nível granular.

- Tem sucesso em atrair cientistas de dados com experiência nos algoritmos da indústria, que dão início à arquitetura das soluções da fusão.

- Tem competências intersetoriais para produzir grafos de dados dos produtos em uso a partir de várias máquinas industriais que operam em diversos locais.

- Testou modelos básicos de IA específicos de um domínio para codificar e desenvolver *insights* a partir de sua base de conhecimento industrial, que serão as entradas para os algoritmos de aplicação.

Uma empresa do setor industrial pensando em soluções da fusão tem várias tarefas a cumprir: interligar profundamente as operações do cliente a fim de gerar os efeitos da rede de dados e construir grafos de dados de soluções, usá-los para as análises em quatro partes com os algoritmos, utilizar esses algoritmos para fazer recomendações personalizadas aos clientes e redefinir constantemente os principais problemas a serem resolvidos aprendendo com os cenários. Vejamos como isso acontece na prática.

## A jornada das soluções da fusão

As empresas industriais devem desenvolver um plano lógico para avaliar e executar as soluções da fusão utilizando quatro etapas sequenciais, semelhantes às vistas nos capítulos anteriores. A primeira é *arquitetar* as melhores formas possíveis de resolver os problemas críticos do negócio. A segunda é *organizar* os processos nas empresas para entregar soluções com eficiência. A terceira é *acelerar* a entrega da solução em escala e rapidamente nos diferentes problemas do negócio. A etapa final é estabelecer métodos para *monetizar* a solução por meio de criação, captura e distribuição de valor entre as empresas que contribuem com habilidades e conhecimentos únicos para resolver problemas, entregando soluções. E, obviamente, o ciclo se repete com *feedback*.

### Arquitetar

Quais problemas você tenta resolver? Para garantir que estejam abordando questões relevantes, as empresas devem fazer três perguntas críticas antes de lidar com qualquer problema. Elas devem determinar quantos clientes são afetados pelo problema; quanto maior o número, mais atraente é o problema. A resposta deve ser afirmativa. Elas também devem avaliar se grafos de dados e IA são necessários para resolver o problema, pois as soluções que não demandam seu uso podem não criar valor adicional.

Estruturar e identificar o problema é fundamental para arquitetar a solução; caso contrário, as empresas correm o risco de desperdiçar recursos, perder oportunidades e ir atrás de iniciativas irrelevantes. Por exemplo, as fabricantes de automóveis que percebem o problema de mobilidade como a necessidade de não usar combustíveis fósseis focarão no desenvolvimento de veículos da fusão elétricos e movidos a hidrogênio. As empresas que identificam veículos não confiáveis e manutenção pós-venda complicada como o problema principal provavelmente se concentrarão no projeto de produtos da fusão, desenvolvendo atualizações de *software* e implantando-os automaticamente para melhorar a eficiência. Aquelas que veem o problema como alto custo de compra e baixa utilização de automóveis de propriedade privada tentarão oferecer serviços de carona e devem escrever algoritmos que conectam passageiros e motoristas. Compreender o problema do cliente em sua totalidade é o que leva a soluções da fusão.

As soluções da fusão tornam-se viáveis quando as empresas não se restringem a otimizar suas capacidades e recursos atuais. Uma forma de imaginar isso é adotar uma abordagem *future back*, ou "do futuro para trás". As empresas podem usar o *backcasting*, em que as condições desejadas são visualizadas, e, em seguida, as ações são definidas e tomadas para chegar a essas condições, em vez de só tomar medidas que são uma continuação das atuais. O *backcasting* é semelhante ao processo de previsão, mas seu propósito não é determinar o futuro; a finalidade é imaginar muitos futuros possíveis e entender suas implicações, identificar os preferíveis e definir as etapas necessárias para chegar a esses futuros.

Por exemplo, se uma empresa está interessada em resolver muitos problemas associados ao transporte urbano – desafios de mobilidade das pessoas, problemas de congestionamento das cidades, problemas de poluição ambiental etc. –, assumiria um problema complexo e multidimensional que somente as tecnologias da fusão conseguem resolver. A empresa teria que trabalhar em sentido contrário, a partir de um futuro ideal; uma estruturação maior do problema feita de fora resolveria o desafio ao forçar as empresas estabelecidas a saírem do passado e entrarem no futuro.

Um possível líder de soluções de transporte deve perguntar: devemos permitir que um único passageiro conduza um veículo projetado para quatro pessoas? As empresas de logística devem contar com veículos destinados ao transporte de pessoas? Quais serão os impactos econômicos e ambientais se forem implantados carros projetados para apenas um propósito específico? Devemos usar motoristas humanos ou veículos autônomos? De quais mudanças as estradas precisarão para acelerar a implantação de carros autônomos? Como os sistemas de transporte coletivo terão que se adaptar? E quanto ao combustível, à assistência, aos reparos e ao estacionamento?

Isso não é tão improvável quanto parece; muitas indústrias estão reformulando seus futuros com propósito. Empresas no setor agrícola estão tentando encontrar maneiras de alimentar de forma sustentável o mundo inteiro. Empresas de construção geral e civil estão tentando construir edificações para abrigar mais pessoas com conforto, sustentabilidade e economia. Empresas de assistência médica esperam curar doenças e patologias em cada estágio. No restante desta década, surgirão soluções da fusão em muitas indústrias, com os primeiros desenvolvendo soluções da fusão completas.

Muitas empresas estabelecidas vão lidar com os problemas usando soluções que surgem das interseções entre o pensamento digital e as disciplinas científicas. Considere, por exemplo, a biologia, o estudo dos seres vivos e da vida. Alterar o código genético muda os sistemas biológicos, algo possível apenas em razão das tecnologias digitais. Na verdade, a biologia está sendo reformulada com tecnologias, como sequenciamento de genes, edição de genes (CRISPR/Cas9) e biologia sintética. Os cientistas podem ler, editar e escrever um novo DNA; as tecnologias digitais o transformam em dados. Por isso as empresas em vários setores (de saúde, beleza e dispositivos médicos a eletrônicos, produtos farmacêuticos e produtos químicos alimentícios e até mineração, energia elétrica e construção) estão examinando seus papéis no negócio da biologia sintética.

Ver o problema da perspectiva do cliente ajuda a arquitetar as soluções – por que os clientes precisariam das empresas industriais para dar as respostas? Criar soluções caso a caso é caro, e a maioria dos compradores industriais não acharia tal abordagem interessante. Em vez disso, os clientes escolherão os provedores de soluções por sua *expertise* na *montagem* das melhores soluções a partir de todos os produtos, serviços e sistemas disponíveis, com base em seu domínio dos efeitos da rede de dados e de algoritmos distintos.

## Organizar

As soluções podem ser entregues não por produtos, serviços ou sistemas-padrão, mas por suas interconexões com produtos, serviços e sistemas complementares. Isso significa que a lógica que organiza isso tudo será essencial para entregar soluções. O avanço da agricultura de precisão, dos edifícios inteligentes, dos cuidados médicos personalizados, do transporte sustentável e das casas inteligentes não será alcançado por empresas separadas criando novos produtos. Pelo contrário, virá da integração desses produtos com outras peças complementares para formar soluções eficientes.

A empresa de soluções da fusão deve atuar como provedor e consultor. Por exemplo, a Honeywell projeta edifícios usando módulos existentes e subsistemas, e acrescenta os recursos necessários para atender às necessidades dos clientes. A empresa deve ser hábil em colaborar com vários parceiros para garantir que a solução seja customizada e resolva o problema em questão.

As indústrias desenvolverão soluções personalizadas combinando seres humanos e tecnologias. A empresa de soluções da fusão deve desenvolver as habilidades digitais para unir produtos, serviços e sistemas que ela controla junto com os de seus parceiros. As empresas digitais (as *startups*) têm o luxo de desenvolver soluções sem usar ou adaptar as partes existentes. As empresas industriais precisam calibrar a lacuna no desempenho, ou seja, como suas soluções se comparam com os concorrentes que não têm suas restrições e operam mais livremente para desenvolver as melhores soluções para os clientes.

Atualmente, as empresas desenvolvem soluções caso a caso com especialistas humanos no local. No futuro, as soluções estarão nos fluxos de dados integrados e na *expertise* acumulada com os efeitos da rede de dados em diferentes cenários. É essencial desenvolver tecnologias digitais que seguem o ciclo de vida do cliente para aumentar o valor das relações entre as indústrias e seus clientes.

## Acelerar

Para acelerar o progresso nas soluções da fusão, os provedores devem desenvolver ferramentas digitais robustas, que forneçam soluções personalizadas eficientes em grande escala. É essencial estar sempre atento ao avanço das tecnologias que podem ser combinadas para criar soluções personalizadas adaptáveis aos novos problemas. Procure tecnologias que estão amadurecendo e convergindo para ter a integração mais eficaz das diferentes partes. Essa abordagem garante que os métodos de solução de problemas do passado não limitem as soluções futuras.

Os CEOs precisam escolher quais novas capacidades devem ser desenvolvidas dentro da organização e para quais eles precisarão ter a parceria das *startups* e das gigantes digitais. Esse processo iniciará a nova priorização de investimentos em pessoas, procedimentos e políticas. As inovações em um domínio alimentarão formas criativas de resolver os problemas em outros campos. Por exemplo, o uso da computação visual pela Tesla para as tecnologias de direção autônoma inspirou a criação de lojas sem a função de caixa registradora da Amazon.[2]

Usar tecnologias da fusão para resolver problemas requer agilidade e adaptação. Os líderes devem adotar tecnologias digitais, aprofundar a compreensão do seu potencial e criar uma cultura de curiosidade para que as inovações digitais não fiquem limitadas em suas aplicações. Eles devem permitir a experimentação, que possibilitará saber quando as tecnologias estarão prontas para a adoção e quais inovações complementares serão necessárias para aplicá-las. A competência central de uma empresa de soluções da fusão não é usar regras, nem criar soluções que funcionem por longos períodos; é buscar inspiração em diferentes domínios para que possa continuar resolvendo os problemas com mais eficiência.

Os problemas mais importantes não são estáticos, e as estratégias da fusão não podem ser também. Acessando dados em tempo real sobre como as soluções funcionam em diferentes cenários, um provedor de soluções da fusão pode refiná-las para que sejam mais eficientes e eficazes. Por exemplo, o congestionamento urbano não é novidade. No entanto, as opções para transportar pessoas e produtos com economia – e um impacto ambiental mínimo – são mais variadas do que antes, podendo até ser possível haver soluções ainda melhores.

As soluções da fusão são inerentemente dinâmicas, com acesso a dados em tempo real sobre como as diferentes soluções funcionam em cenários distintos. Montando os efeitos da rede de dados ao longo do tempo, a empresa de soluções da fusão pode reformular constantemente o problema, ajustando sua compreensão de como chegar à melhor alternativa. A empresa deve conquistar o direito de se incorporar profundamente nas operações dos clientes para ser eficaz.

## Monetizar

Como a cocriação de valor com clientes e parceiros ganha importância quando as estratégias da fusão para soluções são usadas, as empresas industriais devem compartilhar esse valor com clientes e parceiros.

Os clientes geralmente estão dispostos a pagar mais por soluções do que por produtos. As indústrias podem monetizar as soluções da fusão com resultados baseados em contratos e acordos de participação nos lucros. Algumas indústrias já estão testando serviços de automonitoramento que se reabastecem automaticamente; modelos de assinatura, que cobram taxas regulares baseadas no tempo para as soluções; e negócios como solução, que fornecem soluções adaptadas às necessidades do cliente. A francesa Alstom garante que os trens que fabrica atendam às necessidades dos clientes 24 horas por dia, 7 dias por semana com o Train Life Services, e assume multas em casos de pane, em particular nos horários de pico. A Kaeser Kompressoren, da Alemanha, já não vende mais cilindros de ar; vende compressão de ar como um serviço, usando tecnologias digitais para monitorar remotamente o uso de suas máquinas. E a Philips, da Holanda, vende soluções de iluminação, em vez de lâmpadas LED, para clientes como o Aeroporto Schiphol, de Amsterdã.

Consideremos a melhor forma de criar o máximo valor a partir das soluções da fusão. Quando uma empresa de soluções traz sua *expertise* intersetorial e grafos de dados para dar suporte ao modo como as diferentes partes devem se encaixar para maximizar o valor, ela consegue compreender totalmente e, se necessário, redefinir o problema. Ela trabalha com dados em movimento mais robustos, que alimentam seus grafos de dados; os dados têm maior escala e escopo em relação ao número e à diversidade de cenários. Esse detalhe fornece a base para desenvolver soluções indisponíveis para concorrentes com escala e escopo limitados das operações. E como a empresa industrial cada vez mais trabalha com outros parceiros, consegue refinar suas soluções da fusão para desbloquear ainda mais valor.

A criação de valor é decorrência do acúmulo contínuo de *expertise*. As empresas de soluções podem aprender sobre as especificidades de cada cliente apenas a partir de grafos de dados derivados do conjunto de máquinas em uso nos locais dos clientes. Elas tiram proveito dessa experiência direta ou indiretamente por meio de parcerias com outras empresas e podem expandir seu escopo, não sendo apenas integradores de sistemas ou provedores de serviço. Elas devem ampliar seu conhecimento sobre como os sistemas configurados são projetados para trabalhar e complementá-lo com dados de parceiros que estão mais profundamente incorporados nas operações do cliente.

O provedor de soluções da fusão deve ser visto como um inovador, com capacidades centradas nas disciplinas científicas e na tecnologia digital. Só na qualidade de inovador é possível atrair parceiros promissores; uma indústria vista como retardatária não terá apoio dos inovadores. A credibilidade de uma empresa de soluções será avaliada pela lente dos parceiros com os quais ela colabora. Ademais, as melhores empresas que buscam estratégias de produtos, serviços e sistemas não desejarão trabalhar com empresas de soluções de segunda categoria.

Além disso, é essencial ser considerado um aliado confiável que compreende os papéis desempenhados pelos parceiros. Os parceiros muitas vezes precisam entender que terão sua experiência apropriada por meio da engenharia reversa, sem atribuição ou compensação. É fundamental demonstrar um compromisso inabalável de respeitar as contribuições dos parceiros e garantir que cada um receba uma quota justa. Como um parceiro pode ter um papel diferente para cada cliente, a empresa de soluções deve comunicar o motivo para distribuir o valor. A confiança também desempenha um papel vital, porque a empresa de soluções da fusão estará no centro dos fluxos de dados dos parceiros que podem ser concorrentes em ecossistemas altamente interligados.

Os provedores de soluções devem ser justos ao resolverem conflitos e comunicarem as regras do ecossistema. Eles podem ter focado na governança de dados no passado, mas ela se estende ainda mais aos clientes e parceiros na entrega de soluções. Elevar a importância da privacidade e da segurança como um fator da criação e da captura de valor é primordial. Quando as soluções da fusão dependem das ações coordenadas de muitas empresas, o elo mais fraco contribui para um desempenho inferior. Se isso acontecer, a empresa de soluções da fusão deve ser percebida como um intermediário honesto e um árbitro justo, para garantir que o valor seja aumentado, não destruído.

## Prepare-se para o choque das soluções personalizadas

Das quatro estratégias da fusão, as soluções da fusão podem ser mais interessantes para os novos operadores, que não têm experiência em projeto de máquinas e fabricação. Eles podem trazer suas novas perspectivas para estruturar os problemas e utilizar tecnologias digitais, incluindo desenvolvimentos recentes em IA e aprendizado de máquina (ML), a fim de propor formas alternativas de resolver os problemas, e então contar com produtos e sistemas para reunir o que é necessário. Essas empresas têm a vantagem da imparcialidade, uma vez que não são afiliadas a nenhuma entidade corporativa que pode influenciar suas recomendações. Portanto, são livres para fornecerem as soluções mais eficazes para atacar ao problema do cliente.

As empresas de consultoria podem achar as soluções da fusão interessantes. Elas se destacam na organização das melhores práticas a partir das experiências passadas para criar orientações estratégicas e recomendações personalizadas aos seus clientes. Mas elas são dependentes de pessoas inteligentes sem acesso aos dados do produto em uso e em tempo real das indústrias e aos efeitos da rede de dados. No entanto, elas podem fazer parceria para entregar soluções, como a Accenture recentemente fez com sua iniciativa Industry X. A declaração da empresa é ambiciosa:

> Usamos o poder combinado dos dados e do digital para reimaginar os produtos que você faz e como os faz. Com a inteligência digital conectando cada ponto ao longo do caminho, trabalharemos com você usando dados e tecnologias, como realidade aumentada/realidade virtual (RA/RV), nuvem, IA, 5G, robótica e gêmeos digitais, para incorporar

maior resiliência, produtividade e sustentabilidade em suas principais operações. E criamos experiências novas e hiperpersonalizadas, produtos inteligentes e serviços."[3]

Embora não tenhamos a prova da execução bem-sucedida dessa ideia, é válido reconhecer que a batalha competitiva nas soluções da fusão estará entre os líderes tradicionais da indústria e os novos participantes com competências digitais.

Sua empresa deve entrar nesse campo de batalha? Três fatores moldarão as disputas competitivas e influenciarão na decisão de seguir com as soluções da fusão.

## O crescimento do *gap* de soluções

Todo setor industrial tem um *gap*, uma lacuna de soluções: a diferença entre o que os clientes precisam e o que as melhores empresas fornecem. A maioria das indústrias chegou a um ponto em que seus produtos, serviços e sistemas atuais não podem mais aumentar o valor do negócio. A menos que novas abordagens, que reflitam as ideias centrais da fusão, sejam implementadas, o *gap* de soluções continuará a aumentar. É insustentável resolver o congestionamento urbano e entregar soluções de transporte personalizadas tendo mais carros nas ruas. É insustentável alimentar mais de 8 bilhões de pessoas no mundo com abordagens tradicionais para a agricultura e a pecuária. Não é possível tornar a assistência médica mais acessível sem a fusão da funcionalidade digital. Não é viável projetar uma vida urbana saudável e sustentável sem reformular o modo como as estruturas são planejadas do zero, com diferentes filosofias e abordagens. Se os atuais atores não conseguirem atender às necessidades dos clientes, um *gap* de soluções ainda maior e mais significativo trará novos concorrentes com as capacidades necessárias.

## A portabilidade das soluções intersetoriais

As soluções da fusão podem ser lucrativas financeiramente quando exploramos soluções existentes em outros setores industriais. Por exemplo, como as práticas bem-sucedidas do transporte urbano podem ser implementadas na agricultura? Como a *expertise* em carros autônomos de empresas como Waymo ou Cruise pode ser aplicada na mineração?

Uma equipe do projeto Mineral, do Google, está na missão de construir novas ferramentas de *software* e *hardware* para reunir diversas fontes de informação que, até há pouco, eram muito complexas e grandes para serem valiosas e úteis.[4] Para começar, a equipe coletou informações já disponíveis sobre as condições ambientais no campo. Isso incluiu dados sobre solo, clima e histórico de culturas. A equipe também usou um veículo protótipo para obter novos dados sobre como as plantas na área cresceram e se adaptaram ao ambiente. O veículo percorreu os campos, inspecionando as culturas de perto. Dados para treinar os algoritmos de ML foram coletados usando o veículo, que explorou plantações de morango na Califórnia e de soja em Illinois. Os algoritmos foram treinados com imagens de alta qualidade de plantas, frutas vermelhas e grãos.

Por dois anos, a equipe analisou inúmeras culturas, como melões, frutas vermelhas, alface, oleaginosas, aveia e cevada, do plantio à colheita. Combinando as imagens coletadas pelo veículo com outros conjuntos de dados, como imagens de satélite, dados meteorológicos e informações sobre o solo, a equipe conseguiu ter uma imagem completa do que acontecia no campo e usou ML para identificar padrões e gerar *insights* valiosos sobre como as plantas crescem e interagem com o ambiente. Pode parecer que a Mineral estava desenvolvendo capacidades semelhantes às que a Deere adquiriu com a Blue River Technologies. No entanto, a Mineral é diferente, pois ela pode acessar uma seção transversal mais ampla de IA, visão computacional e inovações em ML do que a Deere. Isso permite que o Google use abordagens digitais para resolver problemas em todos os setores.

## A atração dos diferentes ecossistemas

Soluções ecossistêmicas devem surgir a partir de dois polos. Um será digital; empresas com competências digitais (como Accenture ou Mineral) buscarão parcerias com empresas industriais tradicionais para adquirirem uma *expertise* do domínio complementar. O outro será disciplinar; líderes industriais com conhecimento disciplinar (Deere na agricultura, Honeywell na construção e no setor aéreo, Caterpillar na mineração etc.) farão parcerias com empresas digitais (como Nvidia, Taiwan Semiconductor Manufacturing Company, Microsoft ou Amazon Web Services) para acessarem uma *expertise* complementar e resolverem os problemas. É essencial observar esses ecossistemas tomando forma e ganhando impulso em diferentes setores, como os primeiros sinais de alerta das prováveis mudanças de valor.

. . .

Descrevemos quatro campos de batalha principais nos quais as empresas industriais se encontrarão à medida que a economia global ficar cada vez mais digitalizada. Suponha que elas continuem no caminho estabelecido na era analógica. Nesse caso, elas enfrentarão desafios competitivos dos concorrentes que reconhecem a necessidade dos produtos da fusão para vencerem a batalha por máquinas brilhantes, como a Tesla no setor automotivo. Assim, as indústrias devem adotar a engenharia digital para definirem a arquitetura de suas máquinas ou correm o risco de ficarem para trás. Elas devem reconhecer que ficar paradas as expõe a novos concorrentes, com novas competências. A Tabela 8.1 é uma comparação resumida das quatro etapas de execução nas quatro estratégias da fusão.

No entanto, os produtos da fusão capturam apenas uma pequena parte do valor inexplorado, conforme a fronteira da fusão abre novas possibilidades nos dois eixos. Nesse ponto, os líderes industriais têm duas opções: aprofundar-se nas operações do cliente para vencerem a corrida por resultados excepcionais e tornarem-se um estímulo integral de maior rentabilidade do cliente ou explorarem rotas alternativas nos sistemas.

A abordagem mais eficaz para vencer a corrida por sistemas da fusão é a da interação dinâmica dos grafos de dados e dos gêmeos digitais tripartidos, que devem ser profundamente incorporados nas operações do cliente. Não alcançar isso abrirá a porta para os provedores de serviço terceirizados aproveitarem as oportunidades.

O duelo dos sistemas inteligentes é relevante para toda empresa industrial conforme ela avalia continuamente como se conectar com diferentes

**TABELA 8.1**

**Etapas na execução das quatro estratégias da fusão**

| Etapa de execução | Produtos da fusão | Serviços da fusão | Sistemas da fusão | Soluções da fusão |
|---|---|---|---|---|
| **Arquitetar a oferta** | Projete o produto industrial digital orientado por grafos de dados e algoritmos para competir com máquinas analógicas. | Projete os *links* para interconectar as operações do cliente e melhorar os resultados dele. | Projete os sistemas para que diferentes máquinas operem sem problemas, mesmo que fabricadas por diferentes empresas. Rastreie e avalie dados sobre o desempenho no nível do sistema. | Ofereça soluções integrando produtos e sistemas, então adicionando o necessário para resolver os problemas do cliente. Os efeitos da rede de dados em vários cenários criam uma vantagem. |
| **Organizar para entregar valor** | Unifique a organização e os parceiros em torno dos gêmeos digitais tripartidos. Crie a capacidade de converter dados em valor de negócios. | Insira os gêmeos digitais tripartidos nas operações do cliente para fazer recomendações úteis que aumentem a produtividade dele. | Desenvolva um modo de pensar em nível de sistema que interconecte diferentes máquinas. Decida sobre os papéis da orquestração e da participação. | Use o melhor das pessoas e da IA para estruturar e resolver problemas; adote uma perspectiva de fora para dentro e do futuro para trás. |
| **Acelerar o plano** | Adicione sensores e *software* às máquinas existentes e então substitua aos poucos a base instalada por produtos da fusão. | Comece com clientes visionários, que percebam o valor da interoperabilidade. Aplique as lições aprendidas a um conjunto maior de clientes. | Crie subsistemas em torno de produtos e expanda o escopo para desbloquear benefícios em nível de sistema. | Comece com os problemas de maior valor de hoje que podem ser resolvidos com as tecnologias disponíveis, então desenvolva um plano para uma futura entrega de soluções. |
| **Monetizar para criação e captura de valor** | Aumente a confiança e reduza o risco de inatividade da máquina para os clientes. | Desbloqueie novas formas de melhorar a produtividade do cliente com grafos de dados e algoritmos. | Use sistemas integrados para desbloquear o valor antes preso nas funções organizadas em silo e nas empresas individuais. | Personalize as soluções para desbloquear o valor que seria perdido devido a ofertas incompatíveis com o escopo limitado do problema. |

sistemas ou se encarrega de projetar e gerenciar os fluxos de dados durante as operações do sistema. Empresas como a Honeywell ficam cada vez mais entrelaçadas em múltiplos sistemas sobrepostos à medida que desenvolvem uma visão abrangente e completa de seus produtos e sistemas. Essa batalha acontecerá em todas as indústrias à medida que elas digitalizam e interconectam setores adjacentes.

A batalha final está na personalização via integração de produtos e sistemas para atender às necessidades específicas do cliente com base nos *insights* acumulados ao longo do tempo. As empresas industriais com profundo conhecimento de suas máquinas e sistemas vão competir com aquelas que atuam como agentes do cliente. Vencer essa batalha exigirá *insights* profundos e domínio das ferramentas de IA.

Os quatro campos de batalha representam diferentes vetores de valor. As empresas industriais e digitais estão posicionadas para aproveitarem a oportunidade de US$ 75 trilhões existente em setores com muitos ativos físicos. A GenAI, combinada com um profundo conhecimento do domínio, promete entregar uma abordagem mais completa e multidisciplinar para estruturar e resolver problemas nos setores, incluindo o transporte personalizado, a agricultura inteligente, o conforto domiciliar e a energia sustentável. Em última análise, o poder das inovações estratégicas redistribuirá o valor entre aqueles com novas capacidades, que podem estabelecer novos relacionamentos.

Nesta parte, descrevemos não apenas as quatro estratégias, mas também a dinâmica da evolução. Toda empresa industrial deve considerar sua estratégia atual e examinar simultaneamente os caminhos evolutivos para aproveitar as novas oportunidades. O foco agora muda para os desafios de liderança para tornar a fusão parte integrante da formulação da estratégia e da execução. Fornecemos um conjunto de princípios e práticas para ajudar os líderes a começarem essa importante jornada na parte final.

PARTE III

# A CONQUISTA DA FRONTEIRA DA FUSÃO

CAPÍTULO 9

# Princípios e práticas da fusão

AVANCE PARA 2037. NÃO É MUITO DIFÍCIL DE IMAGINAR QUE O centro das atenções (digital e global, claro) esteja no modo como a John Deere, a gigante agrícola norte-americana estabelecida há exatos 200 anos, se reinventou como um dos vencedores na agricultura e na alimentação. Poucas empresas celebraram dois séculos sem ser adquiridas ou transformadas em alguma outra entidade corporativa.

Tudo começou logo depois que John May, 23 anos após entrar na empresa, tornou-se presidente e CEO, em 2020 – somente o décimo CEO, na história da Deere. Ele anunciou que a estratégia da Deere não giraria apenas em torno de máquinas. A nova estratégia "industrial inteligente" visava a transformar a agricultura e a construção.

O que chamou a atenção das pessoas foi o foco da empresa no *stack* de tecnologias inteiro para que suas máquinas pudessem ser mais inovadoras, precisas e produtivas. Sua abordagem foi combinar o *stack* de tecnologias e as soluções de ciclo de vida. Igualmente importante foi seu foco em agregar valor continuamente ao longo da vida útil de seus equipamentos para minimizar os custos e maximizar o tempo de atividade. A imaginação da empresa foi além do maquinário industrial, incluindo *hardware*, orientação, conectividade, *machine IQ* e autonomia. Sua visão de negócios focou na entrega de soluções para os clientes – o norteador da estrutura da estratégia da fusão. Sua diretiva em 2023 era: "Estamos direcionando o poder da nossa empresa para fornecer máquinas e aplicações inteligentes e conectadas, que revolucionarão os negócios dos nossos clientes, entregando valor em todo o ciclo de vida dos produtos de forma sustentável para todos."[1] Seu *slogan* atualizado, "Corremos para que a vida possa avançar", refletia a ambição da Deere de se reinventar para o futuro da fusão.

A visão de May colocou a empresa em seu curso futuro. No início de 2020, ela começou a se preparar para as próximas batalhas contra os concorrentes tradicionais e os novos, reconhecendo que suas novas competências combinariam aço e silício, físico e digital, pessoas e IA. A Deere argumentou que, se pudesse se tornar o parceiro de confiança dos produtores rurais durante todo o ciclo de vida agrícola (preparar, plantar, proteger, colher e gerenciar), poderia desbloquear um valor econômico adicional de US$ 40 por acre.[2] Uma vez que o valor é revelado, a distribuição dele depende da natureza das relações entre as empresas industriais e o comprador (ou seja, o produtor). Para se tornar o parceiro de confiança, a Deere precisava combinar sua *expertise* em máquinas industriais com *insights* de grafos de dados e algoritmos. Essa combinação era necessária para usar os efeitos da rede de dados de seus milhões de máquinas e peças de equipamentos operando no campo. Então, se a empresa desbloqueasse com sucesso o valor adicional, poderia reivindicar legitimamente uma parte justa.

A Deere embarcou em uma jornada para se tornar mais profundamente integrada nas operações do cliente. Ela definiu uma meta de 500 milhões de acres engajados (definidos como acres com, pelo menos, uma operação rastreada digitalmente pelo cliente na plataforma digital da Deere em um período de 12 meses), com 50% destes altamente engajados (acres com múltiplas operações rastreadas digitalmente pelo cliente na plataforma da Deere no período de um mês) e, pelo menos, 1,5 milhão de máquinas conectadas em 2026.[3] Ela já vinha investindo no projeto de conectividade desde os anos 2010. Focando nos dados para impulsionar a agricultura, as soluções da Deere "capacitariam os clientes a alcançarem suas aspirações, a fazerem seus trabalhos com mais precisão e produtividade por meio da tecnologia avançada, bem como a tomarem melhores decisões com base nos dados."[4]

Será que a história dirá como a Deere redefiniu os tratores e as máquinas industriais na interconexão do aço e do silício para se refazer no seu terceiro século? A competição, claro, terá uma influência significativa no sucesso que a Deere pode obter no nexo entre o seu próprio desempenho e a produtividade do cliente. Analistas e observadores documentarão a precisão com a qual a Deere aproveita os avanços da ciência para pressionar a fronteira da sustentabilidade sem sacrificar a rentabilidade. A Deere será o modelo da reinvenção industrial digital ou outras empresas estabelecidas abrirão vantagem na liderança que a Deere construiu em 2024?

Embora seja impossível prever o futuro, temos certeza de que os vencedores adotarão alguns, se não todos, princípios e práticas que descrevemos a seguir. O futuro cenário competitivo para as indústrias será diferente – inexplorado e desconhecido. Os campos de batalha serão diferentes, com novos concorrentes tendo novas competências adequadas ao futuro da fusão. Se a Deere e outras empresas estabelecidas do setor vencerem, será preciso um novo manual de estratégia. Elas devem avaliar com urgência a relevância das competências existentes, descartar as práticas ultrapassadas e adotar a lógica da era digital. E devem adotar novos princípios e empregar novas técnicas.

## Primeiro princípio: desbloqueie o novo valor comercial em vários estágios

A fusão integra conhecimento científico avançado e tecnologia digital de ponta, transformando as batalhas competitivas, criando novos caminhos para desbloquear valor e oferecendo novos métodos para capturar valor. As práticas da era analógica tinham um teto na criação de valor, pois eram restritas por limites comerciais rígidos, margens funcionais e fronteiras organizacionais. Agora, os líderes seniores inovadores veem de imediato o brilho das ideias isoladas que poderiam desbloquear o valor oculto, mas reconhecem que isso provavelmente acontecerá em vários estágios. Múltiplas tecnologias devem amadurecer e convergir para revelar a maior parte do valor escondido. Esperamos que as empresas e os segmentos industriais vejam diversas trajetórias: o que funcionou para a mobilidade pessoal pode não funcionar para a logística comercial ou a agricultura; o que pode funcionar nos Estados Unidos pode não ser traduzido diretamente em outras partes do mundo. Embora a disrupção digital esteja pronta para desestabilizar todos os setores nos próximos 10 ou 20 anos, as rotas para a redistribuição de valor permanecem inexploradas. Para navegar nesse terreno, é obrigatório estabelecer e melhorar duas práticas analíticas.

## Deixe as centenas de experimentos florescerem

É indefinido e desconhecido o processo de revelar o valor que ainda está escondido, especialmente nesse período incerto que vivemos, e por isso é necessária uma experimentação estratégica disciplinada. A Deere pretende desbloquear, em média, um ganho de produtividade de US$ 40 por acre, mas os meios e os mecanismos precisos para chegar a isso ainda devem ser descobertos, e provavelmente serão muito diferentes para cada cliente, que tem que lidar com condições diversas. A Deere deve experimentar meticulosamente, combinando tecnologia digital e processos organizacionais para desenvolver rotinas específicas, que liberam o valor de negócio nos diferentes cenários do cliente. Esses experimentos lhe permitirão criar um caminho envolvendo sensores, *software* e periféricos necessários para melhorar o desempenho das máquinas existentes e, ao mesmo tempo, gerar *insights* para projetar a próxima geração de equipamentos.

Experimentos ajudam as empresas a aprimorarem suas práticas atuais e adaptarem-se para o futuro em diferentes horizontes temporais. O desafio está em encontrar o sucesso nas batalhas de hoje (horizonte 1: de um a três anos) enquanto se prepara para os futuros campos de batalha (horizonte 3: mais de sete anos). No entanto, surgem desafios comerciais significativos no horizonte temporal intermediário (horizonte 2: três a sete anos). Os CEOs devem decidir quando abandonar as práticas tradicionais e com que rapidez adotar novas práticas, que provavelmente serão a base do futuro negócio. Para a Deere, as decisões do horizonte 2, de médio prazo, envolvem equilibrar a evolução de suas máquinas e a integração digital dentro das operações do cliente, incluindo as interconexões com máquinas e equipamentos não fabricados pela Deere e que compõem os sistemas agrícolas.

O sucesso da Deere em sua estratégia industrial inteligente depende da preservação das capacidades essenciais para a criação de valor e a captura no horizonte 1, ao mesmo tempo mudando aquelas que provavelmente são menos relevantes para o horizonte 3.[5] Ela deve identificar com precisão o momento dos pontos futuros de interrupção, ou seja, onde as melhores práticas anteriores podem perder sua relevância. Além disso, deve determinar criteriosamente quais práticas abandonar, a fim de garantir que o risco de perder habilidades e conhecimentos valiosos seja minimizado. Planejando experimentos coordenados, inclusive simulações orientadas por dados nos três horizontes, a Deere pode identificar e realocar os recursos improdutivos dos modelos de negócios obsoletos para aqueles que desbloqueiam o novo valor comercial.

## Seja o melhor na abordagem de *backcasting*

Fazer previsões, ou *forecasting*, embora seja algo relativamente simples e direto, pode também ser limitante, uma vez que fazemos projeções a partir de informações gerais e tendemos a perpetuar os vieses existentes – pode ocorrer, por exemplo, uma tendência a superestimar o efeito de uma tecnologia no curto prazo e a subestimar seu impacto no longo prazo.[6] Além disso, o *forecasting* é mais útil sob condições previsíveis. Por outro lado, o *backcasting*, ou seja, o planejamento a partir de um futuro desejado, determinando as etapas necessárias para alcançar esse futuro, é mais desafiador, porém essencial, quando as empresas enfrentam mudanças descontínuas e não lineares na tecnologia, nos clientes e nos concorrentes; a descontinuidade provoca uma disrupção nos nichos de valor estabelecidos. O *backcasting* também ajuda as empresas a determinarem onde o valor do negócio poderia ser criado e capturado por meio de um trabalho "da frente para trás", ou *backward*, fazendo-se projeções a partir de diferentes futuros possíveis, em vez de para frente a partir do presente.

Trabalhando para atrás a partir de 2037, a Deere deve levar em conta o papel da eletrificação de suas máquinas. É muito provável que a popularidade dos carros elétricos e dos caminhões se propagará para tratores e equipamentos de construção. Dois pontos a considerar: primeiro, os sistemas de direção autônoma e a eletrificação dos carros poderiam impactar diretamente a arquitetura dos tratores e dos equipamentos de construção;

segundo, a eletrificação poderia reduzir indiretamente a demanda por milho, um ingrediente-chave do etanol, que alimenta os motores de combustão interna tradicionais. Se a demanda por etanol diminuir na próxima década ou na seguinte, como a Deere poderia ajudar os produtores que cultivam milho a gerenciarem sua transição para outras culturas? Isso é mais do que a Deere poderia fazer como fabricante de máquinas industriais, mas sem dúvidas é algo que ela deve fazer como uma empresa de soluções. O *backcasting* revela as conexões a partir de sinais fracos nos horizontes temporais, permitindo uma compreensão mais abrangente dos futuros cenários do negócio, modelada pela convergência de múltiplas tendências e tecnologias.

Adotando uma perspectiva de fora para dentro, o *backcasting* facilita uma maior compreensão da interseção das tecnologias emergentes e da evolução das necessidades dos clientes para desbloquear o valor oculto. A Deere deve acompanhar os avanços em áreas adjacentes, como sementes e fertilizantes, que poderiam se tornar relevantes e influenciar o conjunto de sensores e *software* em suas máquinas. Essa abordagem de *backcasting* pode ajudar uma empresa a identificar os pontos de interrupção do fluxo de valor, focando nas mudanças da fonte de lucros, em vez de nos avanços tecnológicos. Mapear as mudanças nas fontes de lucro fornece *insights* valiosos sobre os atores que poderiam tanto surgir como parceiros de negócios essenciais quanto reordenar a distribuição e o compartilhamento de valor que as mudanças digitais desbloqueariam.

Para o *backcasting* ser eficiente, as empresas devem fazer uma transição da lógica que considera uma descrição geral do futuro para uma lógica que tem uma visão específica desse futuro. Isso significa antecipar as possíveis mudanças (p. ex., quando e como as montadoras colocariam sua tecnologia e *expertise* na agricultura) e determinar as ações necessárias (p. ex., fazer parcerias e investimentos de capital). Além disso, o *backcasting* deve delinear vários futuros com diferentes *breakpoints* (pontos de ruptura) e *timings*, com base em possíveis combinações de tecnologias analógica e digital. A integração perfeita do silício e do aço ocorrerá de forma diferente em todos os setores. Portanto, explorar trajetórias alternativas futuras por meio do *benchmarking* de áreas adjacentes possibilita às empresas estabelecidas gerenciarem com eficiência sua capacidade de defender os lucros atuais, enquanto buscam novos nichos de valor.

## Segundo princípio: projete com a inteligência colaborativa em mente

Embora a estrutura organizacional de um negócio da fusão permaneça em fluxo, um princípio de projeto subjacente está ficando claro. É inútil tratar a inteligência humana como algo separado da inteligência da máquina; ver esses dois recursos de forma independente é ineficiente. Toda função e atividade serão aumentadas pelo trabalho conjunto de seres humanos e máquinas, expresso em duas palavras simples: inteligência colaborativa. As empresas devem mudar da mentalidade que enxerga a IA como inteligência *artificial* e passar a pensar nela como inteligência *aumentada*.

Até agora, está bem claro que mesmo as pessoas mais inteligentes não serão tão eficazes sem poderosas ferramentas digitais. Toda batalha competitiva exigirá que os vencedores disponham das melhores armas, que reflitam essa inteligência colaborativa. Humanos e máquinas vão colaborar a fim de cocriarem grafos de dados avançados e gêmeos digitais para identificarem padrões antes indetectáveis. Os algoritmos encontrarão padrões fortes, capazes de desbloquear valor em situações únicas, que podem ser um desafio para os seres humanos analisarem.

Os projetistas organizacionais delegarão cada vez mais as tarefas que requerem muito poder computacional às máquinas, concentrando sua atenção nos processos de tomada de decisão com os quais as máquinas ainda não conseguem lidar.[7] Quando solicitados a classificar os três recursos essenciais para o sucesso da transformação digital (finanças, tecnologia e ser humano), todos os líderes industriais priorizam os recursos humanos. As indústrias devem requalificar seus talentos e posicionar-se estrategicamente para atrair novos. Para facilitar essa transição, duas práticas essenciais devem ser empregadas.

### Treine novamente a força de trabalho

Uma das tarefas mais desafiadoras é articular a escala, o escopo e a velocidade de transição do estágio familiar a todos, no qual seres humanos e máquinas operam de forma independente. A maioria dos trabalhadores nas empresas industriais, mesmo aqueles com formação técnica, não é muito versada no modo como os algoritmos avançados poderiam ajudá-los a realizarem seus trabalhos com mais eficiência. Ao mesmo tempo, toda disciplina técnica está sendo reinventada com dados e IA, especialmente a IA Generativa (GenAI). Até as pessoas que se formaram recentemente acharão que sua *expertise* está ficando obsoleta. Empresas como a Deere há tempos reconheceram a importância do treinamento técnico (a Deere, p. ex., iniciou um programa de treinamento em 1989). Hoje, todas as empresas devem ampliar esse olhar, buscando a educação e o treinamento de toda a sua força de trabalho, com foco na natureza colaborativa de seres humanos e máquinas.

Nossas conversas com as empresas revelaram sua crescente atenção no treinamento de especialistas em segurança cibernética, *blockchain*, computação em nuvem, IA avançada e outras tecnologias digitais. Esse é um bom começo, mas é necessária uma compreensão maior e mais completa de onde e como o ser humano e a inteligência da máquina se cruzam, e o que precisa ser feito para ser produtivo agora. Defendemos um treinamento mais geral sobre como os algoritmos da GenAI complementam as habilidades humanas.

Construir gêmeos digitais tripartidos com dados em movimento, coletados e analisados em tempo real, é o novo desafio. Mas essa tarefa precisa ser entendida por um grupo amplo de gerentes. Projetar bancos de dados com estruturas gráficas que usam análise preditiva para desenvolver soluções personalizadas é uma tarefa nova. Alguns trabalhadores podem se destacar nos detalhes técnicos, mas todos devem ser proficientes na utilização desses bancos de dados para obter *insights*. Nem todos talvez tenham experiência técnica com a GenAI, mas todos devem ser proficientes em usar as ferramentas disponíveis para serem mais produtivos. Unir produtos e equipamentos de diferentes concorrentes em domínios distintos e tornar o fluxo de dados perfeito em sistemas complexos está se tornando uma nova competência crítica.

Gerenciar centros de operações industriais com a mesma velocidade e eficiência das operações de tecnologia modernas, como as do Google e da Amazon, requer uma nova disciplina. As pessoas conseguem fazer isso e muito mais apenas quando estão em parceria com máquinas; ao mesmo tempo, as máquinas precisam das informações e do envolvimento das pessoas. As indústrias devem colocar essas parcerias em máxima prioridade, uma vez que há muita confusão sobre quando e como a tecnologia poderia causar um nível de desemprego significativo. Investimentos na formação da mão de obra em inteligência colaborativa terão um retorno imediato e considerável.

## Recrute os talentos de amanhã

A ênfase no modo como seres humanos e máquinas colaboram para acelerar a inteligência colaborativa vai evoluir. Portanto, o treinamento da mão de obra hoje é um começo, mas não o fim. A base de talentos mudará conforme as indústrias ficarem digitais e será outra conforme a escolha de onde e como competir mudar.

Em seu Dia da IA, que promove uma vez ao ano, a Tesla mostra suas ofertas exclusivas, revela os avanços tecnológicos, como *chips* patenteados, e apresenta as equipes digitais montadas para impulsionar a inovação. Mas o público real do Dia da IA não são os observadores do setor, nem os analistas financeiros – são os futuros funcionários. Se você perguntasse à Mercedes--Benz, à Volkswagen, à Ford e à GM sobre suas prioridades em termos de talentos, as respostas seriam contratar engenheiros de *software* de alto nível e especialistas em IA que talvez não considerariam trabalhar nas empresas industriais em um primeiro momento. As indústrias devem recrutar pessoas que veem que seu papel é colaborar com as máquinas, aprender continuamente e ser os primeiros divulgadores.

Se a Deere for o centro das atenções em seu 200º aniversário, esperamos que a empresa tenha uma base de talentos diferente em relação ao que tinha quando a estratégia industrial inteligente foi anunciada, em 2020. Provavelmente terá um forte quadro de cientistas de dados especializados, que aprimoram seus algoritmos patenteados para tornar a agricultura produtiva e sustentável. No entanto, é necessário mais. A Deere deveria recrutar talentos que podem combinar perfeitamente sua *expertise* com as tecnologias digitais no topo da competência profissional. E os especialistas estariam confortáveis e dispostos a trabalharem com os cientistas de dados para desbloquearem o valor do negócio. Assim, a base de talentos da Deere corresponderia às suas aspirações conforme a empresa continua a evoluir para além de um foco histórico em máquinas e se torna uma provedora de soluções confiável para seus clientes.

Aos poucos, a Deere estenderia a lógica da inteligência colaborativa para além de seus limites corporativos e para os parceiros críticos em seu ecossistema. À medida que as tecnologias digitais se desenvolvem e ficam mais poderosas e autônomas, elas serão integradas em várias funções e envolverão provedores, revendedores, distribuidores e parceiros. Os líderes devem utilizar a evolução do *stack* de tecnologias para desbloquear valor, equilibrando proativamente os direitos de decisão e a autoridade entre pessoas e máquinas e garantindo que os parceiros críticos acompanhem o ritmo. Quando as tecnologias da GenAI forem mais prevalentes nos diferentes setores, os líderes deverão pressionar continuamente os limites do que deve ser delegado aos algoritmos e do que deve ser feito em colaboração.

Os vencedores serão definidos por sua capacidade de fazer toda a organização, incluindo seus ecossistemas estendidos, reconhecer e responder ao poder da inteligência colaborativa e à rápida evolução. Eles terão equilibrado as velocidades de requalificação e recrutamento.

## Terceiro princípio: viva (e cresça) nos ecossistemas

Além da inteligência colaborativa entre humanos e máquinas, outra forma de cooperação assume o protagonismo conforme as batalhas competitivas mudam do foco em usar máquinas inteligentes para o foco em resolver os problemas do cliente. As redes de relacionamentos entre as empresas de diferentes setores acabam eliminando as fronteiras tradicionais. Nesse contexto, o sucesso dependerá da criação de alianças, parcerias, ecossistemas e consórcios; da cooperação com aliados; e da formação de novos padrões de relações comerciais digitais. Os vencedores serão "nós como empresas" em vez de "eu como empresa", com uma vantagem competitiva decorrente de suas posições nos ecossistemas sobrepostos que criam ou aos quais se unem.

É uma mudança significativa para os setores historicamente monolíticos, com tecnologias patenteadas, que preferiam uma demarcação clara entre competição e cooperação. O mundo digital exige competição e interconexão por meio dos ecossistemas, trabalhando em estreita colaboração com os clientes e conquistando sua confiança. Isso requer ter acesso privilegiado aos dados dos clientes, incorporar-se profundamente nas operações deles e construir a confiança necessária para prescrever ações que tenham impacto sobre a rentabilidade. Duas práticas são essenciais para alcançar essa nova dinâmica.

### Estruture os ecossistemas hoje

A receita e os lucros de uma empresa dependem do quanto ela utiliza seus parceiros para complementar suas competências internas. Para a Deere, isso implicaria assegurar que seu portfólio de parceiros, incluindo os parceiros de canal, os parceiros de tecnologia e os envolvidos na agricultura de precisão – sobretudo alguns de seus prováveis e futuros concorrentes, como Monsanto e AGCO –, seja estruturado para maximizar os lucros. Além disso, seria preciso explorar o papel dos parceiros em relação a a sensores, *software*, imagens de satélite e mapeamento de campo, bem como especialistas em lidar com a interoperabilidade dos dados. Esses são parceiros desconhecidos cujas competências serão necessárias para ajudar a Deere a acelerar sua transformação de um fabricante de máquinas e equipamentos analógicos para um líder que usa amplamente os gêmeos tripartidos na digitalização de todo o ciclo de vida de seu produto, com dados em movimento alimentados em grafos de dados para revelar formas de melhorar continuamente o desempenho do produto.

O portfólio de parcerias nessa primeira fase de transição fornece uma base sólida enquanto a Deere delineia as responsabilidades para gerenciar as diferentes relações de forma coordenada. Historicamente, alguns relacionamentos teriam sido tratados pela função de compras, com seus protocolos e regras-padrão; enquanto outros poderiam estar dentro da função de *marketing* e serviços, com suas próprias métricas de desempenho e procedimentos de supervisão. Nosso manual de estratégia exige que os relacionamentos sejam estruturados e gerenciados de modo coordenado para que os dados das máquinas em campo fluam aos diferentes parceiros quando necessário. A Deere não teria sucesso confiando apenas em suas competências internas, mas otimizando a coordenação com seu portfólio de parceiros. E o portfólio é gerenciado não apenas para projetar e entregar máquinas, mas também para monitorar seu desempenho em campo ao longo de seus ciclos de vida. Esse novo princípio orientador deve ajudar a Deere a adotar uma abordagem de parceria coordenada, em vez de tratar as diferentes parcerias como acordos comerciais independentes.

## Adapte os ecossistemas para o amanhã

Nossa estrutura estratégica é dinâmica, o que implica que o portfólio de relacionamentos vai e deve mudar, sendo este processo o foco dessa prática. A Deere deve desenvolver novas relações com solo, sementes, fertilizantes, produtos químicos, água, clima e seguradoras para realmente avançar nas soluções da fusão. Conforme a empresa explora novas trajetórias na matriz da estratégia da fusão, ela precisa avaliar quais novas competências deve internalizar (com aquisições ou desenvolvimentos internos) e quais deve acessar com parcerias. As fronteiras da fusão e as batalhas competitivas emergentes transformam o portfólio de competências que uma indústria desenvolveu ao longo do tempo. Elas transformam relacionamentos críticos em fatores de manutenção, necessitam de novas capacidades à medida que as tecnologias ganham viabilidade comercial e fornecem uma futura proteção contra os concorrentes desconhecidos com tecnologias novas, não comprovadas.

Nosso manual sugere que os líderes analisem os ecossistemas para entenderem as possíveis trajetórias e o momento de mudança de um campo de batalha para outro (p. ex., de máquinas brilhantes para o duelo dos sistemas inteligentes). Quais parcerias podem ajudar a Deere a se tornar um líder com sistemas de agricultura de precisão além de seu portfólio de máquinas? Quais capacidades devem ser otimizadas antes de a Deere mudar sua estratégia? Onde poderia avançar em suas colaborações com a funcionalidade de nuvem da Microsoft e a GenAI para aprimorar sua ontologia do modo como as complexas inter-relações na agricultura de precisão poderiam ser utilizadas para entregar soluções personalizadas? O que ela poderia fazer para melhorar sua parceria com a Amazon Web Services e evoluir a funcionalidade de seu centro de operações? A Deere deveria fazer um investimento de capital menor nas empresas satélites para garantir que seus milhões de máquinas (mais as máquinas de seus parceiros) transmitam sem parar dados de volta ao centro de operações, enquanto também aproveita a conectividade por satélite para ajustar remotamente as máquinas no campo?[8]

Devido às oportunidades em constante mudança e aos desafios das tecnologias digitais, as empresas devem reequilibrar continuamente seus relacionamentos e ecossistemas. É essencial avaliar proativamente as principais tendências e reagir rápido aos movimentos do mercado, conforme os concorrentes reestruturam suas parcerias e ecossistemas para terem vantagem.

O *backcasting* pode ajudar a determinar como os relacionamentos devem ser reequilibrados em um ecossistema. Por exemplo, se a tração elétrica dos caminhões pode ser adaptada para as máquinas agrícolas e de construção em uma arquitetura modular, como mudar o cenário competitivo e as estruturas de custo? A Deere deveria fazer testes para entender as vantagens e os desafios em vez de esperar que um protótipo seja mostrado em uma feira? Lidar com essas questões pode ajudar as empresas a adaptarem proativamente seus ecossistemas.

## Quarto princípio: estimule os líderes da fusão

Os líderes da fusão combinam os melhores atributos das organizações tradicionais e das nativas digitais. A transformação digital industrial é diferente de tudo que a precedeu nas últimas décadas. Nossa lógica dos quatro campos de batalha – e as estratégias vencedoras correspondentes em cada um – requer líderes que percebam que o momento pede reinvenções fundamentais, e não ajustes incrementais.

Em nossa pesquisa, identificamos as principais características da liderança. Indivíduos que têm essas qualidades aceitam os legados tecnológicos e gerenciais de sua empresa, reconhecendo que o sucesso do passado não garante um futuro próspero. Eles desafiam vieses profundamente enraizados e abraçam a tecnologia digital para transformar cada aspecto do negócio. Podem não ser grandes especialistas, mas compreendem o impacto e o poder das tecnologias digitais em mudar o cenário competitivo e reescrever as regras da criação e da captura de valor. Eles entendem intuitivamente o poder dos dados e dos *insights* a partir de dados que podem ser obtidos por meio de algoritmos. Eles estão abertos a ideias orientadas por dados, que podem desafiar sua sabedoria e rotinas anteriores. São pensadores sistêmicos que conectam habilmente os pontos para articular uma visão futura e efetivamente comunicar suas oportunidades e desafios. A pergunta, então, é como desenvolver e estimular tais líderes. Duas práticas devem ser implantadas.

### Cultive o pensamento da fusão nos executivos seniores

Sem surpresa, a liderança da fusão começa no topo. Mas a maioria das equipes da alta gerência nas indústrias tem opiniões diferentes sobre escala, escopo e velocidade da digitalização. Essa falta de alinhamento tem como resultado direto a má alocação de recursos escassos. Muitas vezes, a equipe aloca em excesso os recursos para atividades de rotina e competências históricas e poucos recursos para iniciativas que possam definir o futuro. Há uma tendência inicial de acreditar que as tecnologias digitais afetarão apenas algumas partes do negócio e, portanto, não têm alta prioridade. Então, algumas equipes se contentam em delegar a implantação das estratégias da fusão para a função de TI ou, na melhor das hipóteses, criar equipes específicas para esse fim. O que consideramos mais importante é ter uma visão compartilhada de como, quando e onde o digital impulsiona a estratégia e muda as batalhas competitivas. Essa visão unificada assegura uma lista comum de prioridades estratégicas e a destinação de recursos associada nos horizontes temporais discutidos antes.

Os líderes da fusão garantem que todas as funções na organização entendam o poder transformador da digitalização e as concessões que devem ser feitas nas funções para planejar as novas bases para o futuro. John May fez isso na Deere para garantir que a estratégia industrial inteligente não fosse apenas um *slogan* de *marketing* e que todos os executivos seniores estivessem totalmente comprometidos com a nova visão. Ao contratar o parceiro Boston Consulting Group, que ajudou a articular essa estratégia para ser o novo presidente de soluções do ciclo de vida, da gestão de suprimentos e do sucesso do cliente, May comunicou a necessidade e a importância de trazer líderes externos que façam a ponte entre os domínios empresarial e digital.

## Insira o pensamento da fusão em toda a organização

Estabelecer uma visão unificada dos futuros da fusão nos executivos seniores é um excelente começo, mas o sucesso depende de todos seguirem a direção e o ritmo da transformação. Como a transformação digital envolve mudar os processos dos negócios, as mentalidades e a cultura, ela é feita com mais eficiência quando não ocorre simplesmente de cima para baixo. Quanto mais gerentes aprendem a usar os princípios das estratégias da fusão, mais provável que a mudança aconteça mais rápido e com menos atrito e confusão.

Por consequência, é urgente requalificar o talento interno em todos os níveis e funções, preparando-os para o futuro da fusão. Os primeiros sinais de alerta são percebidos quando o abismo histórico entre as disciplinas tradicionais e as tecnologias digitais continuam a operar. Para superar isso, eduque e requalifique os funcionários na interseção de suas habilidades de domínio tradicionais e tecnologia digital. Capacite-os para trabalharem com tecnologias que automatizam suas atividades atuais, permitindo que sua *expertise* seja aplicada onde as máquinas podem não ser tão eficazes. Implemente *hackathons* (maratonas de programação) e outras iniciativas de inovação para informar a todos sobre as possíveis mudanças de tecnologia. E mais, posicione a organização no mercado de talentos como estando na vanguarda da adoção de tecnologias, criando uma percepção positiva entre os possíveis funcionários.

## Quinto princípio: siga seu indicador de desempenho da estratégia

A fusão muda o cenário competitivo, levando as empresas à transição de produtos para serviços, sistemas e soluções. Na ausência de um indicador de desempenho estratégico, com métricas e prazos específicos, existe uma grande probabilidade de os esforços transformacionais fracassarem. Advertimos as empresas contra o uso de indicadores de desempenho genéricos (ou de seguir impensadamente os indicadores de outra empresa) e destacamos a importância de desenvolver um indicador que reflita as aspirações da empresa, os pontos de referência, os recursos e os marcos-alvo.

É essencial considerar tanto o que a empresa exclui quanto o que inclui. As métricas devem ficar mais na defesa da atividade principal do que na busca de novas oportunidades? O indicador de desempenho considera o impacto da tecnologia digital sobre os produtos, os processos e os serviços e sua possível obsolescência? Existem métricas que rastreiam os clientes mais desejáveis para serviços e soluções? A empresa focou o suficiente na identificação dos parceiros atuais e futuros que podem contribuir com os lucros imediatos e o sucesso de longo prazo em vários cenários da fusão? Duas práticas devem ser instituídas.

## Use métricas condizentes com as batalhas

As empresas costumam usar metas vagas como "Almejamos ser o líder do mercado" ou "Queremos ser o número um". No entanto, os indicadores de desempenho devem ser precisos, garantindo que todos conheçam os critérios, as realizações e os *gaps*. Ao iniciar as quatro batalhas de estratégia, as empresas devem fornecer à organização inteira uma compreensão das métricas de sucesso de curto e longo prazo. Muitas vezes, os líderes comunicam "quais" métricas sem o "porquê". A implementação será ineficaz se os quais e o porquê não forem articulados claramente. Para a Deere, isso significa que as métricas não devem focar no número de máquinas vendidas ou na rentabilidade pós-venda dos serviços, mas no impacto na produtividade e na rentabilidade do cliente em relação a um portfólio de culturas e ao uso sustentável de recursos escassos a longo prazo.

Privacidade e segurança são métricas particularmente relevantes quando as máquinas se interconectam através de diferentes fronteiras. As indústrias devem conquistar a confiança dos clientes e dos parceiros, salvaguardando seus dados e demonstrando um compromisso com a segurança desses dados. A privacidade e a segurança dos dados industriais podem fornecer uma vantagem competitiva; rastreie continuamente as falhas e mostre as métricas para ter a confiança do cliente.

A quantificação tem limites e não consegue identificar as mudanças surpreendentes. Os indicadores de desempenho da fusão devem permitir que os *stakeholders* apresentem sinais atípicos ou fracos, indicando descontinuidades. As inovações digitais normalmente surgem nessas interseções, e a identificação precoce pode ajudar as indústrias a tirarem proveito da vantagem de serem quem dá o primeiro passo.

## Mude quando as métricas mudarem

Usar a fusão como uma lente estratégica ajuda as indústrias a pensarem sobre sua evolução, indo de provedores dos produtos da fusão para provedores das soluções da fusão conforme as batalhas da estratégia evoluem. Essas mudanças devem ser planejadas e executadas com base em métricas. As empresas devem assegurar que os indicadores de desempenho rastreiem os parâmetros que indicam quando a estratégia atual está sob estresse porque os mercados ou os concorrentes mudaram, e quando outras estratégias da fusão se tornaram possíveis e rentáveis. À medida que a Deere muda de abordagem para se tornar uma empresa de soluções, por exemplo, as métricas também devem mudar, enfatizando as percepções dos clientes sobre a Deere como um parceiro estratégico confiável, em vez de perceber a empresa como provedora de várias máquinas operando em diferentes locais.

. . .

A Deere já está usando serviços da fusão, com um *stack* de tecnologias que evoluiu de forma constante ao longo dos últimos 25 anos. Ela não está, de forma alguma, atrasada para a transformação industrial digital, embora as ações de May nos últimos anos tenham evidenciado ainda mais as futuras aspirações da empresa. A apresentação para investidores da empresa em 2022 mostrou a evolução no *stack* de tecnologias nas cinco camadas distintas: *hardware* e *software*, orientação, conectividade e soluções digitais, automação e autonomia. Se fôssemos refletir sobre os princípios fundamentais da estratégia da fusão e extrapolássemos o *stack* de tecnologias, adicionaríamos grafos de dados e IA para alimentar a mudança de máquinas inteligentes (a posição distinta e atual da Deere no mercado) para soluções da fusão (sua ambição declarada). Essas duas camadas, adicionadas em momentos apropriados nos próximos anos, ajudariam a Deere a se tornar o centro das atenções em 2037. Nosso argumento é simples e se aplica a toda empresa industrial: pensar para além de fazer suas máquinas operarem de forma autônoma e construir uma rede de máquinas que transmitam dados para serem alimentados em poderosos algoritmos de IA, obtendo prescrições contextualmente relevantes, que desbloqueiam um valor significativo que permanece preso hoje.

## Fusão à frente

Os CEOs das empresas industriais com muitos ativos físicos devem perceber que agora é a hora de aproveitar as oportunidades apresentadas pelos campos de batalha da transformação digital: a batalha por máquinas brilhantes, a corrida por resultados incríveis, o duelo dos sistemas inteligentes e o choque das soluções personalizadas. Esses campos de batalha mudarão ao longo do tempo em diferentes setores, mas todos eles oferecem oportunidades para as indústrias capturarem uma parte justa do valor. Os líderes empresariais devem desenvolver a capacidade de reconhecer os sinais que indicam a atratividade relativa dos diferentes campos de batalha, entender os movimentos competitivos e os desenvolvimentos da tecnologia e tomar medidas decisivas para garantirem uma vantagem competitiva no cenário da fusão, que está em constante evolução.

Na batalha por máquinas brilhantes, reconheça que a arquitetura que prioriza o digital acabará vencendo. Veja se seu plano leva isso em conta à medida que você ajusta seus investimentos na fusão das tecnologias avançadas para elevar o desempenho e as capacidades de seus produtos.

Na corrida por resultados incríveis, concentre-se em incorporar sua organização profundamente nas operações do cliente, aproveitando os dados e as análises para impulsionar a excelência do serviço e a rentabilidade do cliente. Fazendo isso, você se tornará insubstituível quando comparado às alternativas sem muita *expertise*.

Navegue pelo duelo dos sistemas inteligentes determinando seu papel nos ecossistemas interconectados e sendo ágil na arquitetura e na gestão dos fluxos de dados dentro desses sistemas. Você também deve adaptar o papel da sua empresa conforme as formas dos sistemas mudam.

Por fim, no choque das soluções personalizadas, equipe sua organização com o poder da GenAI e o profundo conhecimento do domínio para criar ofertas personalizadas, que atendam às necessidades dos clientes em tempo real.

Chegou a hora de ser decisivo. Dados e IA não são as oportunidades do amanhã; são os desafios do hoje. Em nossas conversas com os CEOs das empresas industriais, surge um fio condutor: eles sabem que o digital fará uma disrupção e reordenará o cenário competitivo. Eles reconhecem que devem se tornar digitais primeiro, dando mais atenção aos dados e à IA. Isso não é mais questionado nas salas de diretoria. As únicas divergências são em torno do tempo e da velocidade das realocações de recursos: com que rapidez devemos renunciar às competências de ontem e construir novas para o amanhã, com que rapidez devemos desistir das relações que podem não ser tão críticas para o futuro e com que rapidez devemos fazer uma reforma do portfólio de talentos.

Os CEOs devem abordar e resolver esses problemas imediatamente. A Tabela 9.1 resume a diferença entre a estratégia do *futuro* (a abordagem da fusão) e a estratégia *atual* (a abordagem tradicional). O futuro da fusão

**TABELA 9.1**

**Como a estratégia *atual* difere da estratégia do *futuro***

| Categoria | Estratégia *atual* (tradicional) | Estratégia do *futuro* (da fusão) |
|---|---|---|
| Dinâmica do crescimento | Linear, gradual, dentro dos limites da indústria | Não linear, exponencial, cruzando as fronteiras da indústria |
| Cenário competitivo | Concorrentes conhecidos com modelos de negócio parecidos, focados em produtos como projetados e entregues | Nativas digitais como concorrentes, com novas capacidades focadas nos produtos como usados |
| Escala e eficiência | Ativos físicos; escala baseada na produção | Ativos da informação; escala baseada em dados |
| Expansão do escopo | Extensões do mercado de produtos; integração vertical por meios de incorporações e aquisições | Competências dos grafos de dados; integração virtual através da integração dos dados e das parcerias |
| *Insights* do cliente | Pesquisas *ad-hoc*; melhoria operacional; *insights* limitados aos pontos de compra | Observações em tempo real; diferenciação competitiva; *insights* a partir dos vínculos com os resultados do cliente |
| Efeitos da rede | Efeitos diretos e indiretos da rede | Efeitos da rede de dados |
| Estratégia de dados e da IA | Melhor eficiência, bancos de dados independentes, sistemas de registros, engajamentos; centrada na empresa; focada em uma empresa; IA para eficiência operacional | *Insights* em tempo real, bancos de dados integrados, sistemas de grafos de dados; centrada na rede; focada nas empresas e em seus ecossistemas de parceiros e clientes; IA para a diferenciação estratégica |

não é uma extrapolação linear do passado industrial. As competências essenciais de hoje não serão suficientes para vencer amanhã.

As empresas de sucesso desaparecem porque investem demais no que elas são boas hoje e pouco no que precisam para ser boas amanhã. O futuro da fusão traz esse desafio para frente e para o centro, obrigando você a agir. Inspire-se nas palavras atribuídas a Leonardo da Vinci: "Fico impressionado com a urgência do fazer. O saber não é suficiente; devemos aplicá-lo. Ter a disposição não é suficiente; devemos fazer".

APÊNDICE

# Uma nota sobre as bases acadêmicas e um chamado à ação

**A** NOSSA COLABORAÇÃO É EM SI UM EXEMPLO DE FUSÃO: CONECTA os interesses de VG em estratégia e inovação com a busca de longa data de Venkat de transformar o digital em um propulsor da criação de valor. Pessoas com interesses aparentemente díspares se unem neste livro.

Historicamente, os campos acadêmicos da estratégia e da tecnologia da informação têm operado em silos. Os estudiosos da estratégia, orientados por modelos econômicos e pesquisas comportamentais, tratavam os sistemas de informação e as tecnologias como táticas de nível funcional, destinadas apenas a responderem às escolhas de alto nível do escopo corporativo (o que está no portfólio da empresa) e à estratégia de negócios (como competir em cada negócio escolhido).

Na década de 1980, um grupo de estudiosos de Harvard e do MIT reconheceu o poder das tecnologias da informação. Venkat teve a sorte de começar sua carreira em estratégia na MIT Sloan School of Management. Em meados da década de 1980, ele foi convidado a participar de um programa de pesquisa com foco no futuro, que tinha uma pergunta bastante abrangente: como as empresas podem se transformar por meio do poder da tecnologia da informação e o que isso poderia significar para a disciplina da administração como a conhecemos?[1]

Naquela época, a Digital Equipment Corporation estava começando a desafiar a superioridade da IBM na produção de computadores *mainframe* com minicomputadores. Ainda assim, eles estavam nos primeiros dias da tecnologia da informação. O *hardware* mais potente para os profissionais era um computador pessoal da IBM, e o programa de *software* mais versátil (um "aplicativo matador") era o Lotus 1-2-3 de uma *startup* de Cambridge, Massachusetts. O artigo de Michael Porter de 1985 na revista *Harvard Business Review*, "How Information Gives You Competitive Advantage", foi visionário muito antes do foco atual em dados e IA.[2] Na época, o Vale do Silício estava em uma órbita distante. Tim Berners-Lee, no CERN*, escreveria seu famoso memorando sobre a arquitetura da *web* em 1989.[3]

Tudo começou a mudar nos anos 1990. Havia a vontade de reformular os processos de negócios e recriar as empresas aproveitando o poder dos sistemas corporativos da Oracle, da SAP e da Microsoft. Claro, esses sistemas precisavam de bastantes recursos em termos de dinheiro, pessoas e gestão de tempo. No entanto, o foco era fazer as empresas serem mais eficientes em suas estratégias de escolha, não mudar a forma como criavam uma vantagem competitiva. A estratégia – onde e como competir – continuou com o ritmo tradicional. Permaneceu o abismo entre as disciplinas acadêmicas, mesmo quando um artigo que havia sido publicado em 1993 por Venkat e um colega no *IBM Systems Journal* foi anunciado, em 1999, como um marco no pensamento sobre o alinhamento tão necessário entre negócios e TI.[4]

A introdução do navegador *web*, o rápido crescimento da internet e o surgimento das *startups* ponto-com mudaram a percepção e a compreensão do poder das tecnologias digitais. Os estudiosos começaram a notar e a falar sobre como os novos participantes poderiam desafiar as empresas estabelecidas por meio dos dados (Google na publicidade), acabando com o intermediário (Amazon no varejo) e fazendo uma disrupção (Netflix na mídia).

---

*N. de R. T. Do antigo acrônimo para Conseil Européen pour la Recherche Nucléaire, atualmente Organisation Européenne pour la Recherche Nucléaire ou Organização Europeia para a Pesquisa Nuclear.

Não eram movimentos de eficiência, mas ideias empreendedoras e transformadoras que utilizavam o poder das tecnologias digitais. Os estudiosos do *marketing* começaram a teorizar sobre o papel dos espaços de mercado e o poder da ampla variedade de produtos ou serviços (*long tail*) como novos conceitos para obter vantagem. No auge do *boom* ponto-com, Venkat escreveu um artigo na *MIT Sloan Management Review* sobre como as empresas líderes deveriam explorar a internet para defender as atividades principais e planejar novas – um tema central ecoado por VG ao estruturar a solução de três caixas para a inovação estratégica.[5]

À medida que a *web* cresceu e amadureceu, com a introdução do iPhone em 2007 pela Apple e, na sequência, do sistema operacional Android pelo Google, as possibilidades de novos modelos de negócios se multiplicaram. Os estudiosos de economia e estratégia conceituaram o possível poder das plataformas multifacetadas para fazer disrupção no *status quo*.[6] Amazon, YouTube, Uber, Airbnb, Facebook, Instagram e outros apresentaram novos modelos de negócios, introduzindo novas maneiras de criar e capturar valor. Teorias e trabalhos empíricos mostraram como tais modelos operam nos mercados multifacetados, subsidiando muitas vezes um lado com outro, utilizando os efeitos da rede e criando escala sem propriedade, ao mesmo tempo em que envolviam diversos parceiros e aproveitavam o poder dos efeitos do *feedback* rápido. Na última década, estudiosos de diferentes campos na área de negócios finalmente chegaram a um consenso quanto à compreensão do papel e das vantagens dos modelos de negócios de plataforma, incluindo ecossistemas e o papel dos complementadores.[7]

As plataformas digitais operam principalmente em cenários com poucos ativos físicos, mas poderiam ameaçar os setores com muitos ativos físicos mudando o valor de artefatos tradicionais (ou seja, produtos) para ofertas mais novas (p. ex., serviços integrados em produtos), como no caso da Uber ou do Airbnb. Além disso, os estudiosos perceberam que muitos cenários industriais poderiam sofrer disrupção com facilidade e ser transformados por tecnologias digitais sem a necessidade de modelos de negócios de plataforma. Em 2013, o campo dos sistemas de informação reconheceu o surgimento da estratégia de negócios digitais como tema essencial, quando os editores da *MIS Quarterly* publicaram que a hora de considerar uma fusão entre a estratégia de

TI e a estratégia de negócios tinha chegado.[8] Eles afirmaram que o impacto do digital é multifuncional, que o digital não deve ser visto como uma tecnologia fragmentada, por exemplo, a *web*, os bancos de dados ou sistemas corporativos, mas como recursos organizacionais (consistentes com a visão da empresa baseada em recursos, familiar aos estudiosos da estratégia) e que as tecnologias digitais têm impactos sobre o desempenho dos negócios para além das melhorias na eficiência. Mas a fusão esperada entre os dois campos acadêmicos não se materializou. No entanto, livros e artigos destinados aos profissionais e baseados na ideia de fusão proliferaram, exigindo que estrategistas reconhecessem o poder de transformação das tecnologias digitais.[9]

VG viu em primeira mão como as tecnologias digitais poderiam remodelar a indústria quando foi o primeiro professor residente e consultor-chefe de inovação da GE em 2008 e 2009. Na época, a GE estava nos estágios iniciais da exploração de formas de utilizar a internet industrial a fim de criar valor para o cliente.[10]

A terceira década do século XXI está aqui. Nessa década digital, estamos vendo as tecnologias digitais terem impacto sobre todos os setores e todas as empresas nos mais diferentes locais geográficos. O *ranking* das empresas altamente capitalizadas já consiste em Apple, Microsoft, Alphabet, Amazon, Meta, Nvidia e Tesla. Com a IA Generativa (GenAI), elas estão se reinventando e desafiando as empresas incapazes de assimilar novas tecnologias. São essas empresas que criam as regras conforme cada setor se torna rapidamente digital.

Infelizmente, muitas faculdades de administração ainda mantêm os professores de disciplinas sobre o universo digital e sobre estratégia em departamentos diferentes, separadas artificialmente e com pouca colaboração em pesquisa. Talvez isso também reflita a separação dos principais periódicos acadêmicos em cada campo. Continuar pesquisando sobre como as empresas devem operar e os gerentes devem liderar é inaceitável sem um corpo coerente de pesquisa, que reconheça até que ponto o digital permeia cada faceta de nossas vidas.

Estudar as inovações de produtos apenas pela lente da engenharia e da gestão tecnológica, sem reconhecer o poder da computação e dos algoritmos, é míope. Hoje, quase todo produto é um produto digital ou tem interfaces com um, e suas arquiteturas provavelmente se parecem mais com um *stack* de tecnologias do que com as versões analógicas. É insuficiente examinar a entrega de valor do serviço ao cliente por meio do conhecimento de *marketing* sem considerar o quanto ela depende da arquitetura digital e qual é o alcance de suas implicações nas outras funções organizacionais – e potencialmente nos ecossistemas dos negócios estendidos. É inadequado pesquisar as configurações da cadeia de suprimentos sem considerar como a internet das coisas e a Indústria 4.0 orientam as inovações dessa cadeia e sinalizam as mudanças mais amplas no local geográfico das empresas globais. É míope pensar que os dados e a IA terão impacto apenas sobre os "setores de alta tecnologia", quando a GenAI provavelmente afetará uma grande parte da economia global na próxima década.[11] Uma análise financeira das decisões estratégicas levará a erros e pode até estar totalmente equivocada se os estudiosos não considerarem os ativos intangíveis, os principais recursos da era digital. O aprendizado organizacional deve ser novamente conceitualizado como uma inteligência humana aumentada pelo aprendizado de máquina. As estratégias que as empresas empregavam tradicionalmente para gerenciar as tecnologias da informação a fim de terem eficiência podem não ser igualmente eficazes ao navegar nos sistemas da GenAI focados na criatividade.

O campo da estratégia, que é o lar intelectual de nós dois, foi construído a partir de estudos de campo detalhados, realizados por estudiosos com diferentes orientações disciplinares: Ken Andrews com a herança da administração geral; Alfred Chandler, com uma abordagem de história dos negócios; Chris Argyris, de um ponto de vista do aprendizado organizacional; Michael Porter, de um ponto de vista econômico; Paul Lawrence e Jay Lorsch, com um método teórico-organizacional; C. K. Prahalad, com uma lente de recursos e competência; Clay Christensen, a partir de uma visão de inovação disruptiva, etc. Eles fizeram estudos de caso por vários anos sobre empresas lendárias como GM, GE, IBM, Westinghouse, Kodak, Hewlett--Packard, Honda, Sony e Caterpillar. Gerações de alunos aprenderam com as ideias desses acadêmicos.

Na era atual, um novo conjunto de empresas nascidas digitais está escrevendo novas regras de estratégia, e as empresas industriais estão evoluindo rápido para se adaptarem e se reinventarem. Esse momento histórico requer inovações na forma como a investigação estratégica é feita. Tais inovações, esperamos, estarão livres das antigas algemas das teorias, dos modelos e das suposições, fundamentadas por, mas certamente não limitadas a, teorias muito bem definidas ou pela necessidade de oferecer verdades universais com modelos elegantes e comprovação matemática. Um caminho oportuno seria descrever e analisar com atenção os estudos de caso de empresas que definem as próximas práticas e sua transformação de analógicas para digitais – algo parecido com os métodos de pesquisa de Argyris, Lawrence, Porter e outros que destacamos.

VG teve a sorte de conhecer Elon Musk em 2016, quando o inovador descreveu sua visão de projeto de um carro que seria um computador sobre rodas conectado à nuvem. Ir de motores de combustão interna para veículos elétricos e carros autônomos é uma mudança de paradigma. A exposição inicial de VG à GE e o encontro posterior com Musk o convenceram de que as leis da vantagem competitiva mudaram, recompensando aqueles que têm *insights* em tempo real mais robustos em vez de os ativos físicos mais valiosos. Nossos estudos de campo profundos em mais de uma dezena de empresas industriais reforçaram a noção de que o futuro da fusão não é uma extrapolação linear do passado industrial. Fusão significa mudanças fundamentais. O cenário competitivo muda, as competências necessárias são diferentes, surgem novos ecossistemas e o processo da criação de valor se transforma. Veja novamente a Tabela 9.1, que resume como a estratégia da fusão se difere muito da estratégia tradicional.

Estamos nos estágios iniciais da digitalização do setor industrial, portanto, é um terreno fértil para uma pesquisa futura. A GenAI, o próximo ponto de inflexão na evolução da IA, potencializará a estratégia da fusão. Com a tecnologia capaz de, entre outras coisas, gerar projetos complexos, extrair *insights* e tendências de dados multimodais, prever e responder proativamente às condições em mudança, e lidar com dados ambíguos e incompletos, a GenAI é feita sob medida para transformar a lógica da concorrência nas indústrias. O cenário empresarial que surge – o futuro da fusão diante das empresas industriais – convida os estudiosos a desenvolverem novas abordagens, que poderiam levar à próxima geração de *insights* da estratégia.

Apêndice **185**

Durante a escrita deste livro, revisitamos a questão que orientou os estudiosos em meados da década de 1980. Repetimos essa questão aqui com uma pequena, mas importante, mudança de palavras:

Como as empresas podem se transformar utilizando o poder da tecnologia *digital* e o que isso poderia significar para a disciplina da administração como a conhecemos?

Não restam dúvidas de que as tecnologias digitais terão impacto sobre as empresas; a única incerteza é até que ponto (escala e escopo) e com que rapidez (velocidade) ocorrerá o processo. Também está ficando evidente que o digital, sobretudo dados e IA, terá impacto sobre a disciplina da administração, assim como começou a ter impacto sobre diferentes segmentos das ciências físicas, das ciências sociais e da engenharia.

Ao trabalhar com empresas, nós as convidamos a inovarem e se reinventarem. Seríamos negligentes se não pedíssemos que a academia fizesse o mesmo, em especial agora, quando sabemos que muitas ideias devem ser reexaminadas e várias devem ser seletivamente esquecidas (no espírito da solução das três caixas). Teorias e resultados de pesquisa que foram conceitualizados e testados com dados na era industrial devem ser novamente conceitualizados e testados com os dados das empresas, à medida que elas tentam se adaptar ao futuro da fusão. Está na hora de fundir os dois campos acadêmicos (estratégia e digital) em um todo inseparável.

# NOTAS

### Capítulo 1

1. O clássico livro de Alfred Chandler Jr., *Scale and Scope: The Dynamics of Industrial Capitalism,* ainda fundamenta o pensamento estratégico nos círculos acadêmicos e profissionais.
2. Usamos a palavra "digitais" para nos referir às empresas que nasceram digitais no final do século XX e no início do século XXI; essas empresas não têm as restrições herdadas das empresas industriais, que cresceram em meados do século XX. Usamos os termos "industriais" (em paralelo às "digitais"), "indústrias" e "empresas industriais" alternadamente.
3. McKinsey and Company, "What Is the Metaverse?", *McKinsey*, 17 de agosto de 2022, https://www.mckinsey.com/featured-insights/mckinsey-explainers/what-is-the-metaverse. Embora a McKinsey estime que, até 2030, o metaverso poderia atingir US$ 5 trilhões, ou um aumento de 2 a 3%, para o PIB esperado, acreditamos que o piso seja de 1%, com base nas mudanças realistas nos setores industriais.
4. Mark Harris, "Tesla's Autopilot Depends on a Deluge of Data", *IEEE Spectrum*, 4 de agosto de 2022, https://spectrum.ieee.org/tesla-autopilot-data-deluge.
5. Criamos com base em nosso artigo "The Next GreatDigitalAdvantage", publicado na *Harvard Business Review* (maio–junho de 2022), que introduziu nossas ideias sobre grafos de dados.
6. Don Reisinger, "All Companies Should Live by the Jeff Bezos 70 Percent Rule", *Inc.*, 27 de junho de 2020, https://www.inc.com/don-reisinger/all-companies-should-live-by-jeff-bezos-70-percent-rule.html.

### Capítulo 2

1. Bill Ready, "Working with Merchants to Give You More Ways to Shop", *The Keyword*, 18 de maio de 2021, https://blog.google/products/shopping/more-ways-to-shop.
2. Para uma visão geral atualizada do Shopping Graph (Grafo de Compras) do Google, ver Randy Rockinson, "4 Ways Google's Shopping Graph Helps You Find What You Want", *The Keyword*, 7 de fevereiro de 2023, https://blog.google/products/shopping/shopping-graph-explained.
3. "Data Is the New Gold. This Is How It Can Benefit Everyone – While Harming No One", *World Economic Forum*, 29 de julho de 2020, https://www.weforum.org/

agenda/2020/07/new-paradigm-business-data-digital-economy-benefits-privacy-digitalization/.
4. Para uma visão geral, ver o livro de Albert-László Barabási, *Linked: The New Science of Networks* (New York: Basic Books, 2014); Sangeet Paul Choudary, "The Rise of Social Graphs for Businesses", *hbr.org*, 2 de fevereiro de 2015, https://hbr.org/2015/02/the-rise-of-social-graphs-for-businesses.
5. "From Discovery to Checkout: Shopify and Google Deepen Commerce Collaboration", *Shopify*, 27 de maio de 2021, https://news.shopify.com/from-discovery-to-checkout-shopify-and-google-deepen-commerce-collaboration.
6. "Satya Nadella Email to LinkedIn Employees on Acquisition", *Microsoft News Center*, 13 de junho de 2016, https://news.microsoft.com/2016/06/13/satya-nadella-email-to-linkedin-employees-on-acquisition/.
7. Para os interessados em mais detalhes sobre o Microsoft Graph, ver "Overview of Microsoft Graph", *Microsoft*, 15 de março de 2023, https://learn.microsoft.com/en-us/graph/overview.
8. Amit Singhal, "Introducing the Knowledge Graph: Things, Not Strings", *The Keyword*, 16 de maio de 2012, https://blog.google/products/search/introducing-knowledge-graph-things-not.
9. "WPP Partners with Nvidia to Build Generative AI-Enabled Content Engine for Digital Advertising", *Nvidia Newsroom*, 28 de maio de 2023, https://nvidianews.nvidia.com/news/wpp-partners-with-nvidia-to-build-generative-ai-enabled-content-engine-for-digital-advertising.

**Capítulo 3**

1. Para uma visão geral da Indústria 4.0, ver "Fourth Industrial Revolution", *World Economic Forum*, acesso em 17 de outubro de 2023, https://www.weforum.org/focus/fourth-industrial-revolution.
2. "Our Leadership Team: John C. May", *John Deere*, acesso em 16 de outubro de 2023, https://www.deere.com/en/our-company/leadership/may-john-c/.
3. Para saber mais sobre a estratégia New Auto da Volkswagen, ver "Volkswagen Focuses Development for Autonomous Driving", *Volkswagen Group News*, 26 de outubro de 2022, https://www.volkswagen-group.com/en/press-releases/volkswagen-focuses-development-for-autonomous-driving-16777.
4. Ver, por exemplo, "The Economic Potential of Generative AI: The Next Productivity Frontier", *McKinsey Digital*, 14 de junho de 2023, https://www.mckinsey.com/capabilities/mckinsey-digital/our-insights/the-economic-potential-of-generative-ai-the-next-productivity-frontier#business-value.
5. Para ler o anúncio da Bloomberg, ver "Introducing BloombergGPT, Bloomberg's 50-Billion Parameter Large Language Model, Purpose-Built from Scratch for Finance", *Bloomberg*, 30 de março de 2023, https://www.bloomberg.com/company/press/bloomberggpt-50-billion-parameter-llm-tuned-finance/. Para os interessados no artigo acadêmico detalhado, vejam https://arxiv.org/abs/2303.17564.

6. Sal Khan, "Harnessing GPT-4 So That All Students Benefit. A Nonprofit Approach for Equal Access", *Khan Academy*, 14 de março de 2023, https://blog.khanacademy.org/harnessing-ai-so-that-all-students-benefit-a-nonprofit-approach-for-equal-access.
7. Para uma visão geral do R2 Data Labs, visite "Digital-First Culture", *Rolls-Royce*, acesso em 17 de outubro de 2023, https://www.rolls-royce.com/innovation/digital/r2-data-labs.aspx.
8. Para os interessados nos detalhes sobre como a Netflix constrói sua ontologia como uma parte-chave de seu sistema de recomendação, ver "Recommendations: Figuring Out How to Bring Unique Joy to Each Member", *Netflix Research*, acesso em 17 de outubro de 2023, https://research.netflix.com/research-area/recommendations.
9. Para saber mais sobre como a Airbnb desenvolve seu grafo de conhecimento, ver Xiaoya Wei, "Contextualizing Airbnb by Building Knowledge Graph", *Medium*, 29 de janeiro de 2019, https://medium.com/airbnb-engineering/contextualizing-airbnb-by-building-nowledge-graph-b7077e268d5a.
10. Para obter mais detalhes sobre como a Uber usa grafos de dados para melhorar suas operações e entregar serviços diferenciados, ver Ankit Jain *et alii*, "Food Discovery with Uber Eats: Using Graph Learning to Power Recommendations", *Uber Blog*, 4 de dezembro de 2019, https://www.uber.com/blog/uber-eats-graph-learning.
11. Para os casos de uso sobre grafos de conhecimento industrial na Siemens, ver Thomas Hubauer, "Use Cases of the Industrial Knowledge Graph at Siemens", *International Workshop on the Semantic Web* (2018), https://ceur-ws.org/Vol-2180/paper-86.pdf; para uma visão geral dos grafos de conhecimento na Bosch, ver Sebastian Monka *et alii*, "Learning Visual Models Using a Knowledge Graph as a Trainer", *Bosch Research Blog*, 28 de julho de 2022, https://www.bosch.com/stories/knowledge-driven-machine-learning; para saber mais sobre como a Rolls-Royce explora os grafos de conhecimento e a IA, ver "Tapping AI Technologies to Create Solutions of Tomorrow", *Rolls-Royce*, acesso em 17 de outubro de 2023, https://www.rolls-royce.com/country-sites/sea/discover/2021/tapping-ai-technologies-to-create-solutions-of-tomorrow.aspx.
12. Para obter detalhes sobre as áreas de aplicação, ver, por exemplo, "Generative AI", *BCG*, acesso em 17 de outubro de 2023, https://www.bcg.com/capabilities/artificial-intelligence/generative-ai.
13. Elliott Grant, "Machine Learning Is Imperfect. That's Why It's Ideal for Agriculture", *Mineral*, 27 de abril de 2023, https://mineral.ai/blog/machine-learning-is-imperfect-thats-why-its-ideal-for-agriculture.

## Capítulo 4

1. As três estratégias genéricas de Michael Porter são o modelo de compreensão da estratégia dominante desde os anos 1980.
2. "Data, Insights and Action", *Rolls-Royce*, https://www.rolls-royce.com/country-sites/india/discover/2018/data-insight-action-latest.aspx.
3. "GE Aviation: Soaring Apart from Competition with Data Analytics", Harvard Business School Digital Initiative, Technology and Operations Management, *MBA Students

*Perspectives*, 15 de novembro de 2017, https://d3.harvard.edu/platform-rctom/submission/ge-aviation-soaring-apart-from-competition-with-data-analytics.
4. "Introducing Yocova", *Rolls-Royce*, 10 de fevereiro de 2020, https://www.rolls-royce.com/media/press-releases/2020/10-02-2020-intelligentengine-introducing-yocova-a-new-digital-platform-designed.aspx.
5. Marc Andreessen, "Why Software Is Eating the World", *Andreessen Horowitz*, 20 de agosto de 2011, https://a16z.com/2011/08/20/why-software-is-eating-the-world.
6. Marc Andreessen, "It's Time to Build", *Andreessen Horowitz*, 18 de abril de 2020, https://a16z.com/2020/04/18/its-time-to-build.

**Capítulo 5**

1. "Master Plan Part 3", *Tesla*, 5 de abril de 2023, https://www.tesla.com/nsvideos/Tesla-Master-Plan-Part-3.pdf
2. Brandon Bernicky, postagem no Twitter, 12 de novembro de 2019, https://twitter.com/brandonbernicky/status/1194444012494761989.
3. Para saber como a Waymo construiu, ver Dmitri Dolgov, "How We've Built the World's Most Experienced Urban Driver", *Waymo*, 19 de agosto de 2021, https://waymo.com/blog/2021/08/MostExperiencedUrbanDriver.html.
4. "Mercedes-Benz and Nvidia: Software-Defined Computing Architecture for Automated Driving Across Future Fleet", *Mercedes-Benz Group,* 23 de junho de 2020, https://group.mercedes-benz.com/innovation/product-innovation/autonomous-driving/mercedes-benz-and-nvidia-plan-cooperation.html.
5. Angus MacKenzie, "Mercedes-Benz CEO Ola Källenius on EVs Reinventing the Three-Pointed Star", *MotorTrend*, 26 de julho de 2023, https://www.motortrend.com/features/mercedes-benz-ceo-ola-kallenius-2023-ev-interview.
6. "FIAT Metaverse Store, the World's First Metaverse-Powered Showroom, a Revolution in Customer Experience", *Stellantis*, 1º de dezembro de 2022, https://www.media.stellantis.com/em-en/fiat/press/fiat-metaverse-store-the-world-s-first-metaverse-powered-showroom-a-revolution-in-customer-experience.
7. "Toyota Research Institute Unveils New Generative AI Technique for Vehicle Design", *Toyota Newsroom*, 20 de junho de 2023, https://pressroom.toyota.com/toyota-research-institute-unveils-new-generative-ai-technique-for-vehicle-design.
8. Jeff Immelt, "Digital Change Is Hard for Industrial Companies", *LinkedIn*, 12 de março de 2019, https://www.linkedin.com/pulse/digital-change-hard-industrial-companies-jeff-immelt.
9. Para mais detalhes sobre como a Tesla coleta e analisa esses dados, ver Mark Harris, "The Radical Scope of Tesla's Data Hoard", *IEEE Spectrum*, 3 de agosto de 2022, https://spectrum.ieee.org/tesla-autopilot-data-scope.
10. Esse termo coloquial, atribuído a Ward Cunningham, foi formalizado em 2016 em um seminário na Alemanha, onde foi definido por especialistas acadêmicos e da indústria do seguinte modo: "Nos sistemas com uso intensivo de *software*, a dívida técnica é uma coleção de construções de projeto ou implementação conveniente no curto prazo, mas configura um contexto técnico que pode tornar as mudanças futuras mais caras ou impossíveis. A dívida técnica apresenta um passivo real

ou contingente cujo impacto é limitado às qualidades internas do sistema, principalmente a manutenção e a evolução."

11. "Toyota Blockchain Lab, Accelerating Blockchain Technology Initiatives and External Collaboration", *Toyota Newsroom*, 16 de março de 2020, https://global.toyota/en/newsroom/corporate/31827481.html.

## Capítulo 6

1. Lora Kolodny, "Deere Is Paying Over $300 Million for a Start-up That Makes 'See-and-Spray' Robots", *CNBC*, 6 de setembro de 2017, https://www.cnbc.com/2017/09/06/deere-is-acquiring-blue-river-technology-for-305-million.html.
2. "Sustainability at John Deere", *John Deere*, acesso em 13 de julho de 2023, https://www.deere.com/en/our-company/sustainability.
3. Deere & Company, "Deere to Advance Machine Learning Capabilities in Acquisition of Blue River Technology", 6 de setembro de 2017, https://www.prnewswire.com/news-releases/deere-to-advance-machine-learning-capabilities-in-acquisition-of-blue-river-technology-300514879.html.
4. Deere & Company, "Focused on Unlocking Customer Value, Deere Announces New Operating Model", 17 de junho de 2020, https://www.prnewswire.com/news-releases/focused-on-unlocking-customer-value-deere-announces-new-operating-model-301078608.html.
5. "CNH Industrial to Acquire Raven Industries, Enhancing Precision Agriculture Capabilities and Scale", *CNH Industrial Newsroom*, 21 de junho de 2021, https://media.cnhindustrial.com/EMEA/CNH-INDUSTRIAL-CORPORATE/cnh-industrial-to-acquire-raven-industries--enhancing-precision-agriculture-capabilities-and-scale/s/8cd082be-4e36-44f0-a6ea-bfe897740e79.
6. Rob Bland *et alii*, "Trends Driving Automation on the Farm", *McKinsey & Company*, 31 de maio de 2023, https://www.mckinsey.com/industries/agriculture/our-insights/trends-driving-automation-on-the-farm.
7. Brandon Webber, "Digital Agriculture: Improving Profitability", *Accenture*, 28 de agosto de 2020, https://www.accenture.com/us-en/insights/interactive/agriculture-solutions.
8. Shane Bryan *et alii*, "Creating Value in Digital-Farming Solutions", *McKinsey & Company*, 20 de outubro de 2020, https://www.mckinsey.com/industries/agriculture/our-insights/creating-value-in-digital-farming-solutions.
9. Esses *insights* vieram de nossas discussões com os executivos da GE.
10. "Intelligent Machines, Empowered People", *ABB Newsroom*, 31 de maio de 2021, https://new.abb.com/news/detail/78740/intelligent-machines-empowered-people.

## Capítulo 7

1. Juan Pedro Tomás, "How Honeywell Helped the Burj Khalifa Become a Smart Building", *RCR Wireless News*, 14 de maio de 2018, https://www.rcrwireless.com/20180514/internet-of-things/burj-khalifa-smart-building.

2. Matt Bereman *et alii*, "Building Products in the Digital Age: It's Hard to 'Get Smart'", *McKinsey & Company*, 6 de junho de 2022, https://www.mckinsey.com/industries/engineering-construction-and-building-materials/our-insights/building-products-in-the-digital-age-its-hard-to-get-smart.
3. "The Last Gap in Industrial Digitization – the Deskless Worker", *Honeywell Forge*, acesso em 21 de julho de 2023, https://www.honeywellforge.ai/us/en/article/how-connectivity-helps-the-deskless-worker.
4. Martin Casado e Peter Lauten, "The Empty Promise of Data Moats", *Andreessen Horowitz*, 9 de maio de 2019, https://a16z.com/2019/05/09/data-network-effects-moats.
5. John Hunter, "Ackoff on Systems Thinking and Management", *W. Edwards Deming Institute*, 2 de setembro de 2019, https://deming.org/ackoff-on-systems-thinking-and-management.
6. Para discussões mais detalhadas sobre o papel dos orquestradores *versus* participantes nos ecossistemas dinâmicos, ver Capítulo 6 do livro *The Digital Matrix: New Rules for Business Transformation through Technology,* de Venkat Venkatraman (Los Angeles: LifeTree Media, 2017).
7. Veja, por exemplo, as ideias propostas por Andreessen Horowitz em Zeya Yang e Kristina Shen, "For B2B Generative AI Apps, Is Less More?", 30 de março de 2023, https://a16z.com/2023/03/30/b2b-generative-ai-synthai, Matt Bornstein e Rajko Radovanovic, "Emerging Architectures for LLM Applications", 20 de junho de 2023, https://a16z.com/2023/06/20/emerging-architectures-for-llm-applications. Esperamos ver modelos específicos do domínio mais poderosos para permitir que surjam sistemas da fusão em vários cenários.
8. Para saber sobre agricultura digital e regenerativa, ver John Foley, "How Digital Technologies Can Bring Greater Scale to Regenerative Farming", *Sygenta Group,* fevereiro de 2021, https://www.syngentagroup.com/en/how-digital-technologies-can-bring-greater-scale-regenerative-farming. Caso queira saber mais sobre a importância dos ecossistemas para fazer funcionar, ver Tania Strauss e Pooja Chhabria, "What Is Regenerative Agriculture and How Can It Help Us Get to Net-Zero Food Systems. 3 Industry Leaders Explain", *World Economic Forum*, 19 de dezembro de 2022, https://www.weforum.org/agenda/2022/12/3-industry-leaders-on-achieving-net-zero-goals-with-regenerative-agriculture-practices.
9. "Honeywell Teams Up with Microsoft to Reshape the Industrial Workplace", *Microsoft News Center*, 22 de outubro de 2020, https://news.microsoft.com/2020/10/22/honeywell-teams-up-with-microsoft-to-reshape-the-industrial-workplace; "Honeywell, SAP Launch Connected Buildings Solution to Help Operators Make Smarter Real Estate Decisions", *Honeywell*, 19 de maio de 2021, https://www.honeywell.com/us/en/press/2021/05/honeywell-sap-launch-connected-buildings-solution-to-help-operators-make-smarter-real-estate-decisions.
10. As frases iniciais no anúncio da Tesla (ver Elon Musk, "All Our Patent Are Belong to You", *Tesla*, 12 de junho de 2014, https://www.tesla.com/blog/all-our-patent-are-belong-you) são poderosas: "Ontem, havia uma parede de patentes da Tesla no saguão da nossa sede em Palo Alto. Hoje não mais. Elas foram removidas, no

espírito do movimento de código aberto, para o avanço da tecnologia dos veículos elétricos."

11. Gil Appel, Juliana Neelbauer e David A. Schweidel, "Generative AI Has na Intellectual Property Problem", *hbr.org*, 17 de abril de 2023, https://hbr.org/2023/04/generative-ai-has-an-intellectual-property-problem.
12. R. V. Guha, "Data Commons: Making Sustainability Data Accessible", *The Keyword*, 21 de abril de 2022, https://blog.google/outreach-initiatives/sustainability/data-commons-sustainability.
13. Veja, por exemplo, as lições resumidas neste artigo: Robert L. Grossman, "Ten Lessons for Data Sharing with a Data Commons", *Scientific Data* 10, nº 120 (2023), https://www.nature.com/articles/s41597-023-02029-x.

## Capítulo 8

1. Shelby Myers, "Analyzing Farm Inputs: The Cost to Farms Keeps Rising", *American Farm Bureau Federation*, 17 de março de 2022, https://www.fb.org/market-intel/analyzing-farm-inputs-the-cost-to-farm-keeps-rising.
2. "The Cash-less Amazon Go Store", *Vested Finance*, acesso em 17 de outubro de 2023, https://vestedfinance.com/in/blog/the-cashier-less-amazon-go-store/.
3. "Digital Engineering and Manufacturing", *Accenture*, acesso em 7 de abril de 2023, https://www.accenture.com/us-en/insights/industry-x-index.
4. "Mineral", *X* – the Moonshot Factory, acesso em 7 de abril de 2023, https://x.company/projects/mineral.

## Capítulo 9

1. "2023 Deere & Company at a Glance", *John Deere*, 2023, https://www.deere.com/assets/pdfs/common/our-company/deere-&-company-at-a-glance.pdf.
2. A estimativa da Deere de US$ 40 por acre, como resumida em seu "2020 Sustainability Report", é apenas para as oito tecnologias já implantadas. (Para saber mais, ver https://www.deere.com/assets/pdfs/common/our-company/sustainability/sustainability-report-2020.pdf.) As expectativas são de que o futuro da fusão permita à Deere atingir potencialmente mais de US$ 150 bilhões em mercados endereçáveis nos setores.
3. "2023 Deere & Company at a Glance".
4. "John Deere Technology and Innovation", *John Deere,* acesso em 17 de outubro de 2023, https://www.deere.com/international/en/our-company/innovation/.
5. Esse ponto é discutido em detalhes no livro *The Three-Box Solution*, de Vijay Govindarajan (Boston: Harvard Business Review Press, 2016.)
6. Essa ideia, às vezes referida como Lei de Amara, é atribuída a Roy Amara, ex-presidente do Institute for the Future.
7. Para saber mais, ver o livro *The Digital Matrix: New Rules for Business Transformation through Technology,* de Venkat Venkatraman (Los Angeles: LifeTree Media, 2017). Especificamente, o argumento é que as empresas devem se

concentrar continuamente na identificação de atividades que poderiam ser feitas por máquinas de computação poderosas para que os recursos humanos inteligentes possam ser direcionados às áreas onde pessoas e máquinas em colaboração são mais propensas a serem eficazes do que pessoas ou máquinas de forma independente.
8. Em 2022, a John Deere anunciou um edital para oportunidades de comunicações por satélite. Ver https://www.deere.com/en/news/all-news/john-deere-announces-request-for-proposals-for-satellite-communications-opportunity.

### Apêndice

1. Michael S. Scott Morton, ed., *The Corporation of the 1990s: Information Technology and Organizational Transformation* (New York: Oxford University Press, 1991). Ver também N. Venkatraman, "IT-Enabled Business Transformation: From Automation to Business Scope Redefinition", *MIT Sloan Management Review* 35, nº 2 (inverno de 1994).
2. Michael E. Porter e Victor E. Millar, "How Information Gives You Competitive Advantage", *Harvard Business Review*, julho de 1985.
3. Tim Berners-Lee, "Information Management: A Proposal", março de 1989, documento em Word, https://www.w3.org/History/1989/proposal.html.
4. John C. Henderson e H. Venkatraman, "Strategic Alignment: Leveraging Information Technology for Transforming Organizations", *IBM Systems Journal* 32, nº 1 (1993): 4–16. Ver também Irving Wladawsky-Berger, "Turning Points in Information Technology", *IBM Systems Journal* 38, nºs 2 e 3 (1999): 449–452.
5. N. Venkatraman, "Five Steps to a Dot-Com Strategy: How to Find Your Footing on the Web", *MIT Sloan Management Review* 41, nº 3 (primavera de 2000): 15-28; Vijay Govindarajan e Chris Trimble, *Ten Rules for Strategic Innovators: From Idea to Execution* (Boston: Harvard Business School Press, 2005); Vijay Govindarajan, *The Three-Box Solution: A Strategy for Leading Innovation* (Boston: Harvard Business Review Press, 2016).
6. Para uma visão geral das plataformas, ver Geoffrey G. Parker, Marshall W. Van Alstyne e Sangeet Paul Choudary, *Platform Revolution: How Networked Markets Are Transforming the Economy – and How to Make Them Work for You* (New York: W. W. Norton & Co., 2016) e Michael A. Cusumano, Annabelle Gawer e David B. Yoffie, *The Business of Platforms: Strategy in the Age of Digital Competition, Innovation, and Power* (New York: Harper Business, 2019).
7. Para discussões recentes sobre ecossistemas, ver Ron Adner, *Winning the Right Game: How to Disrupt, Defend, and Deliver in a Changing World* (Cambridge: MIT Press, 2021) e Mohan Subramaniam, *The Future of Competitive Strategy: Unleashing the Power of Data and Digital Ecosystems* (Cambridge: MIT Press, 2022).
8. Anandhi Bharadwaj *et alii*, "Digital Business Strategy: Toward a Next Generation of Insights", *MIS Quarterly* 37, nº 2 (junho de 2013): 471–482.
9. Venkat Venkatraman, *The Digital Matrix: New Rules for Business Transformation through Technology* (Los Angeles: LifeTree Media, 2017); David L. Rogers, *The Digital Transformation Playbook: Rethink Your Business for the Digital Age* (New

York: Columbia Business School Publishing, 2016); Sunil Gupta, *Driving Digital Strategy: A Guide to Reimagining Your Business* (Boston: Harvard Business Review Press, 2018); Marco Iansiti e Karim R. Lakhani, *Competing in the Age of AI: Strategy and Leadership When Algorithms and Networks Run the World* (Boston: Harvard Business Review Press, 2020); Robert Siegel, *The Brains and Brawn Company: How Leading Organizations Blend the Best of Digital and Physical* (New York: McGraw-Hill, 2021); Stephanie L. Woerner, Peter Weill e Ina M. Sebastian, *Future Ready: The Four Pathways to Capturing Digital Value* (Boston: Harvard Business Review Press, 2022); Thomas H. Davenport e Nitin Mittal, *All-in on AI: How Smart Companies Win Big with Artificial Intelligence* (Boston: Harvard Business Review Press, 2023).
10. Vijay Govindarajan e Jeffrey R. Immelt, "The Only Way Manufacturers Can Survive", *MIT Sloan Management Review* (primavera de 2019).
11. Michael Chui *et alii*, "The Economic Potential of Generative AI: The Next Productivity Frontier", *McKinsey & Co.*, 14 de junho de 2023.

# ÍNDICE

**A**
ABB, 111, 113, 121
ABCD, estratégia digital, 16–17
Accenture, 109–110, 150–151
aceleração
    para produtos da fusão, 88–91
    para serviços da fusão, 103, 107–109
    para sistemas da fusão, 127–130
    para soluções da fusão, 147–148
Ackoff, Russell, 122
Adamczyk, Darius, 40
adaptação, 147–148
aeronáutica, indústria, 66, 68
    serviços da fusão em, 112–113
AGCO, 103–104, 169
agilidade, 147–148
agricultura, 6, 10, 16. *Ver também* John Deere
    aprendizado de máquina e, 51
    *gap* de soluções em, 151
    Mineral e, 49
    paradigmas do serviço em, 101–102
    produtos da fusão e, 61
    regenerativa, 103–104
    serviços da fusão e, 94–99, 109–110, 138–139
    sistemas da fusão e, 129–130
AgriSync, 109
Airbnb, 8, 26, 27
    ChatGPT e, 37
    grafo de viagens, 30, 31
    ontologia do produto em, 48
    utilização dos efeitos da rede por, 30

algoritmos, 9
    análises usando, 9, 52–54
    aprimorar, 29, 77
    diferenciação e, 33–36
    momentos importantes do cliente e, 52–54
    na Amazon, 21–22
    na John Deere, 98
    na Tesla, 76–77
    organização e, 88
    resolução dos problemas do cliente e, 67–68
    serviços da fusão e, 102
    sistemas da fusão e, 122
    soluções da fusão e, 142
alianças e parcerias, 17. *Ver também* ecossistemas
    desenvolvimento de grafos de dados e, 25–26
    na estratégia da fusão, 70
    nas soluções da fusão, 149
    serviços da fusão e, 107–109
Alphabet, 12, 49, 79–80
Alstom, 148
Amazon, 9, 20
    GenAI e, 37
    grafo de compras em, 26
    participação de mercado, 22
    recomendações personalizadas por, 21–22
    utilização dos efeitos da rede por, 30
    Web Services, 70, 170
American Express, 30
análise
    descritiva, 9, 52, 97

diagnóstica, 52, 97
experimentos e, 162–163
financeira, 183
preditiva, 9, 52–53
prescritiva, 9, 33, 35, 53
análise descritiva, 9, 33, 35, 52, 97
análise diagnóstica, 33, 35, 52, 97
análise preditiva, 9, 33, 34, 52–53
análise prescritiva, 9, 33, 35, 53
Andreessen, Marc, 71
Andrews, Ken, 183
API. *Ver* interfaces de programação de aplicações (APIs)
Apple, 9
   CarPlay, 84–85
   iPhone, 75, 77
   sistemas da fusão e, 130
aprendizado
   base de conhecimento do serviço e, 113–114
   em escala e velocidade, 29–31
   frota, na Tesla, 77–78, 85
aprendizado de máquina (ML), 7
   ciclos virtuosos em, 7–8
   linguagem e, 50
   na John Deere, 101–102
Aptiv, 15
Argyris, Chris, 183
arquitetura
   *blockchain* e, 90–91
   de dentro para fora, 124–125
   de fora para dentro, 125
   Grafo de Conhecimento, do Google, 32
   na John Deere, 98–99
   para produtos da fusão, 61–62, 82, 83–86
   para serviços da fusão, 103–105
   para sistemas da fusão, 123–125
   para soluções da fusão, 143–145
assistência médica, 145
atividades críticas, 42
Augmenta, 109
automação, 19, 57
autonomia, 19

**B**

*backcasting*, 144–145, 163–164, 171
Bard, 27, 37w
Barra, Mary, 81
Bayer, 104
Bear Flag Robotics, 97
Berners-Lee, Tim, 180
Bernicky, Brandon, 77
Bezos, Jeff, 20
biologia, 145
*blockchain*, 90–91, 166
BloombergGPT, 44
Blue River Technology, 96, 109, 152
Blume, Oliver, 41
BMW, 14–15
Boston Consulting Group, 172
BP *Deepwater Horizon*, 127
Burj Khalifa, Dubai, 117

**C**

C3.ai, 47
cadeias de desempenho, 103–104
cadeias de valor, 81
campos acadêmicos, 179–185
Caterpillar, 111, 113
*Challenger*, desastre, 127
Chandler, Alfred, 183
*chatbots*, 36, 62, 87
ChatGPT, 85, 99
Christensen, Clay, 183
clientes
   compartilhamento de valor a partir dos serviços da fusão, 109–111
   convencer a participar, 103–105
Climate Corporation, 104, 108–109
CNH Industrial, 61, 89, 104, 109, 111
colaboração humanos/máquinas, 14–15, 108
   planejamento para, 165–168
   requalificação para, 165–167
   serviços da fusão e, 113
   sistemas da fusão e, 66
   soluções da fusão e, 139, 146

comparação de execução, 154. *Ver também* aceleração; arquitetura; monetização; organização
competências, 184
complementadores, 128–129, 181
computação em nuvem, 61, 81, 166
    agricultura e, 16, 96–97, 98
    automóveis e, 14, 15, 41, 184
    gêmeos digitais e, 50, 94, 133–134
    serviços da fusão e, 111, 113
    sistemas da fusão e, 128–129
computação quântica, 4–5
concorrência, 19–20, 184
    GenAI e, 43–44
    grafos de dados e, 48, 54–55
    serviços da fusão e, 105
    sistemas da fusão e, 123–124
conectividade, 57
confiança, 67, 149
construção civil, 16
    fases para projetar, construir, operar em, 118
    produtos da fusão e, 61
    sistemas da fusão e, 118–122, 130–131
    soluções da fusão em, 139
contratação, 167–168
contratos por desempenho, 92
coordenação, em sistemas de fusão, 131, 134
Corning, 82
Coursera, 30
criação e captura de valor, 4, 5–7, 59, 184
    *backcasting* e, 163–164
    cadeia de valor dos dados e, 53–54
    campos de batalha para, 69–71
    desbloqueio de valor em vários estágios, 161–164
    diferenciação de, 93–94
    efeitos da rede de dados e, 27–28
    grafo de dados e, 29, 30
    para soluções da fusão, 148–150
    produtos da fusão e, 71
    serviços da fusão e, 102, 105–107, 115
    sistemas da fusão e, 121–122, 130–132
    soluções da fusão e, 148–150, 155

Cruise, 12–15
cultura, 70
customização, 21–22, 54–55, 137–155
    em escala e velocidade, 100
    resolução dos problemas do cliente e, 67–69

## D

da Vinci, Leonardo, 178
dados
    cadeia de valor, 53–54
    classificação e rótulo de, 29, 50
    como fator de produção, 23
    de parceiros, 70
    em empresas tradicionais, 23–24
    em silos *vs.* compartilhados, 114
    governança, 149–150
    indústria automotiva, 80–82
    inteligentes na guerra das compras, 21–23
    interoperabilidade, 108
    ontologia, 126
    para sistemas da fusão, 66–67
    produtos inteligentes e, 57
    sistemas da fusão e, 119–122, 125–127, 132–133
    solução de problemas do cliente e, 67–68
dados do cliente. *Ver também* dados
    para empresas industriais, 42
    serviços da fusão e, 63–64
    sistemas de engajamento e, 23–24
dados do produto em uso, 19, 24–25, 54–55
    captura na indústria, 50–51
    Netflix e, 33–35
    para grafos de dados industriais, 41–43
    paradigmas do serviço e, 100–102
    produtos da fusão e, 60–62
dados em tempo real
    IA e, 6–7
    grafos de dados e, 7–9
DALL-E 2, 36
*data hooks*, 62–63, 64, 103, 108, 123
DeepMind, 37
desempenho, impacto da digitalização em, 111

Diess, Herbert, 40–41
diferenciação, 17, 58
   algoritmos e, 33–36
      ontologia do grafo de dados e, 49–50
      sistemas da fusão e, 65
Digital Equipment Corporation, 180
distribuição de fertilizantes, 98
dívida de dados, 88
dívida técnica, 88
Dojo, 76–77

## E

economia global, 3, 4, 11, 18
ecossistemas, 11, 168–171, 181–182, 184
   indústria automotiva, 15–16
   sistemas da fusão e, 127–128, 136
   soluções da fusão e, 149–150, 152–153
efeitos da rede de dados, 7–8, 26–29
   gêmeos tripartidos e, 44–47
   indústria automotiva, 85
   na John Deere, 96–98
   nos sistemas da fusão, 129
   paradigmas do serviço e, 100–102
   produto em uso, 19
   produtos da fusão e, 60–62
   produtos inteligentes e, 57
   utilização de, 93
efeitos diretos da rede, 27, 28
efeitos indiretos da rede, 27, 28
Emirates Airlines, 112–113
empresas digitais
   aprendizado em escala e velocidade, 29–31
   diferença em, 33–36
   domínios físicos e, 10
   expansão do escopo por, 31–33
   uso de dados inteligentes por, 21–23
   uso de dados por, 8
empresas industriais
   aceleração para produtos da fusão e, 82, 88–91
   arquitetura para produtos da fusão, 83–86
   batalhas competitivas em, 54–55, 57–72
   coleta de dados por, 33
   digitalização, 39–55
   distinção do grafo de dados, 41–43
   efeitos da rede de dados, gêmeos tripartidos, e, 44–47
   GenAI na transformação, 13–14
   grafo de dados e, 38, 58–59
   inteligência artificial e, 58–59
   monetização dos produtos da fusão e, 91–92
   mudanças no paradigma do serviço, 99–102
   ontologia do produto e, 48–51
   organização para produtos da fusão, 86–88
   posicionamento para fusão, 40–41
   produtos da fusão e, 60–62
   serviços da fusão e, 62–63, 95–115
   sistemas da fusão e, 59, 64–67
empresas que oferecem apenas serviços, 110
Ericcson, 131–132
escala
   aprendizado em, 29–31
   customização, 100
   grafos de dados e, 8–9
   nos grafos de dados, 25–26
escopo
   grafos de dados e, 8–9, 30, 31–33
   nos grafos de dados, 25–26
   sistemas da fusão e, 126–127
estratégia. *Ver também* estratégia da fusão
   escala e escopo, 8–9
   grafos de dados em, 23–26
   pesquisa em, 183–184
   tecnologia da informação e, 181–182
estratégia *atual*, 177–178
estratégia da fusão, 16–18
   algoritmos em, 9
   avanço com, 176–178
   campos de batalha em, 57–72
   desbloqueio do valor do negócio com, 161–164
   ecossistemas e, 168–171
   grafos de dados em, 7–9, 58–59
   importância, 71–72
   indicadores de desempenho da estratégia e, 173–176
   inteligência colaborativa e, 165–168

natureza dinâmica, 71
principal avanço para, 171–173
princípios e práticas para, 159–178
problemas do cliente e, 67–69
produtos da fusão e, 60–62
serviços da fusão e, 59, 62–64
soluções da fusão usando, 137–155
estratégia do *futuro*, 177–178
estudos de campo, 183
experimentação, 134–135, 162–163
*expertise* na indústria, 142

# F
fabricação, 3
fabricação assistida por computador (CAM), 135
Facebook, 7
   grafos de redes sociais, 26
   utilização dos efeitos da rede, 30
Farmers Edge, 115
Fiat Product Genius, 86
*flywheel*, efeito, 103–104
foco, 58
forças da fusão, 10–11, 15–16
Ford, 50, 77, 167
fronteira da fusão, 4, 5
fusão
   academia e, 179–185
   algoritmos e, 9
   cinco vertentes, 10–11
   definição, 6, 10
   global, 18
   grafos de dados em, 7–9, 23–26
   indústria automotiva e, 11–16

# G
Gandhi, Mahatma, 20
*gaps* de soluções, 151
GE, 64, 86, 182
   Aviation, 112–113
Geely, 14
gêmeos de desempenho, 45, 67
   Mercedes-Benz, 86–87
   na Tesla, 78–79
   para serviços da fusão, 105–106

gêmeos de processo, 45–47
gêmeos de produto, 44–47, 88. *Ver também* gêmeos digitais
gêmeos digitais, 11
   desempenho da solução, 67
   efeitos da rede de dados e, 44–47
   indústria automotiva, 15
   na Tesla, 78–79
   organização e, 88
   papéis do ser humano com, 113
   prevalência, 133–134
   serviços da fusão e, 106
   sistemas da fusão e, 133–134
   tripartidos (*Ver* gêmeos tripartidos)
gêmeos do desempenho da solução, 67–69
gêmeos tripartidos, 54
   *blockchain* e, 90–91
   diferença do valor do negócio e, 93–94
   efeitos da rede de dados e, 44–47
   entendimento da mão de obra, 166
   na Tesla, 78–79
   nos sistemas da fusão, 64–67
   organização e, 88
   para sistemas da fusão, 66–67
   produtos da fusão e, 60–62
   resolver problemas do cliente com, 68–69
   serviços da fusão e, 62–64
   sistemas da fusão e, 127, 129
   soluções da fusão e, 142
GenAI. *Ver* inteligência artificial generativa (GenAI)
Gibson, William, 11
GM, 8, 12–15, 86, 167
   gêmeos digitais, 50
   OnStar, 87
Google, 7
   escopo, 9
   expansão da escala e do escopo, 31–33
   GenAI, guerra com Microsoft, 37
   Grafo de Conhecimento, 22, 27, 31–33, 132–133
   grafo de pesquisa, 26
   grafos de dados, 25, 26
   Shopping Graph, 22, 37
   sistemas da fusão e, 130

soluções da fusão e, 152
utilização dos efeitos da rede por, 30
Gorilla Glass, 82
GPT-4, 14, 36
grafo de dados de consumo, 42, 43
grafos de conhecimento, 26. *Ver também* grafos de dados
grafos de dados, 7–9
   alcance, 58, 81
   aprendizado em escala e velocidade, 29–31
   aproveitamento da estratégia, 23–26
   benefícios financeiros, 42–43
   concorrência reformulada por, 48
   construção civil, 119
   da indústria, 38, 41–55
   diferenciação e, 33–36
   distinção do setor, 41–43
   GenAI e, 36–37, 43–54
   *insights* úteis a partir de, 9, 29, 90, 109–111, 152
   metaverso e, 134–135
   momentos importantes do cliente e, 52–54
   na estratégia da fusão, 58–59
   natureza dinâmica dos, 25–26
   ontologia do produto e, 48–51, 65
   organização e, 88
   projeto do produto para, 93
   resultados do cliente e, 112–113
   riqueza, 58–59, 81
   serviço, 62–64
   serviços da fusão e, 102
   sistemas da fusão e, 65–67, 120–121, 122, 134–135
   solução de problemas do cliente e, 67–69
   utilização de, 44–54
   vencer com, 29–36
grafos de redes sociais, 24
grandes modelos de linguagem (LLMs), 51
Grant, Elliott, 51
Granular, 115
guerra das compras
   dados inteligentes em, 21–23
   GenAI em, 37
   metaverso e, 134–135

**H**
*hackathons*, 173
Halliburton, 82
Honda, 12, 15
Honeywell, 40, 61
   Connected Enterprise, 119, 122
   gêmeos digitais em, 50
   lucro do cliente e, 125
   sistemas da fusão e, 120–122
   sistemas do Burj Khalifa por, 117–118
   soluções da fusão em, 139, 141, 146
"How Information Gives You a Competitive Advantage" (Porter), 180
HVAC, sistemas, 117–118. *Ver também* construção civil
Hyundai, 15

**I**
IA. *Ver* inteligência artificial (IA)
IBM, 108, 180
Immelt, Jeffrey, 86
incorporações e aquisições, 17
   escala, escopo, velocidade e, 25–26
   serviços da fusão e, 108–109
indicadores de desempenho da estratégia, 173–176
indústria
   PIB de, 3
   ponto de inflexão, 4
   impacto da tecnologia digital em, 3–20
   captura de valor em, 5–7
Indústria 4.0, 18, 40
indústria automotiva, 11–16
   acidentes de automóveis e, 87
   arquitetura dos produtos da fusão em, 83–86
   *blockchain* e, 90–91
   diferenciação em, 93–94
   monetização dos produtos da fusão em, 92
   ontologia do produto e, 49
   plano New Auto, 40–41
   produtos da fusão e, 61, 75–82, 138
Industry X, iniciativa, 150–151
inovação, 131–132
integração de sistemas, 121

integradores, sistemas da fusão, 64–67
inteligência artificial (IA)
  como inteligência aumentada, 165
  fusão de dados com, 6–7
  generativa, 4, 13–14
  grafos de dados e, 7–9
  grafos de dados industriais e, 58–59
  na John Deere, 6
inteligência artificial generativa (GenAI), 4, 13–14, 184
  análise financeira e, 183
  ativos da informação e, 88
  cadeia de valor dos dados e, 53–54
  experimentação com, 106
  grafos de dados alimentados por, 36–37
  grafos de dados da indústria e, 43–44
  indústria automotiva e, 85–86
  momentos importantes do cliente e, 52–54
  sistemas da fusão e, 121
  soluções da fusão e, 141, 155
  utilização de grafos de dados e, 44–54
inteligência aumentada, 165
inteligência colaborativa, 165–168
interfaces de programação de aplicações (APIs), 65
internet das coisas (IoT), 18

## J
Jobs, Steve, 75
John Deere, 61
  aquisições, 109
  *backcasting* em, 163–164
  ecossistemas em, 169–170
  efeitos da rede de dados, 101–102
  estratégia da fusão em, 159–161
  ExactShot, 98
  experimentação, 162–163
  foco *agritech* em, 94–99
  futuro, 159–161
  JDLink, 89–90, 96
  métricas em, 174–176
  organização, 105
  posição para futuro da fusão, 40
  prestação de serviço em, 111
  produtos da fusão mínimos viáveis, 89–90
  recrutamento em, 167–168
  See & Spray, 6, 96, 97–98
  serviços da fusão em, 104, 110, 115, 138–139
  soluções da fusão em, 141, 152
  treinamento em, 166

## K
Kaeser Kompressoren, 148
Källenius, Ola, 85
Kapur, Vimal, 40
Khan Academy, 44
Khan, Sal, 44
Khanmigo, 44

## L
Lawrence, Paul, 183
LG Chem, 15
licenciamento, 131–132
liderança de custos, 58
líderes e liderança
  estímulo da fusão, 171–173
  serviços da fusão e, 105–106
  sistemas da fusão e, 126–127, 128–129
  soluções da fusão e, 147
Light, 109
LinkedIn, 25–26, 30, 86
LLM. *Ver* grandes modelos de linguagem (LLMs)
Lorsch, Jay, 183
Lotus 1-2-3, 180
Lyft, 125

## M
Mahindra & Mahindra, 89
May, John, 40, 101, 159–160, 172
McDonald's, 8
McKinsey & Company, 44, 109, 111, 119
medicina, 10–11
Mercedes-Benz, 14, 84–85, 167
  organização em, 86–87
  sistemas da fusão e, 128–129
Meta, 29–31, 37
metaversos, 11, 14–15, 134–135
métrica de privacidade, 174

métricas, 12, 43, 105, 173–175
　ecossistemas e, 169
　gêmeos digitais e, 45
　produtos da fusão e, 86, 88
　serviços da fusão e, 98, 105–106
　sistemas da fusão e, 126
métricas de desempenho, 105, 174–175
métricas de segurança, 174
Microsoft, 12, 15
　ChatGPT e, 37, 85
　GenAI, guerra com Google, 37
　incorporações e aquisições, 25–26
　Netflix e, 35
Milgram, Stanley, 24
Mineral, 49, 51, 152
ML. *Ver* aprendizado de máquina (ML)
modelos de linguagem, 14, 50–51
modelos de negócios, 72, 181–182
modelos de negócios de plataforma, 181–182
monetização
　dos sistemas da fusão, 130–132
　para produtos da fusão, 91–92
　para serviços da fusão, 103, 109–111
　para soluções da fusão, 148–150
Monsanto, 108–109, 169
Motional, 15
Musk, Elon, 13, 75, 77, 94, 184. *Ver também* Tesla Motors
MVFP. *Ver* produtos da fusão mínimos viáveis (MVFP)

**N**
Nadella, Satya, 25–26
Netflix, 8, 26, 27, 33–35, 70
　desenvolvimento de conteúdo, 35
　ontologia do produto em, 48
　utilização dos efeitos da rede por, 30
New Auto, plano da, 40–41
Norm, 99
NUMMI, fábrica, 78
Nvidia, 47
　Mercedes-Benz e, 84–85
　plataforma Omniverse, 14–15
　Tesla e, 76–77

**O**
Omniverse, plataforma, 14–15
OnStar, 87
ontologia do produto, 48–51, 65
operações do cliente, 102
　serviços da fusão e, 103–105
　soluções da fusão e, 142
organização
　para serviços da fusão, 103, 105–107
　para sistemas da fusão, 125–127
　para soluções da fusão, 146
　produtos da fusão e, 86–88
Origin, VE, 14
orquestradores, 128–129

**P**
pago por hora (*power by the hour*), 61
PaLM, 36
patentes, 131
pensamento da fusão, 172
pensamento sistêmico, 172
"pequenos mundos", teoria, 24
perspectiva de fora para dentro, 164
Philips, 148
PIB. *Ver* produto interno bruto (PIB)
pontos de falha, 127
Porter, Michael, 180, 183
Prahalad, C.K., 183
Pratt & Whitney, 64
preço *premium*, 92
previsão (*forecasting*), 163
problemas. *Ver* problemas do cliente
problemas do cliente
　ecossistemas e, 168
　métricas em, 12
　resolver um por vez, para muitos, 67–69
　soluções da fusão e, 71, 137, 143–145
produtividade, 60
　cliente, 50
　monetização e, 91–92
produtividade do cliente, 50
produto interno bruto (PIB), 3, 11

produtos da fusão, 59, 60–62, 69
   aceleração e, 82, 88–91
   arquitetura para, 61–62, 82, 83–86
   implantação, 90
   indústria automotiva, 75–81
   mínimos viáveis, 89–90
   monetização, 82, 91–92
   mudanças no paradigma, 79–82
   nas soluções da fusão, 138
   nos sistemas da fusão, 59, 64–67
   organização para, 86–88
   projeto, 93
   resultados do cliente e, 101
   serviços da fusão e, 62–64
   transformação de produtos analógicos em, 80–92
produtos da fusão mínimos viáveis (MVFP), 89–90, 107
produtos inteligentes, 57
programas de manutenção, 60, 99–102
projeto assistido por computador (CAD), 135
propriedade intelectual, 131–132
PTC, 47
PwC, 108

## Q
Qualcomm, 131–132
Quantinuum, 40

## R
$R^2$ Data Labs, 47, 63–64
Raven Industries, 109
realidade mista, 11
recomendações úteis, 9, 29, 90, 109–111, 152
recriação, 180
recrutamento, 167–168
redes sociais, 7, 24
requalificação da mão de obra, 165–167
resiliência, 103–104
*right-to-repair*, iniciativas, 99
risco, 127
Riyadh Air, 68
robôs, 18
   na BMW, 14–15

Rolls-Royce, 47, 54, 61
   Riyadh Air e, 68
   serviços da fusão em, 63–64
   Yocova, 66

## S
Samsara, 110
Samsung, 130
Schlumberger, 82
seguro de automóveis, 92, 114
"seis graus de separação", teoria, 24
Sense & Act, tecnologia, 109
sensores, 4
   em produtos analógicos, 83–84
   na John Deere, 96
   produtos da fusão e, 60–61
serviços. *Ver também* serviços da fusão
   fusão, 62–64, 69
   indústria automotiva, 15
   mudanças no paradigma de, 99–102
   revendedores e distribuidores em, 111
serviços da fusão, 59, 62–64, 69, 95–115
   aceleração para, 103, 107–109
   arquitetura para, 103–105
   *checklist* para prestar, 111–114
   compartilhamento de valor e, 109–111
   decisão de buscar, 112–114
   incorporação nas operações do cliente, 138–139
   monetização para, 103, 109–111
   mudanças no paradigma e, 99–102
   na agricultura, 94–99
   nas soluções da fusão, 138–139
   organização para, 103, 105–107
   resultados do cliente e, 101
   revendedores e distribuidores em, 111
   sistemas da fusão e, 59, 64–67
   verificação, 111
Shopify, 2, 22
Siemens, 39, 47, 48, 50, 61, 66
   sistemas da fusão em, 128, 134, 139
   soluções da fusão em, 139
silos, 19, 31, 47, 52, 66
   academia, tecnologia da informação e, 179–185

estratégias da fusão e, 154
gêmeos digitais e, 88
serviços da fusão e, 105, 114
sistemas da fusão e, 118, 120–121, 130–131, 134
soluções da fusão e, 141
simulações, 89, 134–135
Singapore Airlines, 66, 68
sistemas corporativos, 180
sistemas da fusão, 59, 64–67, 69–70, 117–136
   aceleração e, 127–130
   arquitetura para, 123–125
   concorrência e, 132–135
   metaverso e, 134–135
   monetização, 130–132
   mudanças no paradigma, 119–123
   nas soluções da fusão, 139
   organização para, 125–127
sistemas de engajamento, 23–24
sistemas de registro, 23
Smart Apply, 109
*smartphones*, 23, 42–43, 181
   adoção de, 88–89, 129
   automóveis e, 84–85
   serviços da fusão e, 103
   sistemas da fusão e, 130, 131
   sistemas de engajamento e, 23–24
   sistemas de mobilidade e, 125
soluções da fusão, 59, 70, 137–155
   aceleração para, 147–148
   arquitetura para, 143–145
   criação de valor e, 148–150
   enfrentamento de choques, 150–153
   monetização para, 148–150
   mudanças no paradigma para, 140–143
   nas indústrias, 151–152
   organização para, 146
   portabilidade, 151–152
   produtos da fusão em, 138
   quando considerar, 142–143
   serviços da fusão em, 138–139
   sistemas da fusão em, 139

SparkAI, 109
Spotify, 26, 27
   GenAI e, 37
   utilização dos efeitos da rede por, 30
Stable Diffusion, 36
*stack* de tecnologias, 159–160, 168
   GenAI e, 44
   indústria automotiva, 84–86
   John Deere, 40, 98–99, 106, 175
   produtos da fusão e, 83–85
   serviços da fusão e, 111–112
   soluções da fusão e, 142, 146
Stitch Fix, 30

**T**
tecnologia da informação, fusão com academia, 179–185
tecnologias digitais
   convergência com domínio físico, 4
   impacto nos setores, 3–20
telemetria, 19, 50–51
tempo de inatividade da máquina, 91–92
teoria da rede social, 24
teoria dos grafos, 7, 24
Tesla Motors, 12–14, 61, 75–79
   acidentes automotivos e, 87
   ecossistemas, 15
   gêmeos tripartidos em, 47
   patentes de código aberto em, 131
   preço *premium* em, 92
   prestação de serviço em, 111
   produtos da fusão em, 138
   recrutamento em, 167
   seguro de automóveis e, 114
   soluções da fusão em, 140–141
Tomorrow.io, 99
Toyota, 86, 90–91
Train Life Services, 148
treinamento do funcionário, 165–167, 173
Trimble, 115
Twitter, 30

## U

Uber, 104
  ecossistemas de, 15
  escala, 8
  grafo de mobilidade, 26
  sistemas da fusão em, 125
  soluções da fusão em, 140–141
Ultium, bateria, 15
Unilever, 103

## V

vantagem competitiva, 33–36
  produtos da fusão e, 81
  tecnologia da informação, academia e, 179–185
vantagem competitiva generativa, 33–36
veículos autônomos, 12–15, 76–78, 85–86
  acidentes e, 87
  agrícolas, 97–98
  *blockchain* e, 90–91
  soluções da fusão e, 144–145
veículos elétricos (VEs), 14

velocidade. *Ver também* aceleração
  aprendizado com grafos de dados e, 29–31
  customização em, 100
  nos grafos de dados, 25–26
  sistemas da fusão e, 129–130
  transições do produto e, 91
velocidade de *clock*, 91
velocidade de desenvolvimento, 91
velocidade de implantação, 91
velocidade de projeto, 91
venda cruzada, 110–111
venda cruzada *vs.* separada, 110–111
venda separada, 110
vieses, 163, 171
View, Inc., 82, 124–125
visão, 86–88
Volkswagen, 14, 40–41, 128–129, 167

## W

Walmart, 12, 15
Waymo, 12, 14, 79–80, 93

## Z

Zeekr, 14